跨文化
上下级信任

基于德国外派管理人员与中国员工互动的视角

Based on the Perspective of the
Interaction between German Expatriates
and Their Chinese Employees

Intercultural
Trust between Managers
and Employees

张晓玲 ———— 著

社会科学文献出版社
SOCIAL SCIENCES ACADEMIC PRESS (CHINA)

　　本书得到"中央高校基本科研业务费专项资金"资助。项目名称：跨文化上下级信任；项目批准号：2022CB006。

序

　　著名作家弗朗茨·卡夫卡有言："当信任缺失之时，一切说辞都是无稽之谈。"（Alles Reden ist sinnlos, wenn das Vertrauen fehlt.）国家之间信任流失，结果是战略猜疑和对抗；人与人之间信任破损，信誓旦旦之举在对方眼中不过是又一个障眼法。在世界面临百年未有之大变局之际，在逆全球化甚嚣尘上之时，无疑，信任应该成为跨文化交流研究领域普遍高度关注的主题，但事实上并不是这样，至少在外国语言文学学科有关信任的研究依然寥若晨星。

　　正因如此，张晓玲副教授这部著作的出版可谓恰逢其时，可喜可贺。

　　张晓玲成为我的博士研究生是在 2008 年 9 月，以此为起点在北京外国语大学德语语言文学学科的中德跨文化交流研究方向开始了博士学位论文的撰写。伴随着博士学位论文的思考与写作，张晓玲的教学与研究日益精进。2013 年 4 月，她的论文《以"目标协商"为导向的德国高校公法基金会改革——以哥廷根公法基金会大学为例》喜获北京市第六届教育科学研究优秀成果奖；2013 年 11 月，她荣列北京市高等学校青年英才计划。

　　2014 年 6 月，这篇题为《跨文化上下级信任互动研究——以德国外派管理人员与中国员工的信任互动为例》的论文获评北京外国语大学优秀博士学位论文奖。获奖之日恰是我的生日，对于一位论文指导教师而言，这样一份礼物真是可遇而不可求。我感到高兴，但不觉意外，因为扎扎实实的学术成长过程就是一个瓜熟蒂落的过程。在用汗水浇灌春华的时候，它就已经在静好之中眺望秋实了。很乐意在书稿即将付梓之际撰序，有两个理由使我欣然执笔。

其一，这是我国德语语言文学学科第一部以信任为主题对中德跨文化交流进行探讨的博士论文，具有开拓之功。论文的写作用了近六年时间，从完成答辩迄今又过去六年有余，中国知网显示该论文已有2100多次下载，作为曾经的指导教师的我向关注这篇论文的读者们表示感谢。

论文围绕跨文化上下级信任互动展开，聚焦德国外派管理人员与中国员工的信任互动，运用质性访谈法从中德人员获取数据，以扎根理论的逻辑提炼结果，条分缕析地呈现了德中上下级的积极和消极信任互动，逻辑的严谨、结构的清晰与质性研究特有的真实生动感相辅相成，科学性与可读性相映生辉，除了学术价值，对中德跨文化交流与合作的实践也具有参考价值。希望今后不仅中国读者，还有德语母语者都有机会读到这篇论文。它从一开始就孜孜以求地发挥跨文化导航的灯塔的作用，贡献自己的光与亮。

其二，这篇论文为勾勒我国外国语言文学学科的内涵与外延，特别是思考该学科的根本特征提供了有益的启示。

国务院学位委员会第六届学科评议组于2013年发布了《学位授予和人才培养一级学科简介》，将外国语言文学学科的研究对象定义为外国语言研究、外国文学研究、翻译研究、国别与区域研究、比较文学与跨文化研究，其中，"跨文化研究探讨多元文化语境下不同文化之间的交流、碰撞与影响。这一领域具有明显的跨学科特征，涉及比较文学与文化、跨文化交际学、跨文化传播学、形象学等领域"。

以上认识丰富了我国外国语言文学学科的内涵，凸显了学科交叉融合，具有重大意义。但是，外国语言文学学科的国别与区域研究、跨文化研究与其他学科的有关研究相比应具有什么标志性特征呢？对于这一重大问题尚无定论。

张晓玲的这本书提供了一个具有参照意义的案例。其一，研究者必须精通对象国语言并实际运用对象国语言进行研究;其二,研究成果必须基于对包括对象国语言在内的文本的分析;其三,对文本的分析过程必须基于研究者对对象国文化的亲身体验和理性认识。具备这三个前提的研究成果会给我国外国语言文学学科跨文化交流研究带来独特贡献,因为它源于对(转写)文本的分析,是我国传统外国语言文学学科的关注对象;它来自对中外跨文化语境中第一手文本的分析,可以最大限度地避免翻译、解读、转述带来的误解;它的认识成果基于研究者对对象国社会文化的亲身体验和学术研究,是知行合一的结果,是感性与理性的统一,是有广度、深度和温度的认识。

张晓玲精通德语,用德语和汉语对中德双方进行访谈,对相关研究领域的德语文献进行了广泛搜集和深度阅读,并就相关研究设计和结果征询了德国跨文化交流研究领域知名学者的意见,其中包括我曾经的博士论文导师、耶拿大学的于尔根·波尔顿(Jürgen Bolten)教授,我曾经在德国一起工作过六年的德国慕尼黑应用科学大学的卡塔琳娜·冯·黑尔默特(Katharina von Helmolt)教授,德国 Sievert 上市公司董事长、奥斯纳布吕克大学汉斯·沃尔夫·西韦特(Hans-Wolf Sievert)名誉教授。受益于中德学者的智慧滋养,从中德视角出发,研究中德跨文化信任互动,研究过程本身就是一次深刻的中德跨文化交流。我为这一历程的成功感到高兴。

在人类命运共同体的构建过程中,信任的建立、维护与修复是重要环节。我国外国语言文学学科在中外文化交流互动中发挥着无可替代的桥梁作用,我期待着产出更多的有关信任的优秀成果。

是为序。

贾文键

2021 年 2 月 16 日

于北京外国语大学

目 录

跨文化视阈中的信任研究

言忠信，行笃敬。

——《论语》

第一节　信任与跨文化管理

信任是人际关系得以实现的重要保障，是人类社会的一种重要"合力"（synthetische Kraft）①，是人类社会不可或缺的重要资源，是"社会生活的基本事实"②。其原因在于，信任可以降低人际交往的不可预见性，简化交易的冗繁程序，加强组织内部的凝聚力，保障国家之间的联盟关系，等等。无论是从个人交际层面、社会组织层面还是从国家交往层面来看，信任都是核心主题。在当今社会，人际交往方式和媒介的多样性导致了社会生活中信息的不对称和人类行为的不确定，从而加大了人际交往的不透明性，并由此产生信任危机。信任危机的存在使信任这种社会资源变得更加稀缺。在这种情况下，信任的重要性更加凸显。"经济人"（Homo oeconomicus，拉丁语）从人类理性行为出发，将

---

① Hubig, Christoph und Oliver Siemoneit, „Vertrauen und Glaubwürdigkeit in der Unternehmenskommunikation", in Piwinger, Manfred and Ansgar Zerfaß（Hrsg.）, *Handbuch Unternehmenskommunikation*, Wiesbaden: Gabler Verlag, 2007, S. 184.

② Luhmann, Niklas, *Vertrauen: Ein Mechanismus der Reduktion sozialer Komplexität*, 4. Auflage, Stuttgart: Lucius & Lucius, 2009, S. 1.

信任视作减少交易成本的最后一根救命稻草。[1] 新古典主义经济理论认为，人类是追求利益最大化的理性个体。所以，成本最小化、利益最大化成为当今经济社会中人类行为理性选择的主要体现，这种纯理性化的行为导向使人类忽略了其最根本的德行问题。信任不只是人们降低经济成本而采取的妥协手段，还是人类追求的最根本的道德内容之一。信任是"道德人"重要的内生行为，从伦理角度出发的信任行为是不计利益成本的道德约束使然。如此，"理性人"和"道德人"对信任的双重依赖决定了探索信任问题的必要性。

随着国际交往的日益频繁，人类社会的众多人际交往跳出单一文化的界限，演变为一种跨文化交流。由于跨文化交流主体文化背景的多样性，他们的价值取向、行为规范和行事风格都带有各自文化的特征；同时，不同文化之间的异质性增大了跨文化交流的不确定性。在这种情况下，信任就成了这种不确定性的补偿要素。[2] 信任的意义在于对未来事物的预先保障，因此跨文化交流需要信任的保障。此外，不同文化主体之间的信任互动本身就是一种跨文化交流的形式，因为信任互动是在信任主体的交流过程中实现的。

随着经济全球化的进一步深化，跨国公司要求管理者具有跨文化管理能力。因为管理环境跳出了单一文化的框架，演变为一个承载着多元文化的空间：来自不同文化的员工之间的互动促成了跨国公司中跨文化管理的形成。其中，外派管理人员在这种全新的跨文化管理环境中起着连接总公司和子公司的关键性纽带作用。[3] 然而，在现实的跨文化企业

① Hubig, Christoph und Oliver Siemoneit, „Vertrauen und Glaubwürdigkeit in der Unternehmenskommunikation", in Piwinger, Manfred und Ansgar Zerfaß (Hrsg.), *Handbuch Unternehmenskommunikation*, Wiesbaden: Gabler Verlag, 2007, S. 172 – 173.

② Schwegler, Ulrike, *Vertrauen zwischen Fremden: Die Genese von Vertrauen am Beispiel deutsch-indonesischer Kooperationen*, Frankfurt a. M.: Iko, 2008, S. 16.

③ Wittkop, Thomas, *Interkulturelle Kompetenz deutscher Expatriates in China: Qualitative Analyse, Modellentwicklung und praktische Empfehlungen*, Wiesbaden: Deutscher Universitätsverlag, 2006, S. 5.

管理中，外派经理的海外管理成功率并不高：布拉克（Black）和格雷格森（Gregersen）两位研究者于1999年公布的一份调查报告显示，美国公司的外派经理中有10%～20%会提前结束自己的驻外生活，其原因是对自己的新工作或者新环境不满意；将近1/3的外派管理人员不能实现自己的工作预期，同时1/4的经理人会在回国之后离开原公司。而另一位学者施泰尔（Stahl）表示，提前结束海外工作的外派管理人员占到所有外派管理者数量的10%～40%，如果外派的对象国为发展中国家，其比例会提高到70%左右。尽管也有一些外派管理人员履行了外派工作合同，但是他们并没有适应目的国的生活，也没有实现预期的工作目标。① 从这些失败的案例中可以看出，外派管理人员在母公司和子公司之间并没有起到良好的沟通纽带的作用，其原因在于，外派管理人员与本土员工之间存在文化距离，这种距离会加大跨文化管理的难度。同时，外派管理人员与本土员工之间呈现了一种跨文化上下级关系，在这种特殊的上下级关系中，"信任是领导和部属之间的一种情感'胶合剂'"②，是衡量领导效力的一个重要指标③，是外派管理人员在海外跨文化合作成功的首要因素。④ 因此信任是外派管理人员和本土员工进行跨文化合作交流的基础。由此可见，跨文化上下级信任对于成功的跨文化管理来说是不可或缺的。在这种情况下，将跨文化上下级信任当作研究主题具有重要的现实意义。鉴于此，本书将以德国外派管理人员与中国员工之间的跨文化信任互动为例，研究跨文化上下级信任的动态发展。

① Stumpf, Siegfried, „Interkulturelles Management", in Thomas, Alexander, Eva-Ulrike Kinast und Sylvia Schroll-Machl（Hrsg.）, *Handbuch Interkulturelle Kommunikation und Kooperation：Band 1：Grundlagen und Praxisfelder*, Göttingen：Vandenhoeck & Ruprecht, 2003 und 2005, S. 231–232.
② 蔡翔：《员工－企业之间纵向信任及其影响因素研究》，经济管理出版社，2007，第34页。
③ 蔡翔：《员工－企业之间纵向信任及其影响因素研究》，经济管理出版社，2007，第38页。
④ Thomas, Alexander, „Kultur und Kulturstandards", in Thomas, Alexander, Eva-Ulrike Kinast und Sylvia Schroll-Machl（Hrsg.）, *Handbuch Interkulturelle Kommunikation und Kooperation：Band 1：Grundlagen und Praxisfelder*, Göttingen：Vandenhoeck & Ruprecht, 2003 und 2005, S. 21.

第二节 信任与研究问题

有关信任，现有的理论模型和实证研究不计其数。研究者可以从不同的科学视角发展出不同的信任定义。[①] 因此，信任作为一个多元学术命题，不同学术背景的研究者曾经并且正在涉足这个主题的研究，这源于信任是人类社会的一个基本命题，它与社会发展和人类生活休戚相关。所以，有必要对信任的研究视角、研究内容等相关方面进行界定。因此，作者从自身的学科背景出发，对本书中信任的研究视角、研究对象、研究内容、研究方法和研究理论进行了如下的界定（见图0-1）。

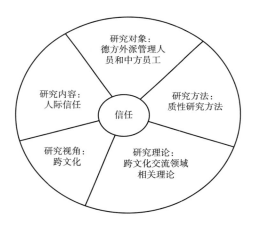

图0-1 本书的研究定位

图0-1表明，本书从跨文化视角出发，研究德方外派管理人员与中方员工之间的跨文化上下级信任关系。本研究立足于跨文化交流领域相关理论，试图通过质性访谈和扎根理论等质性研究方法对德中上下级之间的信任互动进行探析。为了达到这个研究目标，本书致力于解决一

① Tjaya, Juliana M., *Eine kulturvergleichende Studie zum Vertrauensaufbau: Am Beispiel deutscher und indonesischer Arbeitsgruppen*, Hamburg: Verlag Dr. Kovac, 2008, S. 7.

个核心问题：跨文化上下级信任互动会如何发展？

为了解决这个核心问题，本书将从以下两个问题对跨文化上下级的信任互动进行探析。

（1）跨文化上下级信任积极互动是如何发展的？

（2）跨文化上下级信任消极互动是如何发展的？

此外，本书试图通过考察跨文化上下级信任的互动来探析跨文化上下级信任动态发展的可能性。

第三节　信任与前人发现

文化是人类行为的导向系统，因此文化对人际信任行为和社会信任系统具有导向作用。同时，信任可以被视作一种社会符号，它是社会文化规范的产物，它的产生、发展和衍变都根植于这个社会。社会不同，所承载的符号会随之改变，信任状态也会随之改变，因为社会环境是影响人们是否采取信任行为的重要情境因素之一。所以一个社会的信任观与其社会文化紧密相连，这一点促成了与文化相关的信任研究。由于本研究的立足点为跨文化交流学，因此本书的文献述评从与文化相关的信任研究展开，其中包括文化对比、跨文化互动以及本土文化三方面的信任研究。

一　文化对比视角下的信任研究

（一）国外主要文献述评

最早对信任进行文化对比研究的学者是德国社会学家马克斯·韦伯（Max Weber）。他认为，社会文化和宗教因素会影响信任的发展[1]，同时认为资本主义精神中的信任是企业主们适度自我控制的结果，是由企业主理性化的伦理行为决定的，企业主只有具备了这种伦理品质，才能

---

[1]〔德〕马克斯·韦伯：《新教伦理与资本主义精神》，于晓、陈维纲等译，生活·读书·新知三联书店，1987。

在顾客和雇员中赢得信任。① 此外，他还指出中国社会受儒教文化的影响，中国社会的信任结构建立在血缘亲情的基础上。②

在韦伯研究的基础上，弗朗西斯·福山（Francis Fukuyama）将信任视为一种建立在社会习俗和传统基础上的文化，从而解释不同社会的发展状态以及经济繁荣程度，这将信任的研究推向了显学地位。③ 他从经济文化的视角出发，将社会划分为高信任社会和低信任社会，同时认为，信任是一种社会资本，产生于社会的宗教传统和生活习俗中。社会资本不同于其他形式的人力资本，所以信任是不可以通过理性投资来获得的，而是建立在集体道德基础之上。他同时认为，一个社会的信任程度越高，这个社会的自发交往能力就越强，社会中间组织就越多，由非血亲关系构成的大型企业组织就更容易形成；反之，一个社会信任程度越低，这个社会的自发组织能力就越弱，人们之间缔结关系主要是以源于血亲关系的家族为中心，就越难形成专业管理型的大型企业组织。而一个社会信任度的高低又直接取决于这个社会的文化特质。④

此外，帕特里夏·多尼（Patricia M. Doney）等将不同文化中的信任构建过程与吉尔特·霍夫斯泰德（Geert Hofstede）的文化维度联系起来，借助文化维度理论来比较不同文化中信任度的高低。⑤ 以上这些文化对比视角下的信任研究建立在研究者理论分析基础之上，是思辨论证的结果，不属于实证研究，其研究结果脱离社会现实，缺乏一定的说服力。

而当代关于信任研究的国外文献主要聚焦对集体主义文化和个人主

---

① 〔德〕马克斯·韦伯：《新教伦理与资本主义精神》，于晓、陈维纲等译，生活·读书·新知三联书店，1987，第49页。

② 〔德〕马克斯·韦伯：《儒教与道教》，王容芬译，商务印书馆，1995，第289页。

③ 转引自朱虹《信任：心理、社会与文化的三重视角》，《社会科学》2009年第11期，第67页。

④ Fukuyama, Francis, *Konfuzius und Marktwirtschaft: Der Konflikt der Kulturen*, München: Kindler, 1995, S. 44 – 47.

⑤ Doney, Patricia M., Joseph P. Cannon and Michael R. Mullen, "Understanding the Influence of National Culture on the Development of Trust", *The Academy of Management Review*, Vol. 23, No. 3, 1998, pp. 601 – 620.

义文化信任特性的考察，同时比较两者信任程度的高低。其中，美国学者罗纳德·英格尔哈特（Ronold Inglehart）先后于 1977 年、1990 年和 1997 年对包括中国在内的几十个国家进行了调查研究，并发现受新教和儒家学说影响的国家比受天主教、东正教以及伊斯兰教影响的国家更容易产生信任。其研究结果证明了宗教文化对信任状态的影响。[①] 另一位美国学者埃里克·尤斯拉纳（Eric M. Uslaner）表示："从本质上说，信任属于文化范畴，但像文化本身一样，它也是由我们的经验塑造的。"[②] 他通过实证调查证明了"个人主义的社会比集体主义的社会更具信任感"[③]。取得相同研究结果的还有伦纳德·赫夫（Leonard Huff）和莱恩·凯利（Lane Kelly）两位学者。他们的研究以中国（包括中国香港和中国台湾）、马来西亚、日本、韩国这些代表亚洲文化以及代表美国文化特征的国家和地区为例，考察了个人主义文化和集体主义文化中组织层面信任水平的差别，其结果显示，美国文化中群体内和群体外的信任程度都高于亚洲。[④] 同时，日本学者山岸俊男（Toshio Yamagishi）和山岸绿（Midori Yamagishi）的研究结果推翻了福山所断定的日本属于信任程度相对较高社会的论断[⑤]，认为日本社会强大的规范约束力使日本社会缺少信任，取而代之的是保证关系。[⑥] 尤利亚娜·

①　Inglehart, Ronald, *The Silent Revolution : Changing Values and Political Style among Western Publics*, Princeton: Princeton University Press, 1977; Inglehart, Ronald, *Cultural Shift in Advanced Industrial Society*, Princeton: Princeton University Press, 1990; Inglehart, Ronald, *Modernization and Postmodernization : Cultural, Economic and Political Change in 43 Societies*, Princeton: Princeton University Press, 1997.

②　〔美〕埃里克·尤斯拉纳：《信任的道德基础》，张敦敏译，中国社会科学出版社，2006，第 304 页。

③　〔美〕埃里克·尤斯拉纳：《信任的道德基础》，张敦敏译，中国社会科学出版社，2006，第 327 页。

④　Huff, Leonard and Lane Kelley, "Levels of Organizational Trust in Individualist Versus Collectivist Societies: A Seven-Nation Study", *Organizational Science*, Vol. 14, No. 1, 2003, pp. 81 – 90.

⑤　Fukuyama, Francis, *Konfuzius und Marktwirtschaft : Der Konflikt der Kulturen*, München: Kindler, 1995, S. 80.

⑥　Yamagishi, Toshio and Midori Yamagishi, "Trust and Commitment in the United States and Japan", *Motivation and Emotion*, Vol. 18, No. 2, 1994, pp. 129 – 166.

提亚（Juliana Tjaya）以德国和印尼的跨文化工作团队为例，对信任进行了文化对比研究。其研究以霍夫斯泰德的文化维度和福山的信任社会为理论基础，通过问卷调查这种定量研究方法，考证了德国和印尼工作团体在构建信任方面的特点。[①]

　　另外，值得关注的还有专门从文化客位（etic）[②]角度出发对中国文化的信任特征进行研究的国外文献。其中代表性专著有德国学者多米尼克·林吉（Dominik Linggi）的著作《中国的信任——文化对比中的批判性社会研究》（Vertrauen in China: Ein kritischer Beitrag zur kulturvergleichenden Sozialforschung）。[③]在此文献中，林吉以既有的中西方信任观对比研究为理论基础，通过质性访谈和扎根理论的研究方法，发展了一种全新的、专门适用于中国的信任构建和决策过程模型。此模型由两个层面组成：第一层面指向当今中国社会的普遍情况；第二层面指向由不同互动领域所构成的特殊场合。其中，当今中国社会的普遍情况包括两方面的内容：第一，中国传统文化和价值观正处于逐渐丧失和衰落的阶段；第二，由于中国还处于改革开放的初级阶段，许多法治国家所必需的机制尚未健全，所以经济领域中的失信现象频繁发生。而特殊场合指的是信任行为发生以及信任关系互动的各种特殊领域，如贸易、政治、职场、日常生活以及家庭等场合。这些场合是信任建构过程

---

① Tjaya, Juliana M., *Eine kulturvergleichende Studie zum Vertrauensaufbau: Am Beispiel deutscher und indonesischer Arbeitsgruppen*, Hamburg: Verlag Dr. Kovac, 2008.

② 文化客位是相对于文化主位（emic）而言的。这组概念是美国人类学家、语言学家肯尼思·李·派克（Kenneth Lee Pike）创造的，分别源于语言学术语 phonetic（语音的）和 phonemic（音位的）。人类学家将这组概念运用于人类社会的跨文化研究中，etic 被称为文化客位，是指研究者以文化外来观察者的角度来理解文化；而 emic 被称为文化主位，指的是研究者不凭自己的主观认识，尽可能地从当地人的视角去理解文化。参加赵勇《探讨 Etic 和 Emic 关系在语言学中的应用》，《邵通师范高等专科学校学报》2010 年第 6 期，第 52～55 页。

③ 由于此文献来自德国文化，虽然它专门对中国的信任状态进行研究，但研究者的文化背景已经决定了此文献具有文化对比的特性，因为它是一部德国人看待中国信任文化的作品。

的直接生成领域。信任建构和决策过程是通过区别化（Differenzierung）得以实现的，也就是说不同个体所呈现出来的信任度是不同的。另外，个体之间的信任行为会导致两个截然不同的信任结果：失信和获信。[①]同时，于尔根·亨策（Jürgen Henze）以汉语文化区为例研究了社会关系中的信任作用。他表示，在汉语文化中，面子和关系对人际信任起到至关重要的作用。人际关系网是获取信任的重要社会资源，两者之间呈现前因后果的关系。[②] 虽然以上代表文献将研究聚焦在中国信任之上，但是由于研究者作为中国文化的局外人，研究者本身的文化背景就注定了本研究是文化比较的产物。因此，其研究结果有别于中国学者基于本土文化立场所得出的研究结果。

（二）国内主要文献述评

相比之下，从文化对比视角研究信任的国内文献可以追溯至 20 世纪 90 年代。张新建和迈克尔·邦德（Michael H. Bond）发表在《心理学报》上的论文《指向具体人物对象的人际信任：跨文化比较及认知模型》被誉为当代中国对信任进行文化比较研究的开山之作，受到学术界的普遍关注。两位学者通过人际信任量表（ITBS）测量了中国内地、中国香港以及美国三地学生的人际信任，并探讨了人际信任的认知模式。本书的贡献在于，通过定量分析得出人际信任的两个重要认知因素，即从交换对象处得到回报的期望值和交换中断可能引致损害的严重性评估。期望值越大，严重性评估就越低，做出信任行为的可能性也就越大；而社会文化背景和工业化程度的高低对人际信任认知模型没有影响。[③] 晏贵年、管新潮两位学者则从文化对比和历史视角出发，论述了

[①] Linggi, Dominik, *Vertrauen in China：Ein kritischer Beitrag zur kulturvergleichenden Sozialforschung*, Heidelberg：VS Verlag für Sozialwissenschaften, 2011, S. 214 – 217.

[②] Henze, Jürgen, „Die Rolle von Vertrauen in sozialen Beziehungen-das Beispiel chinesischsprachiger Kulturräume", in Jammal, Elias（Hrsg.）, *Vertrauen im interkulturellen Kontext*, Wiesbaden：VS Verlag für Sozialwissenschaften, 2008, S. 193 – 211.

[③] 张建新、Michael H. Bond：《指向具体人物对象的人际信任：跨文化比较及其认知模型》，《心理学报》1993 年第 2 期，第 164～172 页。

中国和德国信任观以及信任关系的不同并以此来考察不同文化环境中所形成的信任观对企业组织管理的影响。① 同时，林滨和李萍认为中西方在文化传统以及进入文明时代的路径方面存在显著差异，所以中西方信任观也是不同的，在信任取向、载体和社会机制等方面都存在差异。② 此外，国内学者王飞雪与日本学者山岸俊男共同合作，从国别比较出发，以日本和美国文化中有关社会信任态度的研究结果为基础，在中国实施了相同的调查，并在中国社会人际关系的本质和功能方面对调查结果进行了验证。③

比较研究不同社会文化的信任特质以及信任度的高低是比较文化视角下信任文献的共性。一方面，其研究成果为跨文化情境中的人际信任研究提供了理论基础；另一方面，其研究视角停留在静态的文化对比层面上，无法满足当前跨文化情境中的人际信任互动的现实需要。

二 跨文化互动视角下的信任研究

由于人类交流的跨文化性不断普遍化，跨文化情境中的信任互动研究成为当今信任研究的新兴话题。因此，近几年跨文化视角下的信任研究初露峥嵘。如果说，从文化对比视角对信任进行研究开辟了相关研究的新路径的话，那么，从跨文化互动的角度来研究信任应该称得上信任研究中的范式转变。

（一）国外主要文献述评

迄今为止，从跨文化互动视角对信任进行研究的国外文献主要分成以下三大类。

---

① 晏贵年、管新潮：《中德信任观比较及其对企业组织管理的影响》，《德国研究》1997 年第 1 期，第 5～10 页。
② 林滨、李萍：《比较视域中的中西信任观》，《中山大学学报》（社会科学版）2005 年第 3 期，第 101～107 页。
③ 王飞雪、山岸俊男：《信任的中、日、美比较研究》，《社会学研究》1999 年第 2 期，第 67～82 页。

1. 基础理论研究

在关于跨文化基础理论研究方面，研究者们主要关注跨文化互动过程中的信任状态，而不涉及具体跨文化情境的实证研究。其中主要包括跨文化心理学、语言学、跨文化信任模型构建以及跨文化合作领域的信任研究。从跨文化心理学视角对信任进行基础理论研究的代表人物是德国学者马丁·施韦尔（Martin Schweer）。他认为，从跨文化视角研究信任问题具有重大现实意义，但是鲜有文献对具体文化背景中的信任进行实证研究。他表示有必要对自我生活经历、社会行为进行批判性的反思，同时，在异文化环境中坦诚的交流态度对于跨文化信任构建具有积极意义。① 多米尼克·布施（Dominic Busch）从语言互动的角度研究了信任互动。他认为，在语言互动过程中，互动双方将互动过程视为共享社会认知过程的意识越强烈，双方对于互动过程的信任感就越高。② 对跨文化信任模型构建进行理论研究的代表作是卡勒斯·维塔尔（Carlos Vittar）的《全球化职场中的跨文化信任——一个阐释模型的创建》。在此文献中，作者对斯特凡·舍德尔（Stephan Schödel）的人际信任三维模式进行了扩展和延伸，加入了系统信任这一考量因素，并从跨文化交流出发，构建了一个整合性的、针对跨文化信任构建的阐释性模型。③ 有关跨文化合作领域的信任基础理论研究主要包括于尔根·波尔顿（Jürgen Bolten）对跨文化虚拟合作团队信任的探析。他从跨文化互动出发，认为文化比较的研究路径不利于跨文化团体的发展。文化

① Schweer, Martin K. W., „Vertrauen und soziales Handeln: Eine differentialpsychologische Perspektive", in Jammal, Elias (Hrsg.), *Vertrauen im interkulturellen Kontext*, Wiesbaden: VS Verlag für Sozialwissenschaften, 2008, S. 13 – 26.

② Busch, Dominic, „Wie kann man Vertrauensbildungsprozess in sprachlicher Interaktion beobachten und beschreiben", in Jammal, Elias (Hrsg.), *Vertrauen im interkulturellen Kontext*, Wiesbaden: VS Verlag für Sozialwissenschaften, 2008, S. 27 – 49.

③ Vittar, Carlos F., *Interkulturelles Vertrauen im globalisierten beruflichen Kontext: Ein Erklärungsmodell*, Hamburg: Verlag Dr. Kovac, 2008.

对比不等于跨文化，在不同文化之间产生内聚力（Kohäsion）才是跨文化。因此，跨文化内聚力才是实现团体聚合效应的根本。① 同时，克劳斯·米勒（Klaus Müller）以合资公司中如何达成跨文化协商为例，论证了跨文化信任生成的必要条件。作者指出，跨文化合作是一种动态的文化互动过程。因此，将研究视域局限在文化对比的传统二分法之内无法满足动态跨文化互动的需求。而在跨文化互动过程中所产生的中间文化（Zwischenkultur）或者是第三种文化（Die dritte Kultur）是生成跨文化信任的前提条件。同时，这种中间文化是前两种文化互动后产生聚合效应的结果，因此跨文化信任的生成必须建立在双方相互妥协、适应的基础之上。② 另外，托尔斯滕·屈尔曼（Torsten Kühlmann）对国际商业关系中的信任进行了研究，认为对商业伙伴的信任主要基于背景认知和个人认知两方面内容，对异文化商业伙伴商业能力以及意图的积极期望是解决国际商业关系中信任困境的关键。相互监督、相互依赖以及共享商业利益都是形成跨文化信任的积极因素。③

2. 方法论研究

吉多·默勒亨（Guido Möllering）从方法论出发，为国际商业关系中的信任构建提供了以主体为导向的设计方案。他认为，在错综复杂的跨文化环境中，信任主体是否采取创造性的行为是能否实现跨文化合作

---

① Bolten, Jürgen, „Reziprozität, Vertrauen, Interkultur: Kohäsionsorientierte Teamentwicklung in virtualisierten multikulturellen Arbeitsumgebungen", in Jammal, Elias (Hrsg.), *Vertrauen im interkulturellen Kontext*, Wiesbaden: VS Verlag für Sozialwissenschaften, 2008, S. 69 – 93.

② Müller, Klaus, „Vertrauen zwischen Fremden. Zum Aufbau einer Joint-Venture-Culture in interkulturellen Verhandlungen", *Zeitschrift für Wirtschafts-und Unternehmensethik*, 10（1）, 2009, S. 66 – 85.

③ Kühlmann, Torsten M., „Opportunismus, Vertrauen und Kontrolle in internationalen Geschäftsbeziehungen", in Jammal, Elias (Hrsg.), *Vertrauen im interkulturellen Kontext*, Wiesbaden: VS Verlag für Sozialwissenschaften, 2008, S. 51 – 67.

的重要因素。① 尤利娅·施佩特（Julia Späth）等研究了跨文化环境中信任的可操作性，他们表示有效的跨文化调研方法（Das interkulturelle valide Erhebungsinstrument）可以从以下三个步骤展开。第一，对核心概念进行文化比较研究，整理并分析相关文化中有关核心概念的所有文献，对相关文化中的代表性人物进行访谈，形成相关维度并进行审核；第二，考察所形成维度的文化普遍性和特殊性，对所证实的相关维度进行对比，然后得出两者的共性和特性；第三，形成具有跨文化效度的测量标尺，对同一测量标尺在不同文化中的等值性进行考察。②

3. 针对具体跨文化情境的实证研究

亚历山大·托马斯（Alexander Thomas）从心理学的视角对跨文化情境中的信任进行了研究。他以德国外派管理人员与捷克员工为例，并用彼得曼（Petermann）的三阶段信任构建模式论证了缺乏对对方文化的共情能力而导致跨文化合作中的不信任，同时论证了跨文化信任构建的要素。③ 对德捷跨文化信任进行实证研究的还有尤利娅·比格尔（Julia Bürger）等两位学者。他们通过质性访谈和内容分析法对德捷跨文化工作领域中任务层面、人际关系层面以及上述两个层面都涉及的人际信任特征进行了考察。④ 罗伯特·明舍尔（Robert Münscher）则从领

---

① Möllering, Guido, „Vertrauensaufbau in internationalen Geschäftsbeziehungen: Anregungen für ein akteursorientiertes Forschungsdesign ", in Jammal, Elias (Hrsg.), *Vertrauen im interkulturellen Kontext*, Wiesbaden: VS Verlag für Sozialwissenschaften, 2008, S. 95 – 110.

② Späth, Julia F. and Paulina Jedrzejczyk, „Operationalisierung von Vertrauen im interkulturellen Kontext", in Jammal, Elias (Hrsg.), *Vertrauen im interkulturellen Kontext*, Wiesbaden: VS Verlag für Sozialwissenschaften, 2008, S. 111 – 131.

③ Thomas, Alexander, „Vertrauen im interkulturellen Kontext aus Sicht der Psychologie " , in Maier, Jörg (Hrsg.), *Die Rolle von Vertrauen in Unternehmensplanung und Regionalentwicklung: Ein interdisziplinärer Diskurs*, München: Forost, 2005, S. 19 – 48.

④ Bürger, Julia und Lucie Bouzková, „Gemeinsam den Kopf hinhalten, falls etwas mal nicht gut gelaufen ist: Interpersonales Vertrauen in deutsch-tschechischen Unternehmen", in Jammal, Elias (Hrsg.), *Vertrauen im interkulturellen Kontext*, Wiesbaden: VS Verlag für Sozialwissenschaften, 2008, S. 133 – 150.

导者的关系管理（relationship management）出发为德法经理人构建了跨文化培训模型。他表示，信任不是通过操控得来的，而要通过摒除文化误解和偏见等策略让信任自发生成。① 同时，明舍尔在其另一部有关德法跨文化信任的著作中，通过综合质性和定量的两种研究方法，对德法跨文化信任误解进行了详尽的研究，并得出相似结论，即只有破除误解才能构建跨文化信任。② 以上代表性文献研究的跨文化互动局限在欧洲范围内，由于欧洲文化内部的跨文化互动相似性较大，因此产生跨文化互动良性结果的概率较大。然而地域距离与文化相似性在一定程度上成反比关系，因此在东西方跨文化互动中产生文化冲突的可能性相对较高，随之研究的现实意义也相应提高。其中代表文献有：斯特凡·舍德尔（Stephan Schödel）在前人研究成果的基础上论证了文化、信任和管理三者之间的相互关联，并构筑了由主观性、场景性和时间三要素组成的三维跨文化信任模型。同时，他借助此模型阐释了信任和文化的关系，并通过访谈和案例分析等实证研究方法考察了日本和德国合作中的信任问题。其研究结果显示，在德日跨文化合作中，各自的信任倾向不同会导致信任冲突，而这种冲突需要通过相互适应得以解决，并指出摒弃对其他文化的刻板印象是构建跨文化信任的关键因素。③ 阿洛伊斯·杜多（Alois Dudo）以"全球领导力与组织行为有效性"（Global Leadership

---

① Münscher, Robert, „Relationship Management für Führungskräfte：Ein Modul für das interkulturelle Training deutscher und französischer Manager", in Jammal, Elias（Hrsg.）, *Vertrauen im interkulturellen Kontext*, Wiesbaden：VS Verlag für Sozialwissenschaften, 2008, S. 151 – 191.

② Münscher, Robert, „Relationship Management für Führungskräfte：Ein Modul für das interkulturelle Training deutscher und französischer Manager", in Jammal, Elias（Hrsg.）, *Vertrauen im interkulturellen Kontext*, Wiesbaden：VS Verlag für Sozialwissenschaften, 2008, S. 151 – 191；Münscher, Robert, *Vertrauensentwicklung im interkulturellen Management：Ein empirischer Beitrag am Beispiel der deutsch-französischen Zusammenarbeit*, Wiesbaden：Gabler, 2011.

③ Schödel, Stephan, *Wechselwirkungen zwischen Kultur, Vertrauen und Management：Am Beispiel Japans und Deutschlands*, Wiesbaden：Deutscher Universitäts Verlag, 2005.

and Organizational Behavior Effectiveness，GLOBE）[1] 这个项目的研究结果为理论基础，有针对性地选取阿拉伯中型贸易企业中的 40 名经理并对他们进行问卷调查后得出结论：阿拉伯管理文化以关系为导向，从而为德国驻阿拉伯地区外派经理构建了一个整合性信任行为模型。[2] 埃莉莎·雅玛尔（Elias Jammal）通过质性访谈也对德国和阿拉伯跨文化合作领域的信任进行研究，结果显示双方对彼此积极的期望[3]以及期望的期望[4]对构建跨文化信任起到推动作用。[5] 此外，乌尔丽克·施韦格勒

---

① 此项目的研究结果基于对来自 62 个不同文化背景的 17000 名中层经理人进行的长期实证研究，如问卷调查和深度采访等（House, Robert J., Paul J. Hanges, Mansour Javidan, Peter W. Dorfman and Vipin Gupta（eds.），*Culture，Leadership，and Organizations：The GLOBE Study of 62 Societies*，Thousand Oaks/London/New Delhi：SAGE Publications, 2004，p. 1）。其中最主要的研究结果包括区分不同文化的九大文化维度以及以领导力文化差异理论（Culturally-endorsed Implicit Leadership Theories, CLTs）为基础的六大全球领导力维度（CLT-Dimension），同时还从九大文化维度对六大全球领导力维度的关系入手探讨了民族或社会文化对领导力文化的影响（House, Robert J., Paul J. Hanges, Mansour Javidan, Peter W. Dorfman and Vipin Gupta（eds.），*Culture，Leadership，and Organizations：The GLOBE Study of 62 Societies*，Thousand Oaks/London/New Delhi：SAGE Publications, 2004，pp. 9 – 27）。GLOBE 研究项目中所发展出的九大文化维度分别是不确定性规避（Uncertainty Avoidance）、权力距离（Power Distance）、组织间集体主义（Institutional Collectivism）、组织内集体主义（In-Group Collectivism）、两性平等（Gender Egalitarianism）、坚定（Assertiveness）、未来导向（Future Orientation）、成就导向（Performance Orientation）和社会导向（Humane Orientation）。该研究还分别对每一个维度都进行了社会实践（Society Practices）和社会价值（Society Values）的区分，社会实践是指每一个维度在所调查文化中的现实状态，而社会价值是指每个文化中的被试者对每一个文化维度所期待的状态（House, Robert J., Paul J. Hanges, Mansour Javidan, Peter W. Dorfman and Vipin Gupta（eds.），*Culture，Leadership，and Organizations：The GLOBE Study of 62 Societies*，Thousand Oaks/London/New Delhi：SAGE Publications, 2004，p. 11）。此外，GLOBE 研究项目中的九大维度集合了霍夫斯泰德（Hofstede）、特朗皮纳斯（Trompenaars）、特兰狄斯（Triandis）等跨文化研究领域专家的研究成果，并对此进行了调整和发展。

② Dudo, E. Alois, *Vertrauensbasiertes Management. Theorie-und empiriegestützte Entwicklung eines vertrauensbasierten Handlungskonzeptes für deutsche Manager im internationalen Kontext unter besonderer Berücksichtigung der Erwartungen arabischer Geschäftspartner*，Hamburg：HWP, 2004.

③ 德文是 Erwartung，指的是他者形象（Fremdbild）。

④ 德文是 Erwartungserwartung，指的是他我形象（Metabild）。

⑤ Jammal, Elias,„Vertrauen in deutsch-arabischen Wirtschaftsbeziehungen“，in Jammal, Elias（Hrsg.），*Vertrauen im interkulturellen Kontext*，Wiesbaden：VS Verlag für Sozialwissenschaften, 2008，S. 235 – 256.

（Ulrike Schwegler）以德国和印尼合作中的跨文化工作情境为例，对如何在不同文化的陌生人之间生成信任进行了实证考察。研究者采取半开放式访谈法考察了德国人与印尼工作伙伴在工作过程中生成的信任关系的特点，从而生成了德印尼跨文化合作中的信任维度，并对这一特殊信任的发展阶段进行了剖析。① 而专门针对中德跨文化合作的代表性文献有：奥利弗·舒曼（Oliver Schumann）以中德中小企业之间的合作为例，对委托代理关系中的信任构建进行了研究。他从跨文化企业合作中的"信任两难困境"出发，阐明了跨文化信任的内涵，并通过质性和定量相结合的研究方法考证了跨文化委托代理关系中信任感知的发展阶段、跨文化合作中信任管理的阶段、个人和组织层面信任的区别、跨文化合作关系中控制手段的使用和影响、信任的效果以及信任文化特色的效果等。② 米里亚姆·米特尔（Miriam Müthel）则着眼于中德虚拟团队中的信任问题，她首先通过理论研究发展出了一个适用于跨文化虚拟团队的主观性信任理论并提出相关研究假设，然后通过质性访谈对研究假设进行了论证，比较了中德虚拟团队在构建信任过程中存在的共性和特性，最终得出信任是提高国际虚拟团队工作效率的有效机制这一结论。③

（二）国内主要文献述评

相比之下，中国国内的相关研究相对较少，起步较晚。其中具有代表性的作品有：

崔洛燮的博士学位论文《中韩文化差异对跨国公司组织信任的影响实证研究》从跨文化视角出发，以文化集群和文化维度为理论基础，

---

① Schwegler, Ulrike, *Vertrauen zwischen Fremden：Die Genese von Vertrauen am Beispiel deutsch-indonesischer Kooperationen*, Frankfurt a. M.：Iko, 2008.

② Schumann, Oliver, *Vertrauen in interkulturellen Prinzipal-Agent-Beziehungen：Am Beispiel von deutsch-japanischen Kooperationen kleiner und mittlerer Unternehmen*, Bayreuth：P. C. O. – Verlag, 2007.

③ Müthel, Miriam, *Erfolgreiche Teamarbeit in deutsch-chinesischen Projekten*, Wiesbaden：Deutscher Universitäts-Verlag, 2006.

通过问卷调查对跨国公司中中韩信任的差异性进行了考证。^①

段明明认为不能用文化宿命论去衡量某个社会信任程度高低，不同文化背景下所形成的社会监控形式和机制是不同的，所以不同文化中的成员会用不同的方式来构建信任。但是，综观各个国家的信任状况，只存在信任发展保障机制上的差异，而不存在绝对意义上"信任总体水平"的高低。^②

张晓玲以德国外派管理人员对中国员工的信任构建为例，探讨了跨国企业中上下级信任关系的构建。^③ 考虑到上下级关系中的权力距离、上级对下属信任与下属对上级信任之间呈现不对称的特征，该研究仅探讨了上级对下属的信任构建。该研究停留在理论层面，缺乏实证考察的数据支撑。

于景涛将信任看作跨文化团队内聚力。作者首先通过思辨性的理论研究，提出了三大假设：第一，跨文化团队中信任的理念和行为有不同之处；第二，交互性产生于沟通，信任的建立和加强依赖于交互；第三，交互关系中的信任是内聚力发展的前提。之后，她通过质性的实证研究验证了这三大假设。^④

从对比不同文化之间的信任特质到考察跨文化互动领域的信任状态及其发展趋势，体现了研究视角从静态到动态的转变，研究的难度也随之增大。从既有的相关文献来看，研究者们主要关注的是跨国企业中不同文化背景的员工之间的信任构建。这一研究主题是信任研究中的新兴话题，同时具有重要的现实意义。

---

① 崔洛燮：《中韩文化差异对跨国公司组织信任的影响实证研究》，清华大学博士学位论文，2006。
② 段明明：《关于信任社会机制的跨文化研究》，《上海大学学报》（社会科学版）2010 年第 2 期，第 120～132 页。
③ 张晓玲：《跨国企业中上下级信任关系的构建——以德国外派管理人员对中国员工的信任构建为例》，《德国研究》2010 年第 3 期，第 61～67 页。
④ 于景涛：《对跨文化团队中信任问题的质性实证研究》，《国际商务：对外经济贸易大学学报》2011 年第 3 期，第 107～116 页。

三 本土文化视角下的信任研究

在文化对比与跨文化互动视角的信任研究之外，不容忽视的是本土文化视角下的信任研究。对本土文化的自我审视有别于文化局外人对某一文化的描述。文化局外人在研究异文化时固有的文化距离会造成文化误读和文化偏见，而这种误读和偏见可以通过本土文化视角下的研究得以澄清和解释。因此，在这种情况下，本土文化视角下的信任研究对于跨文化信任同样具有积极作用。

考虑到本书着眼于德国外派管理人员与中国员工的信任关系，所以有关中国和德国信任文化的本土研究值得一提。专门针对德国信任的本土研究，较有代表性的是安那格雷特·布塞（Annegret Busse）撰写的有关德国信任状况的研究报告。研究者在报告中指出，德国政治领域信任缺失程度高，政府应该采取相应措施尽量满足民众的期望，从而弥补信任缺失。与此同时，德国民众对联邦宪法法院抱有极大的信任，这体现了德国社会的法治公正和民主。① 此文献并没有从文化视角对德国信任特征进行论述，而只是一部社会学的研究报告。

相比之下，有关中国信任文化的本土研究呈现数量大、层次多、幅度宽的特点。其原因在于，东西方文化之间的巨大差异使西方理论框架下的信任研究成果在中国不一定完全适用。此外，许多中国本土学者不能认同那些"中国文化归属于低信任文化""中国人的信任是建立在非理性的个人感情关系之上"等论调。因此，中国学者对"自己人"的信任特征和"自己"的信任文化进行了广而深的研究，其中代表作品如下。

彭泗清和杨中芳合作完成的《中国人人际信任的初步探讨》② 和

---

① Busse, Annegret, *Vertrauen in Deutschland*, München: GRIN Verlag, 2009.
② 彭泗清、杨中芳:《中国人人际信任的初步探讨》，台北：第一届华人心理学家学术研讨会，1995。

《中国人人际信任的概念化：一个人际关系的观点》① 两篇论文对中国的人际信任进行了探讨。两位学者认为中国的人际信任包含诚信和义务等道德因素，同时人际关系是人际信任构建的关键因素。杨宜音则从"自己人"这一中国日常用语的角度出发研究了中国人人际信任建构过程。他认为，"自己人"的信任建构是从传统的"家里人"的信任观念中发展而来的，是一种关系型信任。在中国把"外人"变成"自己人"是中国文化中人与人之间建构信任的基本逻辑。②李伟民和梁玉成从特殊信任与普遍信任两方面入手研究了中国人的信任结构与特征，并提出以下观点。第一，中国人不仅信任与自己具有血缘关系的人，也信任与自己具有亲近关系或者交往密切的人。第二，在中国的人际信任互动中，情感因素是比关系因素更为显著和重要的影响因子。第三，中国人的信任包含以观念信仰为基础的普遍信任三大假设，并通过调查问卷的方式对假设进行检验。③王绍光和刘欣选取了中国四个城市的信任数据为分析材料，探讨了信任来源和信任在不同群体中以不同形式出现的原因，并在此基础上构建了与中国文化相适应的信任模型。④ 周生春和杨缨在否定西方对中国人信任模式的刻板印象基础上对中国信任方式的起源和中国人信任的特征进行了考究，认为中国人的信任方式是直接的，是基于同情心原则的人格化信任方式，而中国近代史和社会发展的特殊性导致了这种直接信任方式的不稳定性。⑤

---

① 杨中芳、彭泗清：《中国人人际信任的概念化：一个人际关系的观点》，《社会学研究》1999 年第 2 期，第 1～21 页。
② 杨宜音：《"自己人"：信任建构过程的个案研究》，《社会学研究》1999 年第 2 期，第 38～52 页。
③ 李伟民、梁玉成：《特殊信任与普遍信任：中国人信任结构与特征》，《社会学研究》2002 年第 3 期，第 11～22 页。
④ 王绍光、刘欣：《信任的基础：一种理性的解释》，《社会学研究》2002 年第 3 期，第 23～39 页。
⑤ 周生春、杨缨：《信任方式的起源和中国人信任的特征》，《浙江大学学报》（人文社会科学版）2011 年第 1 期，第 169～177 页。

小　结

综观国内外相关文献，文化视角下的信任文献主要由文化对比、跨文化互动以及本土文化这三大视角的研究组成。从历时和共时两方面来看，相关文献呈现以下五大特点。

第一，文化对比、跨文化互动以及本土文化视角下的信任研究之间呈现承上启下的研究脉络。将信任置于文化对比中进行探究始于西方。在全球化背景下，不同文化之间的互动日益频繁，静态的文化对比无法满足跨文化互动中的信任研究。因此，研究跨文化信任互动逐渐成为一种学术趋势。互动研究是对比研究的继承和发展，因为跨文化互动的理论框架建立在静态文化对比的理论基础之上。[①] 另外，文化对比和跨文化互动研究大多集中在对东西方的文化对比或者东西方跨文化互动之上。同时，中国文化作为东方文化的典型代表，西方学者对中国文化中的信任特征进行了多层次的研究，其研究结果与中国文化的实际情况存在差距，这一点促使了中国学者对本土信任文化的自省和反思。总的来说，文化对比、跨文化互动以及本土文化三种研究视角反映了文化视角下信任研究的发展趋势。

第二，在研究方法方面，无论是文化对比研究还是跨文化互动研究，都是先有思辨性的基础理论研究，后有力求接近现实的实证研究。尤其对于人际信任而言，微观层面的人际话语、行为和关系对人际信任的构建至关重要。理论研究为实证研究开辟了新的研究视域，同时实证研究将理论研究与现实生活结合起来，检验并发展理论研究的结果。在文化对比和跨文化互动的实证研究中，主要采用定量和质性的研究方

---

① Bolten, Jürgen, „Grenzen der Internationalisierungsfähigkeit: Interkulturelles Handeln aus interaktionstheoretischer Perspektive", in Bolten, Jürgen (Hrsg.), *Cross Culture-Interkulturelles Handeln in der Wirtschaft: Schriftenreihe Interkulturelle Wirtschaftskommunikation*, Sternenfels and Berlin: Verlag Wissenschaft & Praxis, 1995, S. 31 – 32.

法。从既有的研究成果可以看出，针对那些大规模的文化对比研究，一般采用定量的研究方法。因为，一般来说，定量方法比较适合在宏观层面对事物进行大规模的调查和预测，适用于考察社会中某一现象总体情况的研究，因此其研究结果具有较广泛的代表性。同时，文化对比的信任研究一般考察的是一个民族或社会中信任文化的共性与不同民族或社会之间信任文化的差异，所以这种研究倾向于定量方法。在诸多国内外相关研究中，学者们大多通过调查问卷的形式进行定量研究，对不同文化区域的信任特征进行对比分析。然而，几乎所有的研究者都借助于霍夫斯泰德的五大文化维度来证明研究结果的效度。然而，文化永远处于动态发展中，霍夫斯泰德的文化维度不是黄金法则，研究若仅以此为理论支撑，那么其研究结果的效度会遭到质疑。而涉及跨文化互动中的人际信任构建，研究者则倾向于采用质性研究，因为它更适用于微观层面的细致性描述和动态性分析。[①]

第三，与国外相关文献相比，国内研究起步较晚，研究成果在数量和创新性方面都远远落后于西方国家，在基础理论和研究方法方面都处于学习和效仿西方既有研究成果的阶段。然而，国内既有研究成果大多为实证研究，并呈现较强的连续性。另外，国内学者联合国外学者共同进行信任研究是国内信任研究的一大特征，如张新建和邦德合作研究了中国内地、中国香港以及美国三地学生的人际信任并发展了跨文化人际信任的认知模式；研究者身份的文化多元性还体现在我国学者王飞雪与日本学者山岸俊男的研究中。

第四，无论是西方学者还是中国本土学者都高度关注中国的信任文化研究。从既有文献可以看出，以中国为主的东方文化一直是信任文化对比研究和跨文化信任互动研究的重要内容。相比之下，鲜有专门针对西方某个具体文化信任特征的文献，例如德国信任文化等。

---

① 陈向明：《质的研究方法与社会科学研究》，教育科学出版社，2000，第10页。

第五，专门针对中德文化对比或者中德跨文化互动的信任研究少之甚少，尚属跨文化信任研究的新兴话题，因此研究者要站在前人研究成果的基础上，同时与之保持距离，力求通过质性研究来接近这一微观现实世界，才能发展出尽量接近现实世界的研究成果。基于此，本书力求通过这一研究主题——德国外派管理人员与中国员工的信任互动——来填补目前相关研究主题的空白。

第四节　本书的主要内容

本书主要分为导论、研究主体和结语三大部分。其中研究主体部分包括理论基础、研究方法与研究设计、研究结果呈现以及研究结果讨论四个部分。具体来说，本书一共分为以下七个章节。

导论部分主要介绍本研究的选题来源和意义，研究定位、目标和问题，相关文献述评等。其中在研究定位方面，本书致力于对跨文化上下级信任互动进行研究，研究理论涉及跨文化交流领域的相关理论，研究方法采用质性访谈法；同时将德中上下级信任的动态发展设定为本书的研究目标。为此，本研究要解决的核心问题是：跨文化上下级信任互动会如何发展？这个核心问题又细化为两个具体问题：第一，跨文化上下级信任积极互动是如何发展的？第二，跨文化上下级信任消极互动是如何发展的？对相关文献的述评从三方面展开，即文化对比、跨文化互动以及本土文化视角下的信任文献，在国外相关文献中重点考察了德文文献。最后还对相关文献的特点、重点以及不足进行了总结和评析。一是三大研究视角呈现承上启下的研究脉络；二是研究路径体现了基础理论和实证研究之间的继承与发展；三是国内研究虽然落后于国外研究，但是研究连续性强，同时研究者本身体现了文化多元性的特征；四是国内外相关文献都高度关注中国信任文化的特征；五是涉及中德跨文化情境中人际信任互动的文献甚少，尚属于新兴研究主题，具有极大的研究空间和研究意义。

第一章和第二章是本书的理论基础。本书在理论部分力求从文化对比与跨文化互动两个层面对中德信任文化、德中上下级信任文化的特征和中德跨文化信任互动的可能性进行探究。

在文化对比层面，本书在前人理论的基础上，依次对文化与人际信任的关系、中德信任文化对比以及德中上下级信任文化的异同进行探析。首先，探讨的是文化与人际信任的内在关联，同时将从权力与利益两方面对企业组织内上下级信任进行论述；其次，在前人理论的基础上对中德信任文化和德中上下级信任文化进行对比：一是从词源学角度对中文"信任"和德文"Vertrauen"两个词的来源和历史发展脉络进行剖析；二是通过文献对比分析法，从文化历史的角度概括出中德信任观的特征，并梳理中德信任观的异同；三是从文化历史的角度对德中上下级信任文化进行横向对比。

在跨文化互动层面，本书将研究目光从静态的文化对比转移到动态的跨文化互动层面。首先对跨文化与跨文化交流的内涵进行探析，同时对"跨文化人际信任是一种跨文化人际交流过程"的论点进行论述。其次讨论跨文化人际信任互动中出现的两对矛盾，即熟悉与陌生、好感与偏见，并总结出"跨文化人际信任总是处于两难境地"的特征，从而得出结论：在跨文化这个复杂的动态环境中，人际信任的重要性相对于单一文化环境而言更为突出。此外，对戴尔·灿德（Dale E. Zand）的信任互动模型以及对玛格特·奥斯特洛（Margit Osterloh）和安托瓦妮特·韦伯尔（Antoinette Weibel）在此基础上发展出的上下级信任互动模型进行补充和调整，同时加入卡勒斯·维塔尔（Carlos Vittar）有关跨文化信任的研究成果以及跨文化交流四层面的内容，从理论层面发展了跨文化上下级信任的互动模型，其中包括积极互动与消极互动模型两大方面。最后，根据第二章的文化对比结果，探讨德中跨文化上下级信任互动的可能性。

第三章是研究方法与研究设计。这一章分成两大部分。第一部分将介绍本研究所采取的研究方法和选择这种研究方法的原因。第二部分将介绍本书的研究方案和研究程序的具体步骤。

第四章和第五章呈现了本书的研究结果。第四章将从不同维度呈现德中上下级信任积极互动的主要步骤和主要内容，并对每一个维度的决定性积极因素进行探究。第五章同样从不同维度呈现德中上下级信任消极互动的主要步骤和主要内容，并对每一个维度的决定性消极因素进行探究。

第六章和第七章是研究结果的讨论部分。这一部分将对第四章和第五章呈现的研究结果进行高度总结和评论，同时试图探讨研究结果背后的原因。

结语部分总结了本书的研究成果、创新之处和局限性，同时对相关后续研究进行了展望和规划。

文化对比中的人际信任

本书的理论部分从两个层面展开：文化对比层面的人际信任和跨文化互动层面的人际信任。从文化对比层面分析出中德信任文化以及德中上下级信任文化的特质，并对比分析二者的异同，从而为德中上下级信任互动提供理论导向。在跨文化互动层面，首先论证跨文化人际信任与跨文化交流的关系，然后对现有的上下级信任互动模型和跨文化信任理论进行阐述和评析。

第一节　文化与人际信任

将文化视作人际信任的影响因素是文化对比层面人际信任研究的前提。文化与人际信任之间的关联，尤其是文化对人际信任的影响是产生人际信任文化特质的根本原因。下面将分别从文化和人际信任两个基本概念的内涵和特征出发，探讨两者之间的关联。

一　文化

文化是"体现在符号中的、由历史传递的意义模型。它是与生俱来的概念系统，以人们交流、永久保存和发展关于生活态度方面知识的方式并通过符号形式表现出来"。① 因此，文化是通过符号形式来表达

---

① Geertz, Clifford, *The Interpretation of Culture*, New York: Basic Books, 1973, p. 89.

并且在历史中传递的意义模型。无论是符号表达还是历史传递，都离不开交流。所以说，"沟通①即文化"。②

同时，人是交流的承载者，所以文化还可以被看作"人工创造的环境"，即"一系列人为的主观和客观因素。在历史中，这些因素增加了人类生存的可能性。所以，互相交流的人们共享这些因素，因为他们共享同一种语言，生活在同一时空中"。③ 从这一点来看，文化是一种集体现象，是一个群体与另一群体的主要区分标准，"因为同一社会领域中生存过和生存着的人们共同享有同一种文化。文化是一种集体性的精神程序，这一程序将一个集体或范畴中的成员和另一集体或范畴中的成员区分开来。文化是人们后天通过学习得到的，而不是天生的。文化来自人类的社会领域，而不是人类的基因"。④ 因此，文化是一种集体性的标签，具有感召力，使同一社会中的人们产生归属感。作为导向系统的文化既能指导人们的行动，又将行动限定在一定的范围之内，从而保证同一社会中人们行动的统一性，加强这个社会文化区别于其他社会文化的特点。

此外，文化还可以表现为一种感知行为⑤，一种主观概念。这一点可追溯到哈里·特兰狄斯（Harry C. Triandis）所提出的主观文化（Subjective Culture）这一概念。他从梅尔维尔·赫斯科维茨（Melville J. Herskovits）的文化定义（人工创造的环境）出发，认为文化是无须陈述的假设、标准化的运行程序和行为方式⑥。这些假设、程序和方式

---

① 这里的沟通指的就是交流。

② 陈晓萍：《跨文化管理》，清华大学出版社，2009，第6页。

③ Triandis, Harry C., *Culture and Social Behavior*, New York: McGraw-Hill College, 1994, pp. 16, 22.

④ Hofstede, Geert und Gert J. Hofstede, *Lokales Denken, globales Handeln. Interkulturelle Zusammenarbeit und globales Management*, 3. Auflage, München: Deutscher Taschenbuch Verlag, 2006, S. 4.

⑤ Martin, Judith and Thomas Nakayama, *Intercultural Communication in Contexts*, New York: McGraw-Hill Companies, 2009, p. 93.

⑥ Triandis, Harry C., *Culture and Social Behavior*, New York: McGraw-Hill College, 1994, p. 16.

内隐于人们的心灵之中，是无须表达的。它作为某个特定文化中人们的主观思维和感知，对于他们来说是理所应当和习以为常的。文化的这种主观性可以通过"心灵的编程"（mentale programmierung）① 来体现。

因此，文化是一种通过交流来实现的集体性感知行为。此外，当今时代的开放性赋予了文化新的意义，文化是"开放的生活世界"。② 因为，随着国际化的发展，已经不存在文化完全同质的民族或者集体。世界上所有的生活世界都呈现出文化异质的特征。每一个文化都可以是一个跨文化过程的产物，因此封闭的、孤岛似的文化概念已经过时，有必要从过程化的动态视角来理解文化：它是一个不同的规范、价值以及生活方式之间相互妥协、不断协调一致的动态过程。③ 总的来说，文化具有以下四大特征。

（1）文化是指导行为的意义模型。这个意义模型表现为一个导向系统，文化就是这个导向系统，它是由特定的符号构成并通过交流在历史中传递。这个导向系统表现为一个集体中的成员对这个集体的归属感，它能为成员们的察觉、思考、评价和行动提供方向性的指导：一方面，这个带有文化特色的导向系统为人们的行动创造了可能性；另一方面也为人们预先设置了行动的界限。④ 因此，文化作为导向系统，指导并影响着人们对客观世界的感知、思考和学习，在此基础上对它进行评价并形成态度，从而采取行动。韦伯认为行为（Verhalten）是一种自发

---

① Hofstede, Geert und Gert J. Hofstede, *Lokales Denken, globales Handeln. Interkulturelle Zusammenarbeit und globales Management*, 3. Auflage, München: Deutscher Taschenbuch Verlag, 2006, S. 2.

② Bolten, Jürgen, *Interkulturelle Kompetenz*, Erfurt: Landeszentrale für Politische Bildung, 2007, S. 14.

③ Piéch, Sylke, *Das Wissenspotenzial der Expatriates : Zur Prozessoptimierung von Auslandsentsendung*, Sternenfels: Verlag Wissenschaft & Praxis, 2009, S. 25 – 26.

④ Thomas, Alexander, „Vertrauen im interkulturellen Kontext aus Sicht der Psychologie", in Maier, Jörg (Hrsg.), *Die Rolle von Vertrauen in Unternehmensplanung und Regionalentwicklung : Ein interdisziplinärer Diskurs*, München: Forost, 2005, S. 19 – 31.

的活动（Aktion）。在人们行事时，文化起到主导作用，因为文化让人不用再为了下决定而伤神，从此省去了许多原本需要思考的时间。同时，它隐藏在人们的潜意识中，使许多理性行为变成了一种无意识或下意识的反映。所以，行为是人们在社会化过程中习得的产物。[①] 因此，文化是指导行为的意义模型。

（2）文化具有标准化（Standardisierung）的功能。"标准化"是克劳斯·汉森（Klaus Hansen）针对一个集体中成员统一化的行为提出的概念，这里的"标准化"既不是偶然的，也不是必然的，而是一个集体中所有成员为了生存而采取的非功利性的相同行为。因为，人是寻找意义的生物。人有强烈的意愿去理解他们生存环境，只有通过降低客观世界的复杂性才能更好地理解这个生存环境。将人类现实生活标准化是降低复杂性的最好方式，而标准化是由文化来完成的。文化的标准化功能主要包括对同一文化中交流、思考、感受和行为的标准化。[②]因此，文化具有将客观世界的复杂性进行标准化的功能。

（3）文化是后天习得的，不是先天遗传的。文化不是由人的基因决定的，而是人们在濡化（Enkulturation）和社会化（Sozialisation）的过程中习得的。濡化指的是人们无意识地接受并内化本文化的价值、规范和行为模式的过程。所以，濡化是人们习得文化和传承文化的机制。而社会化指的是人们对以习得的价值、规范和行为模式的适应过程。[③]濡化和社会化保证了人成为社会人的可能。通过濡化和社会化，个体被贴上了相应社会文化的标签，使他们区别于其他社会文

---

① Hansen, Klaus P., *Kultur und Kulturwissenschaft：Eine Einführung*, 3. Auflage, Tübingen and Basel：A. Francke, 2003, S. 123 – 126.

② Hansen, Klaus P., *Kultur und Kulturwissenschaft：Eine Einführung*, 3. Auflage, Tübingen and Basel：A. Francke, 2003, S. 43 –46.

③ Stüdlein, Yvonne, *Management von Kulturunterschieden. Phasenkonzept für internationale strategische Allianzen*, Wiesbaden：Deutscher Universitäts-Verlag, 1997, S. 28.

化中的个体。虽然，所有成员在习得和适应价值、规范以及行为模式的过程中表现出个体差异，但是这并不影响文化的正态分布①，也就是说从一个社会的整体水平来看，它的文化特征是显著的。

（4）文化是动态发展的，但同时相对稳定。文化的动态发展可以从两方面——历时和共时来考量。从历时的角度来看，文化作为人类社会的产物，人类社会的发展推动了文化的发展。文化指导着人的行为，反过来，人的行为会丰富文化的内容。在文化和人类行为的互动过程中，两者都处于动态的发展中。从共时的角度来看，"文化不是集装箱"②，也就是说，文化都是开放的，世界上不存在封闭的文化。尤其在当今世界，不同文化之间的频繁互动使所有的文化都处于跨文化的互动状态中。跨文化促使原有的文化不断吸入其他文化的元素，使文化处于永恒的变化中。但与此同时，文化具有相对稳定性，原因有三。第一，文化的标准化功能保证了文化的稳定性，因为文化为人们的行动设置了界限；第二，人们对本文化的认同以及对所处社会的归属感，使人们会持久地、坚定地遵守本文化的行为规范和风俗习惯；第三，作为历史和社会记忆的文化，它的形成需要时间的沉淀。所以，文化具有相对的稳定性，这种稳定性保证了一种文化区别于其他文化的特性。

从这四大功能中可以看出，文化作为集体标签，使群体内成员在认知、思维和行为等方面保持共性。而认知、思维和行为可以直接作用于人们解决问题的途径，因此"文化是人类社会解决问题的途径"③。这种集体标签在很大程度上成为跨文化误解和冲突的主要原因。这一点也构成了研究跨文化交流的重要意义。

---

① 陈晓萍：《跨文化管理》，清华大学出版社，2009，第 17～18 页。

② Bolten, Jürgen, *Interkulturelle Kompetenz*, Erfurt: Landeszentrale für Politische Bildung, 2007, S. 14.

③ Trompenaars, Fons, *Handbuch Globales Managen: Wie man kulturelle Unterschiede im Geschäftsleben versteht*, Düsseldorf: Eco, 1993, S. 18.

二 人际信任

基于信任研究的二维视角，韦伯将信任分为特殊信任（particularistic trust）和普遍信任（universalistic trust）[①]；尼克拉斯·卢曼（Niklas Luhmann）则将信任分为个人信任（Persönliches Vertrauen）[②] 和系统信任（Systemvertrauen）[③]。这两种划分都遵循同一个标准，即信任的指向到底是针对微观层面的具体个人，还是指向宏观层面的抽象制度。因此，根据信任指向的对象不同，目前学界将信任分为人际信任和制度信任。卢曼还指出，在对日常世界熟悉的基础上，信任主要表现为人际信任，因为信任可以用来克服人际交往中的不确定因素。[④]

顾名思义，人际信任指的就是人与人之间的信任。人是构成人类社会的最基本单位，因此人际信任是最基本的信任形式，其他形式的信任都是在人际信任的基础上发展形成的。

（一）人际信任内涵

基于人际信任影响因素的多样性，人际信任的定义也相应呈现出多样性的特征。但是，在众多关于人际信任的定义中存在一个共同的基础性的假设，即人际信任是一种个人态度、信念或者期望。[⑤] 以下将对心理学、社会学和组织管理学中具有代表性的人际信任定义进行分析，从而探析人际信任这个概念的内涵。

[①] 〔德〕马克斯·韦伯：《儒教与道教》，王容芬译，商务印书馆，1995。

[②] 信任的实现依靠于人际互动，因此这里指的"个人信任"与目前学界所提的"人际信任"本质上是一致的，都是指微观层面的人与人之间的信任。

[③] Luhmann, Niklas, *Vertrauen：Ein Mechanismus der Reduktion sozialer Komplexität*, 4. Auflage, Stuttgart：Lucius & Lucius, 2009.

[④] Luhmann, Niklas, *Vertrauen：Ein Mechanismus der Reduktion sozialer Komplexität*, 4. Auflage, Stuttgart：Lucius & Lucius, 2009, S. 27.

[⑤] Schwegler, Ulrike, *Vertrauen zwischen Fremden：Die Genese von Vertrauen am Beispiel deutsch-indonesischer Kooperationen*, Frankfurt a. M.：Iko, 2008, S. 26.

表 1 - 1 显示，心理学倾向于对信任行为的研究，侧重于对信任对象的心理活动的揣测和估量，认为信任是对信任对象行为的积极期望；社会学领域的人际信任研究从信任行为发生的社会情境出发，重点研究信任双方的人际互动，认为信任是人际交往的产物，同时将情感因素纳入信任产生的机制之中；组织管理学中的人际信任更多是一种理性的、有意识的人的行为，因为在组织管理环境中，信任发出方会将信任行为的风险、不确定性以及有可能带来的伤害等因素进行理性的计算。

表 1 - 1　有关人际信任的核心定义

代表人物	定义内容	研究视角	核心词
多伊奇	一个人对某一事件的发生采取信任行为，因为他期待这一事件的出现。如果这种行为无法带来与其期待相符的结果，那么这种信任行为就会对他造成负面心理影响，而这种负面结果的影响比与其期待相符的正面结果大得多。①	心理学	对他人的行为期望
罗特	一个个体或群体对另一个个体或群体的普遍性期待，期待他或他们言辞、承诺、口头或笔头陈述的可靠性。②	心理学	
张建新/邦德	指向某一具体人物对象的一种预付已有物质或心理资源的行为意向。如果实施这一行为，人们期待着从对象处获得回报，但亦可能因延时交换过程中的中断而蒙受损坏。③	心理学	

---

① Deutsch，Morton，"Trust and Suspicion"，*Journal of Conflict Resolution*，Vol. 2，No. 4，1958，pp. 265 - 279.

② Rotter，Julian B.，"A New Scale for the Measurement of Interpersonal Trust"，*Journal of Personality*，Vol. 35，No. 4，1967，pp. 651 - 665.

③ 张建新、Michael H. Bond：《指向具体人物对象的人际信任：跨文化比较及认知模型》，《心理学报》1993 年第 2 期，第 165 页。

续表

代表人物	定义内容	研究视角	核心词
刘易斯等	信任是人际交往的产物,它基于人际交往关系中的理性计算和情感关联。①	社会学	人际交往、人际关系、人际互动
吉登斯	人际信任建立在反应和参与者相互关系的基础上。对信任对方品德的信赖是感觉自己正直的关键原因。② 人际层面的信任是创建社会关系的重要途径。③	社会学	
杨中芳/彭泗清	人际信任是指在人际交往中,双方对对方能够履行他所被托付之义务及责任的一种保障感。用日常用语,就是"放心",不必提心吊胆,担心对方会不会照自己所期望、所托付而"为自己"做的事。在这一概念中,人际信任被视为一个存在于两人之间的概念。④	社会学	
灿德	对别人依赖的有意控制,这种控制是随任务、情境和信任对象变化而变化的。⑤	组织管理学	理性、风险、伤害、不确定性
梅耶等	承受信任对象可能造成的伤害的意愿,因为信任发出方期待着信任对象会做出对他有意义的特殊行为。同时,信任发出方不会去考虑是否有能力去监视或者控制信任对象的行为。⑥	组织管理学	
默勒亨	信任是一种持续性的过程,这一过程以理性、习惯和经验为基础,因为这三个因素可以消除原本无法简化的、由信任对象可以带来的伤害和不确定性。而解除伤害和不确定性是一种积极的导向,由此信任发出方可以实现并保持对信任对象行为和意向的积极期待。⑦	组织管理学	

① 转引自陶芝兰、王欢《信任模式的历史变迁——从人际信任到制度信任》,《北京邮电大学学报》(社会科学版)2006 年第 2 期,第 20 页。

② Giddens, Anthony, *Konsequenzen der Moderne*, Frankfurt a. M. : Suhrkamp, 1996, S. 143.

③ Giddens, Anthony, *Konsequenzen der Moderne*, Frankfurt a. M. : Suhrkamp, 1996, S. 150.

④ 杨中芳、彭泗清:《中国人人际信任的概念化:一个人际关系的观点》,《社会学研究》1999 年第 2 期,第 15 页。

⑤ 转引自 Späth, Julia. F. , *Interpersonelles Vertrauen in Organisationen：Eine empirische Untersuchung der Einflussfaktoren und Verhaltenswirkungen*, Frankfurt a. M. : Peter Lang, 2008, S. 32。

⑥ 转引自 Späth, Julia. F. , *Interpersonelles Vertrauen in Organisationen：Eine empirische Untersuchung der Einflussfaktoren und Verhaltenswirkungen*, Frankfurt a. M. : Peter Lang, 2008, S. 40。

⑦ Möllering, Guido, " Vertrauensaufbau in internationalen Geschäftsbeziehungen：Anregungen für ein akteursorientiertes Forschungsdesign", in Jammal, Elias (Hrsg.), *Vertrauen im interkulturellen Kontext*, Wiesbaden：VS Verlag für Sozialwissenschaften, 2008, S. 99.

因此，心理学中的人际信任是单向的；社会学中的人际信任是双向互动的；组织管理中的人际信任是以利益为基础的，是理性的。通过对以上定义的总结可以归纳出人际信任以下三方面的内涵。

（1）人际信任是对别人行为的一种积极期待；

（2）这种期待是在信任双方的互动过程中得以实现或破灭的；

（3）这种期待可以基于感性因素，如感情等；也可以基于理性思考，如计算等。

综上所述，完全出于感情去信任或不信任某个人，是盲目的信任和不信任；同时，依靠纯粹的理性计算来决定是否采取信任行为，也未必是万全之策，因为不可预见的未来无法通过理性的计算得到精确的预测。人们不能单纯地从认识论角度理解信任，它处在全知与无知之间，因为全知不需要信任，而无知又不可能发出信任。[①]　所以，人们总是在盲目的信任和盲目的不信任之间采取信任行为。

（二）人际信任的构成要素

人际信任是一个"四元述语"（four-place-predicate），它由信任发出方、信任接收方、信任行为和信任关系四个要素构成。人际信任生成于人际交往之中，并在人际互动的关系中得到加深、修复或者破裂。

1. 信任发出方

一个人愿意付出信任，就等于愿意预付可能因为信任带来的伤害和损失。那么，人们之所以愿意采取充满风险的信任行为是有动机的。动机分为内生和外生两种。

生成信任的内生动机包括：第一，人格因素。人有一种普遍化的信任倾向。朱利安·罗特（Julian B. Rotter）认为，一个人童年的经历构成了他是否对周围人产生普遍化信任倾向的关键因素。普遍化信任倾向

---

① Simmel, Georg, *Soziologie：Untersuchungen über die Formen der Vergesellschaftung*, Frankfurt a. M.：Suhrkamp, 1992, S. 393.

强的个体，也就是充满信任感的人，在面对陌生人时，他们愿意承担更大的风险。同时，这种人准确估计其他人可信度的能力会更强。第二，好感因素。如果一个人信任其他人，那么他在和其他人交往的时候会感到愉快，因此充满信任会让人产生"好的感觉"。第三，社会因素。人们采取信任行为，因为人们相信，馈赠"信任"是善行，即使人们会失望并因此带来损失。比如，借钱给处于困难中的陌生人。① 这三种动机因素已经内化到人们的心中，成为一种信念，即信任别人是一种美德。

生成信任的外生因素包括：第一，信任面子因素。人们采取信任行为是为了塑造积极形象，从而获取更多的资源。例如，对希望合作的伙伴表示信任，或想从信任对象那里获取信息。这种信任是一种面子工程，是一种投机性的信任。第二，工具性因素。人们选择特定的对象并发出信任，是为了和他建立信任关系，并从这种关系中获利。因此，人们愿意选择可以预估的、较小风险的信任对象。②

2. 信任接收方

信任接收方之所以被信任，和他的可信度密切相关。考量一个人信任度的因素很多，如信任发出方的经验、理性思考和判断问题的能力，信任接收方的能力、社会声誉、社会地位等，以及信任双方的关系。如果信任双方属于亲人、朋友或者熟人关系，那么对双方信任度的判断会掺和感情因素。如果两者是利益上的伙伴关系，那么利益得失会影响双方可信度。如果是和一个陌生人建立信任关系，那么两者的"社会背景相似度（如性别、年龄、种族、教育背景等）"③ 会被纳入参考值之

---

① Osterloh, Margit and Antoinette Weibel, *Investition Vertrauen：Prozesse der Vertrauensentwicklung in Organisationen*, Wiesbaden：Gabler, 2006, S. 46 – 47.

② Osterloh, Margit and Antoinette Weibel, *Investition Vertrauen：Prozesse der Vertrauensentwicklung in Organisationen*, Wiesbaden：Gabler, 2006, S. 45.

③ Osterloh, Margit and Antoinette Weibel, *Investition Vertrauen：Prozesse der Vertrauensentwicklung in Organisationen*, Wiesbaden：Gabler, 2006, S. 46.

中。在众多影响可信度的因素中，一个人的品德（如正直、诚实等）是首要因素。

同时，信任接受方是否会接受信任发出方的信任信号，取决于信任接收方的接受动机。接受动机也包括内生动机（即道德伦理产生的动机）和外生动机（维护面子和工具性动机）两方面内容。①

3. 信任行为

信任行为是一种充满风险和合作意向的理性行为。麦克奈特（McKnight）等认为信任行为是一个人在特定情境中对另一个人的主动依赖行为。信任行为表明了信任发出方的依赖意向以及将这种意向付诸实际的决心。而在信任对象接受信任之后，这种依赖性使信任发出方陷入一种潜在的权力控制之中。如果信任发出方的信任期望没有实现，那么，他所遭受的损失远远大于实现期望而得到的利益。所以，信任行为充满风险。②

莫顿·多伊奇（Morton Deutsch）通过"囚徒困境"博弈论验证了信任须建立在双方成功合作的基础上。合作成功意味着资源（利益或信息）得以交换，而资源交换是建立在相信信任对象有合作意愿的基础上。③ 所以说，信任行为中蕴藏着合作意向。

另外，信任行为是一种理性行为。除了盲目的不信任和信任之外，信任行为都是经过理性思考的，它处于全知和无知之间。而这种理性行为依赖于经验和对既得利益的谋算。

同时，有效的信任行为包括：第一，坦诚的交流。跟信任伙伴分享信息，同时在交流过程中要保持真诚，任何隐藏和扭曲共享信息的行为都可能破坏信任的生成。第二，达成非正式的一致。和信任伙伴

---

① Osterloh, Margit and Antoinette Weibel, *Investition Vertrauen：Prozese der Vertrauensentwicklung in Organisationen*, Wiesbaden：Gabler, 2006, S. 47 – 49.

② Tjaya, Juliana M., *Eine kulturvergleichende Studie zum Vertrauensaufbau：Am Beispiel deutscher und indonesischer Arbeitsgruppen*, Hamburg：Verlag Dr. Kovac, 2008, S. 17.

③ Petermann, Franz, *Psychologie des Vertrauens*, Göttingen：Hogrefe-Verlag, 1996, S. 43.

达成非正式的一致可以减少对信任伙伴因为不履行义务而遭到束缚，而这种束缚来自正式合约的法律约束力。第三，监督行为。对信任伙伴进行监督可以降低信任风险，但是监督不等于控制，控制会给信任伙伴带来压力，从而产生不信任。第四，任务协调。和信任伙伴共同协调如何分配任务可以提高信任发出方在信任接收方心中的可信度。①

4. 信任关系

在任何时候，信任关系都是一种社会关系，这种社会关系从属于特定的规则系统。信任产生于互动系统，既受心理系统也受社会系统的影响，两者缺一不可。② 人际信任中的信任关系就是信任双方的人际关系，它具有互动性。因此，互动是信任关系的典型特征。此外，在当代社会，主要存在四种类型的人际关系。第一，亲缘关系。亲缘关系是个体之间首要和主要的自然关系，因此建立在血缘和联姻基础上的信任关系在绝大程度上是由感情决定的。但是人类的实践活动范围早已经跨越了亲缘关系的界限，所以在当今社会生活中，亲缘关系在人际关系中所占的比例并不大。第二，朋友关系。朋友关系跳出了亲缘关系的范围，建立在人际交往的舒适感之上，因为朋友不是那个和你说真话的人，而是能够在情感上带给你舒适感的人。③ 建立在朋友关系之上的人际关系和亲缘关系的人际信任一样，是不带功利色彩的，也就是说这种信任关系的建立不是以资源交换目的为基础的。④ 第三，熟人关系。"熟人处于亲属和陌生人之间。"⑤ 熟人关系可以在工作中建立，也可以发生在

---

① Späth, Julia. F., *Interpersonelles Vertrauen in Organisationen: Eine empirische Untersuchung der Einflussfaktoren und Verhaltenswirkungen*, Frankfurt a. M.: Peter Lang, 2008, S. 62 – 63.

② Luhmann, Niklas, *Vertrauen: Ein Mechanismus der Reduktion sozialer Komplexität*, 4. Auflage, Stuttgart: Lucius & Lucius, 2009, S. 4 – 5.

③ Giddens, Anthony, *Konsequenzen der Moderne*, Frankfurt a. M.: Suhrkamp, 1996, S. 147 – 149.

④ Endress, Martin, *Vertrauen*, Bielefeld: transcript, 2002, S. 72.

⑤ 郑也夫：《信任论》，中国广播电视出版社，2006，第 226 页。

社会生活的其他领域，它有别于以情感为基础的亲缘关系和朋友关系，主要建立在熟悉的认知之上。熟悉基于信任双方共享的、愉快的过往经历以及不断深入的认知程度，它使信任双方由陌生人而变成熟人。在相互熟悉的过程中，认知也在加深，认知包括对信任双方能力、品德、社会背景等衡量可信度的因素。这种人际信任是理性的，是以资源交换为目的的。上述三种信任关系都涉及个体之间的直接交往和互动。第四，虚拟人际关系。当今社会的大众传媒成为人际交往越来越重要的媒介，它割裂了活动主体与活动对象面对面的直接联系和相互作用，因此虚拟交往成为人际交往的新兴模式。① 虚拟交际模式中的人际信任构建就是在素未谋面的陌生人之间的信任构建，它既不建立在感情上，也不建立在熟悉的认知基础上，而是制度信任的一种衍生形式。因为这种虚拟的人际信任，不是对"人"的信任，而是对制约虚拟交际模式的制度信任。

（三）人际信任的基本特征

从人际信任生成的条件、时间和情境以及信任双方的关系出发，它主要存在以下四大特征。

1. 风险

信任行为是一种充满风险的行为，是一种应对外来控制的决定。在人际信任的构建过程中，必须预先支付的信任成本总是有被滥用或被破坏的可能。所以信任首先是一种冒险行为，因为永远存在预先支付的信任得不到回报的可能。② 这种风险来源于信息赤字和不确定性。第一，信息赤字指的是在人际互动中，尤其是在合作中，人们无法在做出某个

① 倪霞：《试论个体交往方式与信任模式》，《湖北大学学报》（哲学社会科学版）2011 年第 2 期，第 62~66 页。

② Schweer, Martin K. W., „Vertrauen und soziales Handeln: Eine differentialpsychologische Perspektive", in Jammal, Elias（Hrsg.）, *Vertrauen im interkulturellen Kontext*, Wiesbaden: VS Verlag für Sozialwissenschaften, 2008, S. 14.

决定之前对信任接收方的动机、能力以及性格有一个完全充分的认识。① 基于缺乏足够的客观根据，信任是主观的倾向和愿望。② 主观性让人难以把握，风险也随之加大。第二，信任是指向未来的，而未来充满不确定性。因此人们只能通过透支过去的信息来决定是否采取信任行为。③ 如果一切都是完全确定的，就不存在风险与风险对策了，也就不存在信任了。④

如果愿意付出信任的人没有得到回报，就会受伤。因此信任首先建立在信任发出方愿意承受伤害的基础上。尽管信任行为充满风险并且可能会给信任发出方带来伤害，但人们还是愿意选择信任作为"充满风险的预先投资（riskante Vorleistung）"⑤，它基于人类世界的复杂性，而信任可以简化复杂性。

风险程度的高低与建立信任双方的熟知程度有很大的关联性。⑥ 信任双方彼此之间越熟悉，信息赤字就会越小，那么风险也就相应越小。反之亦然。所以，人们经常根据经验和信息计算风险，然后决定是否采取信任行为。然而，我们不能排除作为例外的"杀熟"现象。因为熟悉指向过去，过去的经验可以成为人们是否采取信任行为的参考因素，但是过去的经历和经验无法代替未知的未来。如果人们过分夸大过去在信任中的作用，那么就可能遭遇"杀熟"。

---

① Schwegler, Ulrike, *Vertrauen zwischen Fremden：Die Genese von Vertrauen am Beispiel deutsch-indonesischer Kooperationen*, Frankfurt a. M.：Iko, 2008, S. 30.
② 郑也夫：《信任论》，中国广播电视出版社，2006，第 19 页。
③ Schwegler, Ulrike, *Vertrauen zwischen Fremden：Die Genese von Vertrauen am Beispiel deutsch-indonesischer Kooperationen*, Frankfurt a. M.：Iko, 2008, S. 30 – 31.
④ 郑也夫：《信任论》，中国广播电视出版社，2006，第 19 页。
⑤ Luhmann, Niklas, *Vertrauen：Ein Mechanismus der Reduktion sozialer Komplexität*, 4. Auflage, Stuttgart：Lucius & Lucius, 2009, S. 27.
⑥ Schweer, Martin K. W., „Vertrauen und soziales Handeln：Eine differentialpsychologische Perspektive", in Jammal, Elias（Hrsg.）, *Vertrauen im interkulturellen Kontext*, Wiesbaden：VS Verlag für Sozialwissenschaften, 2008, S. 14.

2. 交互关系

社会学视角下的交互关系指的是社会交换中的相互关系。亚里士多德把交换（善行、物品、服务、金钱和信息等的）关系看作约束人际关系的基本要素。[①] 在信任发展的初始阶段，总是有人愿意冒险并主动预支信任。之后，他们总是期待着能够得到信任接收方的回报。信任接收方通过回报来证明自己的可信度。面对信任接收方的回报，他们总是感到有责任必须发出新的信任行为。在信任双方的这种多次互动中，信任关系得到升级。良好的信任关系促使信任双方采取新的信任行为向对方示好，信任双方的关系随之得以加固。[②] 这就是信任关系的积极螺旋式上升。反之，则表现为信任关系的消极螺旋式下降。因此，信任双方的交互关系是考验相互信任度的依据。积极或消极的交互关系能够促进人际信任的良性或恶性发展，同时信任双方的信任度会随着互动效果发生变化。

3. 时间

时间作为人际信任的一大特征，主要表现在：第一，信任发出和信任回馈之间的时间差；信任的构建以过去为基础，发生在现在，指向未来。[③] 因此，信任的兑现较之信任的诺言必然是滞后的，信任的承诺和兑现之间存在时间差。这种时间差造成了信任者和被信任者之间关系的不平等和不对称。[④] 信任主动方发出信任总是在先，被信任者是否接受并做出积极回报总是在后。第二，人际信任的构建不是一蹴而就的事

[①] Naujox, Katya, *Institutionen und Vertrauen. Verhaltensauswirkungen im interkulturellen Kontext*, Hamburg: Diplomica Verlag, 2009, S. 12.

[②] Schweer, Martin K. W., „Vertrauen und soziales Handeln: Eine differentialpsychologische Perspektive", in Jammal, Elias (Hrsg.), *Vertrauen im interkulturellen Kontext*, Wiesbaden: VS Verlag für Sozialwissenschaften, 2008, S. 14.

[③] 人们是否对某一特定对象采取信任行为，完全基于人们和他以往的交往经历以及对他的熟悉程度，这二者都发生在过去。人们发出的信任行为是否有意义，完全取决于信任对象做出怎样的回报。而信任对象做出回报总是发生在人们发出信任行为之后。所以，如果信任行为发生在现在，那么它其实是指向未来的。

[④] 郑也夫：《信任论》，中国广播电视出版社，2006，第19页。

情，而是在长期稳定的人际关系中实现的。即使在信任构建的过程中，初始信任关系的建立包含着预先设定的功能，但是信任不可能在构建的初始阶段马上出现，它需要经受时间的考验。通常来讲，信任双方中必须存在一方，他有充分的信心和把握保证在单方面预支信任之后会得到等值的信任回报，从而维持信任关系的发展。而稳定的人际信任关系很难在一次性的信任互动之后就产生，而只有在不断地进行多次且深入的信任行为之后，信任双方才能够建立稳定的信任关系。① 所以，人际信任不是一次性的信任支出和信任回报，而是由多次的信任投入和产出构成的反复互动过程。

4. 情境性

人际信任的情境性表现在两方面：第一，不同人际关系构成的信任是不可能等值的。例如，一个人在工作情境中和同事构建的人际关系不同于他在生活领域和朋友之间的信任关系。再如，私密的伙伴关系以及亲缘关系之间的信任度一般要高于商务活动中以及政客和选民之间的信任关系。② 第二，人际信任发生的社会情境也会影响人际信任的内涵、特征和模式。例如，德国社会的上下级信任异于中国社会的上下级信任。此外，人际信任的情境性还影响着人际信任风险的大小、交互关系以及信任构建的时间长短。

（四）企业组织内上下级信任

企业组织内上下级信任将人际信任的信任主体限定为领导和下属，而信任发生的情境被限定在企业组织内部。上下级之间这种纵向信任关系是迄今为止研究最多的企业组织内信任关系，因为它具有最大的研究

---

① Schweer, Martin K. W., „Vertrauen und soziales Handeln: Eine differentialpsychologische Perspektive", in Jammal, Elias (Hrsg.), *Vertrauen im interkulturellen Kontext*, Wiesbaden: VS Verlag für Sozialwissenschaften, 2008, S. 24.

② Schweer, Martin K. W., „Vertrauen und soziales Handeln: Eine differentialpsychologische Perspektive", in Jammal, Elias (Hrsg.), *Vertrauen im interkulturellen Kontext*, Wiesbaden: VS Verlag für Sozialwissenschaften, 2008, S. 14.

价值。通常来说，在上下级信任互动的初始阶段，作为拥有更多权力资源的上级会率先迈出信任的第一步，因为上级具有承担更多风险的能力和资本：即使下属没有做出等值的信任回报，但是相对来说，上级首先发出信任所承担的信任风险要比下属首先发出信任的情况要小得多。[①]若对上下级人际信任进行进一步区分的话，则可以将其划分为领导对下属的信任和下属对领导的信任。[②] 由于上下级信任关系是一个互动的整体，所以许多西方学者仅将上下级信任关系视作一种对偶关系，而忽略了上司对下属的信任和下属对上司信任之间的差异性，如二者在角色规范和权力义务方面的不同。[③] 因此，有必要将这种关系剥离成"上向信任（下属对领导的信任）"与"下向信任（领导对下属的信任）"[④] 两个单向信任关系。尤其在中国文化圈内，上下级权力差距相对西方文化更大，所以上下级信任关系不仅仅表现为对偶关系[⑤]，而是应该是被剥离开的但又相互影响的两个单向信任关系。

因此，权力是上下级信任关系的一大因素。同时，上下级信任关系是工作中不平等的合作式信任，合作基于共同利益。然而，如何划分既得利益，也就是说能否在利益划分时保持公正，在公利和私利之间做出公正合理的权衡，对于上级和下属来说都是至关重要的。

1. 权力

韦伯将权力定义为："在社会关系内部能够抵制一切反抗而将自己

① Schweer, Martin K. W. ," Vertrauen als Organisationsprinzip: Vertrauensförderung im Spannungsfeld personalen und systemischen Vertrauens", *Erwägen Wissen Ethik* 14（2），2003，S. 329.
② 祁顺生、贺宏卿：《组织内信任的影响因素》，《心理科学进展》2006 年第 6 期，第 918～919 页。
③ 郑伯壎：《企业组织中上下属的信任关系》，《社会学研究》1999 年第 2 期，第 24 页。
④ 刘颖：《组织中的上下级信任》，《理论探讨》2005 年第 5 期，第 99 页。
⑤ 郑伯壎：《企业组织中上下属的信任关系》，《社会学研究》1999 年第 2 期，第 24 页。

的意志贯彻到底的机会，不管这种机会是以什么为基础的。"① 在这一定义中，权力是一种社会关系的体现方式，它是冲破一切限制，能够充分自由地实现自我意志的手段。从这一意义出发，当人们通过施加权力获得更多自由之时，无疑会限制其他人的自由空间，因为作为社会人的我们都生活在共同的社会关系中，彼此牵制和影响。相比之下，掌握更多权力的人就等于拥有更多的社会资源。

在工作中，权力总是和领导行为联系在一起。领导行为一般被定义为"为了实现群体的目标而影响其他人行为的过程"②。为了影响其他人的行为，领导者必须掌握其他人没有的权力。所以，权力是领导者履行工作任务、实现群体目标的手段。然而，掌权者和领导者之间存在区别。有能力去影响别人的掌权者将权力仅看作可以实现目标的手段，不管结果是否对社会有利，而好的领导者会把实现目标和改善组织运作效率结合起来。一言以蔽之，所有有效率的领导者都拥有权力，而并不是所有有权者都是领导。③ 因此，工作中的领导者必须要合理使用手中的权力，才能有效地实现工作群体的共同目标。

工作中信任与权力的关系主要体现在上下级关系中，也就是说工作关系中的上下级在建立信任关系的时候，权力是不可忽视的必要因素之一。作为系统信任交往媒介之一的权力规范了上下级之间的信任构建，使上下级信任带有系统信任的倾向。虽然西方大多数学者总是从上下级的交换关系出发，强调上下级之间信任的对称性和等值性④，然而相对于下级而言，上级掌握更多的权力和社会资源，因此上下级之间信任关系是不对称的。权力这一因素致使对上下级信任构建的研究必须是一分

① Neubauer, Walter und Bernhard Rosemann, *Führung，Macht und Vertrauen in Organisation*，Stuttgart：Kohlhammer, 2006, S. 42.

② Neubauer, Walter und Bernhard Rosemann, *Führung，Macht und Vertrauen in Organisation*，Stuttgart：Kohlhammer, 2006, S. 45.

③ Neubauer, Walter und Bernhard Rosemann, *Führung，Macht und Vertrauen in Organisation*，Stuttgart：Kohlhammer, 2006, S. 48.

④ 郑伯壎：《企业组织中上下属的信任关系》，《社会学研究》1999 年第 2 期，第 23 页。

为二的，也就是说，在上下级信任构建的互动中，上级和下级的出发点是不同的，作为掌握更多权力和社会资源的上级领导总是先于下级发出信任信号，迈出信任构建的第一步，因为上级对失信所带来的风险和损失的承受能力会更大。[①]

上下级之间的信任不仅对工作中的良性互动以及工作群体的工作动力起到积极作用，它还可以促进不同等级员工之间的信息交流。但是由于一个上级总是面对至少两个或两个以上的员工，所以原则上来讲上级不可能对所有的员工一视同仁，他对不同员工的信任程度是不同的。这种不平等会造成员工的猜忌和误会，同时更受领导信任的员工在工作时反而不如那些不太受领导信任的员工那样认真和勤奋。[②] 在这里，上级对下级的信任反而对工作效率起到了消极作用，而不信任却成为上级监督下级的一种方式。这说明，上级发出的信任未必能够收获下级的等值信任回报。这一切都源于上下级之间的权力距离，它导致了上下级之间交流不对等、不透明。

2. 公私利益的平衡

组织企业内的上下级信任是一种工作信任。工作中的人际信任是一种处于盲目的不信任和信任之间的理性信任，因为工作关系所建立的人际关系是脱离于血缘之外的合作关系。工作群体有别于家庭这种自然群体，工作群体中的成员是为了共同完成特定的任务而组成团体，因此它的存在期限取决于工作关系的建立和结束。[③]完成任务的目的在于追逐个人利益的最大化，同时兼顾平衡组织和他人利益，因此工作中的人际信任是利他和利己博弈的结果。所以，

[①] 张晓玲：《跨国企业中上下级信任关系的构建——以德国外派管理人员对中国员工的信任构建为例》，《德国研究》2010 年第 3 期，第 62 页。

[②] Neubauer, Walter und Bernhard Rosemann, *Führung, Macht und Vertrauen in Organisation*, Stuttgart: Kohlhammer, 2006, S. 126.

[③] Tjaya, Juliana M., *Eine kulturvergleichende Studie zum Vertrauensaufbau: Am Beispiel deutscher und indonesischer Arbeitsgruppen*, Hamburg: Verlag Dr. Kovac, 2008, S. 44.

利益将上下级关系结合得更加紧密，相互之间体现为一种利益依赖关系。

共同利益可以转嫁上下级信任中的风险，与其说利益是上下级合作的前提，不如说是合作的本质。工作群体在履行任务和追逐共同利益的时候，都依赖于这种合作式的信任关系。但是，当工作成员之间进行利益分配的时候，也就是涉及工作成员的个人利益之时，不信任的意义更为凸显。它可以作为上级的一种监督形式来规范下属的行为，保证利益分配的公正性。这个时候，合作是以"不信任"的相互监督为基础的。所以说，上级考量下属的信任，就要看下属如何在利己和利他之间进行公正的权衡。因为不可能所有的下属都严格遵守群体准则和规范，一小部分人会以自我为中心，利用集体；大部分人抱着"搭便车"（Trittbrettfahrer）的心理，一方面想着如何少为群体出力，另一方面想着如何从群体那里获得更多的利益。[①] 如何让下属做到既不让自己吃亏也不会掠夺他人利益乃至损害集体的利益，这就需要领导灵活掌握信任和不信任的尺度。同样，领导如何在下属中公正地分配利益蛋糕，是领导能否取信于下属的重点。

归根结底，工作中"信任与合作的开端是以个人利益为基础的，它努力寻找'双赢'，建立'假公济私'的机制"。[②] 无论是上级还是下属，在私利与公利之间找到平衡点从而创造双赢都是维持上下级信任关系的基础。

虽然上下级之间的关系也是一种合作关系，但是这种合作中包含的权力距离，其实是一种领导和被领导的关系。不管一个工作群体的组织结构扁平化的程度有多高，权力差距都是存在的。天然的权力差距造就了上下级信任的必然性。利益也可以是信任的基础，

---

① Fukuyama, Francis, *Konfuzius und Marktwirtschaft: Der Konflikt der Kulturen*, München: Kindler, 1995, S. 42.

② Fukuyama, Francis, *Konfuzius und Marktwirtschaft: Der Konflikt der Kulturen*, München: Kindler, 1995, S. 239.

但是在上下级关系中，一味地追逐个人利益会失信于人。因此，权力以及公私利益之间的平衡是上下级信任区别于其他一般信任的两大主要特点。

（五）相关概念厘定

以下将对信任与不信任、信任与熟悉进行厘定。首先，信任是相对于不信任而言的，从语义上讲两者互为对立面。[①] 但是在现实生活中，二者并不是完全相反或者孤立的概念，是可以并存的。其次，熟悉与信任可以互为因果关系，但是过于熟悉或者过于陌生都不利于信任的生成。

1. 不信任

不信任是以一种否定的态度来面对客观世界，以抵御的方式来对抗未来的不确定性。信任和不信任都可以成为人们简化外部世界复杂性的方式，然而信任将人们带入风险之中，而不信任则选择自我保护。曾经被迷惑伤害过因而害怕迷惑的人们会选择不信任。[②] 信任让人们对外部世界充满信心，加大人们行事的可能性；相反，不信任让人们对未来持怀疑和谨慎的态度，从而束缚人们的行为，因此人类理性的行为总是处于盲目的信任与不信任之间。信任与不信任的区别在于它们对风险的作用是不同的，前者拥有能够承担吸收和内化风险的作用，而后者作为一种安全战略只起到了限制风险的作用，因为两者对信息掌握的程度不同。虽然信任总是意味着透支信息，但是如果不掌握任何信息就不可能存在有意义的信任；相反，如果信息完整的话，信任就没有必要存在。信任主体总是在信息不完整的情况下做出发出信任的决策。不信任者则需要掌握最大限度的信息量，还需要花费大量的时间和精力去检验信息的可靠性，从而保证决策的正确性。这一过程的结果与其说是一种决

---

① 刘颖：《企业员工组织信任的内容结构及相关问题的研究》，暨南大学博士学位论文，2007，第 9 页。

② Höhler, Getrud, *Warum Vertrauen siegt*, 2. Auflage, Berlin：Ullstein Taschenbuch, 2005, S. 239.

策，不如说是一种妥协。[①]

同时，信任和不信任是可以相互转化的。信任可以导致不信任的结果，不信任也可以导致信任的结果。[②] 在这一转化过程中，监督机制起到关键性的作用。只要是涉及履行责任和义务的内容，监督机制都是信任的必要前提，它可为信任的构建创造一个安全的框架环境，从而促成信任的发展。同时监督可以减少风险，它可以保护信任发出方免受迷惑和欺骗，从而减少失望。从这个意义上讲，监督和信任处于互补关系中，它们共同作用于信任接收方，使其行为具有期待价值。另外，监督又可以表现为信任生成的不利因素。因为监督本身意味着信任缺失。[③] 从因果关系来讲，不信任导致监督，而以不信任为基础的监督系统又推动了信任的发展。所以说，信任和不信任是可以相互转化的。

然而，"信任转化为不信任比不信任转化为信任要容易"[④]，因为信任很脆弱，当人们充满信心地抛出信任，却得不到相应的回报，人们可能会彻底失去继续保持信任的信心。

2. 熟悉

熟悉是信任和不信任的前提条件，不仅是对未来积极的期望，就连危险也依赖于熟悉。它作为一种社会构建的产物，使人们充满信任或者不信任地去适应未来世界的生活。在一个熟悉的世界中，过去的意义大于现在和未来。在过去的世界中不存在"其他的可能性"，也

---

① 刘颖：《企业员工组织信任的内容结构及相关问题的研究》，暨南大学博士学位论文，2007，第 38 页。

② 刘颖：《企业员工组织信任的内容结构及相关问题的研究》，暨南大学博士学位论文，2007，第 9 页。

③ Schumann, Oliver, *Vertrauen in interkulturellen Prinzipal-Agent-Beziehungen：Am Beispiel von deutsch-japanischen Kooperationen kleiner und mittlerer Unternehmen*, Bayreuth：P. C. O. – Verlag, 2007, S. 37.

④ Luhmann, Niklas, *Vertrauen：Ein Mechanismus der Reduktion sozialer Komplexität*, 4. Auflage, Stuttgart：Lucius & Lucius, 2009, S. 118.

就是说过去由已经发生的既定事实构成的，是已经简化了的复杂性。① 一个熟悉的世界让相对可靠的期望成为可能。如果对外在世界的熟悉能够延续到未来的话，那么，未来的世界就不会完全异于过去的世界。因此，信任一般是建立在熟悉的基础之上。在缺乏先前经验的情况下，理性的人们不会馈赠信任。因此，当我们透支在过去搜集的信息并准备采取冒险行为的时候，就已经实现了信任跳跃（Vertrauenssprung）。②

　　人际信任中的熟悉，一般指的就是熟人间的信任。它是"从亲属到抽象系统间的中间环节"，因为"熟人正处于亲属与陌生人之间"。在人类社会的初始阶段，人们习惯在熟悉的基础上建立人际信任。随着社会生活从熟悉走向陌生，人类逐渐建立起系统信任。两种信任共存共荣、相辅相成，支撑着社会活动的展开。"系统信任与熟人间的信任关系，就像现代与传统。二者看似对立，实则在更大的程度上是继承关系。没有一个现代化社会是在彻底打碎传统后建立的。"因为地缘的关系，一方面，熟人之间会因为同种资源的争夺而产生竞争关系；但是另一方面，由于亲缘合作的启发和重复性博弈的展开以及亲缘内部规范和禁忌的束缚，熟人是信任与合作在冲破亲缘约束后找到的新大陆。③"熟悉与信任是吸收复杂性的互补方式，它们相互联系，一如过去和未来相互联系。时间的统一性，在现在分离开过去和未来，却又使它们互为指向，它使这种互补的性能之间的关系成为可能。"④熟悉指向过去，建立在既往的交流经验之上，信任指向未来，取决于信任对象如何做出回报。信任是把现在的未来当作未来的

---

① Luhmann, Niklas, *Vertrauen：Ein Mechanismus der Reduktion sozialer Komplexität*, 4. Auflage, Stuttgart：Lucius & Lucius, 2009, S. 22 – 23.

② Osterloh, Margit und Antoinette Weibel, *Investition Vertrauen：Prozesse der Vertrauensentwicklung in Organisationen*, Wiesbaden：Gabler, 2006, S. 42.

③ 郑也夫：《信任论》，中国广播电视出版社，2006，第 226 页。

④ Luhmann, Niklas, *Vertrauen：Ein Mechanismus der Reduktion sozialer Komplexität*, 4. Auflage, Stuttgart：Lucius & Lucius, 2009, S. 24.

现在。

"那么，到底是先有熟悉才有信任，还是先建立信任关系才能让陌生人变成熟人呢？这是一个'鸡生蛋、蛋生鸡'的问题。"① 除非制度或伦理等外部力量强大到能够充分地制约和规范人们的行为，否则人们很难与任何人在陌生的世界中建立信任关系，因为陌生的世界对于人们来说存在太多的可能性和不确定性。而这种信任多指系统信任。所以，人们总是在熟人中选择人际信任的对象，因为熟悉度和信任度成正比。因为熟悉带给人们安全感。同时，人与人之间从相识到熟悉，离不开信任对人际关系的构建作用。如果在初次的人际交往中不信任就被识破了，那么就不会出现熟悉。②

另外，人际关系从陌生到熟悉离不开信任的建构。如果在人际交往的初始阶段，彼此之间就产生了不信任，那么陌生人不可能变成熟人。可以说，陌生人之间的信任更多地建立在社会制度或者伦理规范的基础之上，或者是在第三者的保障之下得以实现的，所以这种信任更多是由外部因素决定的；相反，熟人之间的信任更多建立在交流经验和人际情感等内在因素的基础之上。然而，情感因素的介入会影响人们对信任构建的理性判断，所以在现实社会中经常会出现"杀熟"现象。

三 文化与人际信任的关系

文化决定论认为信任是一种文化现象，是相关社会文化密码的一部分，而文化密码就像基因一样是可以以某种神秘的方式世代相传的。如福山认为信任来自"遗传的伦理习惯"，它是相关社会文化共享的道德

---

① Geramanis, Olaf, *Vertrauen, Vertrautheit und soziales Kapital*, S. 4, http://www.czo.ch/dateien/Vertrauen-Vertrautheit-Soziales-Kapital.pdf.

② Naujox, Katya, *Institutionen und Vertrauen. Verhaltensauswirkungen im interkulturellen Kontext*, Hamburg: Diplomica Verlag, 2009, S. 11.

规范的产物。[1] 不同层次反复性的人际信任构成信任集合，这一集合是社会互动的一部分，也是社会文化的一部分，是一种文化现象。信任是一种建立在习俗、传统和宗教基础上的文化，与一个社会的经济繁荣密切相关，所以信任是具有文化意义的社会资本，而并非人类理性计算的结果。[2] 同时，"文化的最主要成分是规范。规范的建立意味着多数人已经自觉或在无意识中遵循一种行为准则，惩罚只需要针对少数人，惩罚也只是在此时才有效。于是规范成了关键"。[3] 所以，信任作为一种社会资本，由文化决定，体现文化特征。同时，一个社会的繁荣及其竞争力取决于这个社会的信任程度。[4] 可以说，"文化与信任"[5] 处于辩证关系中，相互依存。

相对于系统信任而言，人际信任是指向微观层面的社会个体之间的相关态度和行为。对于人际信任而言，文化的意义在于其具有对人类态度和行为的指导和规范功能。第一，从人际信任的构成要素来看，信任发出方的信任动机、信任接收者的可信度、双方的信任行为以及双方的信任关系都依赖于文化这个指导和规范系统。第一，文化决定信任发出方的信任动机到底是倾向于内生的道德性动机，还是注重面子或利益的功利性的外生动机。第二，文化决定对信任接收方的信任度的衡量到底是以品质等道德因素为主，还是以专业知识等技能因素或是以熟悉程度等情感因素为主。第三，在同一文化中，信任发出方发出的信任暗号和信任接收方进行回应的方式是等值的，这归功于文化对人类行为具有标准化的功能，由此，信任双方的信任发出和接收行为之间的误差会降到最低。第四，在信任关系中所发展的人际关系，或者因为特定的人际关

---

① 陈燕、李晏墅：《信任的生成：理论综述与启示》，《经济学动态》2009 年第 7 期，第 83 页。
② Fukuyama, Francis, *Konfuzius und Marktwirtschaft: Der Konflikt der Kulturen*, München: Kindler, 1995, S. 37.
③ 郑也夫：《信任论》，中国广播电视出版社，2006，第 35 页。
④ Fukuyama, Francis, *Konfuzius und Marktwirtschaft: Der Konflikt der Kulturen*, München: Kindler, 1995, S. 21 – 22.
⑤ 这里的信任指的是宏观制度层面的系统信任。

系而构建的信任关系都带有文化特性。例如，人们对非血缘关系的"外人"的信任是通过"拟亲化"的人际脉络方式，还是通过制度和法规等外部约束力量获取，这在不同的文化中体现出不同的特色。虽然，同一文化中的人们在这些问题上会表现出个体差异，但是对于不同文化的差异研究，是基于所比较的文化的整体水平。第五，从人际信任的基本特征来看，风险、交互关系、时间和情境都是文化的变量，即不同的文化对风险、交互关系、时间和情境的概念是不同的。风险意味着危险或是潜在的赢利；基于社会交换而建立的交互关系可以是一种利益关系，也可以发展成为一种朋友关系。在不同的文化中建立、发展、中断和修复交互关系有不同的体现方式；人们是看重建立短期的合作关系还是更看重长远的人际关系，取决于人们把时间看作金钱还是看作考察人品的最好方式。第六，人类活动的各个领域对于不同文化的人们来说也存在意义差别：例如不同民族的不同组织文化会影响人们对工作场所的理解。综上所述，人际信任会随着文化的变化而变化，不同文化的人际信任会表现出不同的文化特色。

由是观之，文化对人际信任的作用可以概括为两点。第一，文化是人际信任的外生构建机制；第二，在信任双方的互动过程中，文化也逐渐成为信任行为中的内生因素。因此，人际信任是一种具有文化特质的人类活动。在同一文化中，人们遵守统一的社会规则和道德习俗来与他人构建和发展人际信任，信任发出方的信任动机、对信任接收方信任度的考量、信任行为中所体现的信任标志以及对风险、交互关系、时间和情境等信任特征的理解都会受到同一文化的影响，从而使这些信任元素标准化。因此，当不同文化中的人们相互构建和发展人际信任时，会出现因为文化相异而导致的意义误解和行为误差，在这个时候文化对人际信任构建的作用就凸显出来。此外，不同文化中所呈现的上下级信任关系也是不同的。比如，在权力距离越大的文化中，上级对下级的单向信任和下级对上级的单向信任之间的不等值就越大。

第二节　中德信任文化对比

一　词源文化对比："信任"与"Vertrauen"

词源是语言原初历史的写照，文化与语言的关联都可以从词源视角进行解释。词语的内涵是人类经验的历史积蕴，从词源角度对文化进行研究能够更好地了解文化的历史演变和发展。①

（一）中文："信任"

汉语《词源》一书中没有"信任"一词②，所以可以从"信"和"任"两个字分别来探究"信任"一词的文化根源。《说文解字·言部》将"信"字解释为："信，诚也。从人，从言。"③ 因此，"信"首先强调的是真诚、忠诚，即诚实不欺。诚是做人的基本道德标准，如《礼记·中庸》所云："诚之者，人之道也。"也就是说，诚作为一种道德规范，强调人的内在道德品质，即真实的态度和修养。其次，"从人"表示信任体现在人际交往中，体现了信的相互性，也就是既要取信于他人，也要给予他人信任。如《论语·阳货》中有"信则人任焉"。④ 最后，"从言"表示言语真实。正如《论语·学而》所云："与朋友交，言而有信。"⑤ 在我国，言而无信者经常会遭受所在社群、集体的唾弃和疏离。⑥ 因此，"信"从一个人的品、行、言三方面表达了个人品性的真诚、与人交往时的相互信赖以及言语真实的内容。至于

---

① 吴世雄：《比较词源学和比较文化词源学研究述略》，《中国外语》2005 年第 3 期，第 77 页。
② 郑也夫：《信任论》，中国广播电视出版社，2006，第 9 页。
③ 程芳：《略论信任及其建构》，《西安外事学院学报》2007 年第 3 期，第 15 页。
④ 陈成国：《礼记校注》，岳麓书社，2004，第 420 页。
⑤ 陈成国：《礼记校注》，岳麓书社，2004，第 102 页。
⑥ 谢坚钢：《嵌入的信任：社会信任的发生机制分析》，《华东师范大学学报》（哲学社会科学版）2009 年第 1 期，第 103 页。

"任"字可以追溯到《诗经·小雅》中的"我任我辇"。[①] "任"在这里指的是负责任者，也就是说"任"在最初就有承担之意，即承担责任、义务等。

从"信"和"任"这两个汉字的起源来看，其中都包含了对人的品、行、言的道德约束和规范。作为儒家最重要的伦理规范之一的五常，即仁义礼智信，就已经将"信"作为中国社会的道德基础包含了进去。"信"与"任"在"信任"这个词中的关联以及意义体现为：在语言与社会相互作用的演化过程中，"信"作为主体将其主要思想注入了"信任"之中。[②] 因此，"信任"体现了中国传统文化中将道德当作承担和避免风险生成的有效机制。因为，"信"是一种个体、君子、政府、国家应有的道德本性，这里涉及了个人如何发出信任的问题，而不涉及信任获得以及信任回报的问题。儒家对信任的理解是个体必须先提高自己的道德修养，自己先坚持守信，以自己的诚信来取得对方的信任。当然，如果每个人都坚持守信，对别人信任也就是一件轻而易举的事情了。"儒家以对人的潜在美德这种道德力量为基本信念，来启动人际交往中相互信任的循环锁链：先由自己诚信来取得对方的信任，然后对方才会以诚信回报，从而自己才产生对对方的信任。也就是说，是靠老天爷（天道）和替天行道的圣贤帮忙。"[③] 这种诚信回报是自然而然的，是不需要理性计算的，是天道对善行的公平回报。

（二）德语："Vertrauen"

德语单词"Vertrauen"源自哥特语"trauan"，其中历经了古高地德语单词"fertruen"以及中古高地德语单词"vertruwen"的变化，直

---

① 郑也夫：《信任论》，中国广播电视出版社，2006，第9页。
② 郑也夫：《信任论》，中国广播电视出版社，2006，第12页。
③ 杨中芳、彭泗清：《中国人人际信任的概念化：一个人际关系的观点》，《社会学研究》1999年第2期，第11页。

到 16 世纪才出现了"Vertrauen"一词。① 哥特语"trauan"可以追溯到印度日耳曼语中的"deru",其含义是"橡树、树木"②,也表示"变得稳固"的意思③,结合起来就是像树木一样强大、结实、坚固。因此,德语单词"Vertrauen"从其起源上讲,强调了事物的稳固性。在历史的发展过程中,"Vertrauen"可以从不同的角度体现其语义的多样性。例如,从语言发展史的角度来看,"Vertrauen"的近义词是"Trost"(慰藉)、"Gnade"(仁慈)或者"Verpflichtung"(责任)、"Hoffnung"(希望);同时,在宗教伦理文化的影响下,它的含义还可以延伸至"Festigkeit"(坚固),强调的是人际关系中的承担义务或者保障性行为。此外,"Vertrauen"还可以包含"Mutigsein"(大胆)的意思,即采取勇敢举动的能力。④

从德文单词"Vertrauen"的起源来看,其最初含义为"稳固",这可以理解为"Vertrauen"一词中包含了信任可以实现人际交往以及社会发展的稳固这一重要作用。同时,从其历史发展来看,"Vertrauen"主要包含了三层意思。第一,若将它解释为慰藉、仁慈或者责任,那么是从人的内心出发,强调信任是一种善心、良心、责任心的使然;第二,若将它当成一种希望,那么则表达了信任是人们一种积极的期待,期待着信任接收方能够做出符合自己预期的行为;第三,"Vertrauen"中还包含了大胆的含义,也就是说,信任行为本身充满风险,因此信任发出方是否能够冒险迈出发出信任的第一步,是信任生成的根源。

① Ritter, Joachim, Karlfried Gründer and Gottfried Gabriel, *Historisches Wörterbuch der Philosophie*, Band 11, Basel: Schwabe Verlag, 2001, S. 986.

② Weltecke, Dorothea, „Gab es 'Vertrauen' im Mittelalter? Methodische Überlegungen", in Frevert, Ute (Hrsg.), *Vertrauen: Historische Annährungen*, Göttingen: Vandenhoeck & Ruprecht, 2003, S. 74.

③ Dudenredaktion, *Duden: Das Herkunftswörterbuch: Etymologie der deutschen Sprache*, Berlin: Bibliographisches Institut, 2013, S. 864.

④ Schwegler, Ulrike, *Vertrauen zwischen Fremden: Die Genese von Vertrauen am Beispiel deutsch-indonesischer Kooperationen*, Frankfurt a. M.: Iko, 2008, S. 22.

此外，德语中表示信任的动词有两个，即"Vertrauen"和"trauen"。"trauen"这个词经常用在否定句中，即"ich traue dir nicht"（我不信任你）；而"Vertrauen"经常用在肯定句中，即"ich vertraue dir"（我信任你）。"Vertrauen"这个词的前缀"ver"表明了一种转换过程，即出发点是不信任，但是通过积极的信任构建过程，让不信任转化成了信任。所以信任在德国是从初始的不信任状态转换到信任状态的。① 这一点可以解释为何"Vertrauen"的初始意义为"坚固"，因为德国人认为不信任是常态，只有信任才能打破这种不稳定的常态，从而稳固社会运行和人际交往。这一点同时可以解释"Vertrauen"在历史演化过程中所涉及的三层含义的合理性。因为，德国人在信任互动之中，其出发点主要是如何将不信任转变为信任，所以人们只有报以积极的期待以及采取敢于承担风险的大胆行为才能够实现预设目的。

综上所述，从词源文化对比角度，可以看出中国文化中的信任强调以诚为本的道德规范；而德国文化中的信任从功能主义出发，强调了信任对人际交往和社会运行所起到的稳固性作用，同时信任是人们抱有积极的心态、期望所做出的大胆举动。总的来说，中国人将信任视为人际交往的初始状态和常态，所以只要社会中的每个个体都抱有以诚为本的态度，就会出现信任；而德国人却把不信任当作人际交往的初始状态和常态，所以需要通过积极的策略将不信任变为信任。因此，中德信任文化的出发点和对信任初始状态的假设恰好相反。

二 中德信任观对比

中德词源文化对比中的明显差异可以归因于中德传统文化的不同。中国传统文化的核心思想是儒家文化，其对人性的预设是"人性善"

---

① Schwegler, Ulrike, *Vertrauen zwischen Fremden: Die Genese von Vertrauen am Beispiel deutsch-indonesischer Kooperationen*, Frankfurt a. M.: Iko, 2008, S. 71 – 72.

或"原善";相反,以基督教文化为核心思想的德国文化对人性的预设是"人性恶"或"原罪"。因此,"信"字体现了以扬善为目的的内生制度型信任观;而"Vertrauen"则表达了以抑恶为宗旨的外生制度型信任观。① 反之,从宏观层面对比中德信任观可以在一定程度上体现中德文化之间的差异。此外,中国文化可谓东方文化的典型代表,德国文化是西方文化不可或缺的组成部分,因此中德信任观对比也可以说是东西方信任观对比的部分写照。

(一) 中国感情型的信任观

早在 19 世纪,韦伯就曾在其对中国社会的研究中带有偏见地认为中国社会的信任度很低,认为中国传统社会缺乏信任基础。② 此后,明恩溥等人都曾得出中国社会信任程度低的结论。③ 就连福山也主张中国社会信任度低的观点。他认为,中国人的家族主义文化根深蒂固,使他们对于家族之外的"外人或陌生人"信任感极低,对他们存在普遍的不信任。④ 其实不然,中国不是一个没有信任的社会,中国传统信任在很大程度上是建立在"人人都是圣贤"这个道德假设之上的。然而这又很难实现的。因此中国人采取信任行为时,需要遵循一种实践逻辑,即建立在人际关系基础上的社会秩序。⑤

众所周知,人际关系在规范中国人的社会合作与社会秩序中发挥着尤为重要的作用。"关系可以让人们绕过复杂的正常程序,降低问题的复杂性。利用关系为自己服务对中国人而言就像呼吸一样自然,而它的效用之高,也是其他所不能比拟的。同时关系的存在还可以为一个人的行动的成败提供解释。在行动成功时,可以归结为自身能力

---

① 董才生:《中西社会信任的制度比较》,《学习与探索》2005 年第 1 期,第 114~115 页。
② 〔德〕马克斯·韦伯:《儒教与道教》,王容芬译,商务印书馆,1995,第 289 页。
③ 明恩溥:《中国人的素质》,南京学林出版社,2001,第 208 页。
④ Fukuyama, Francis, *Konfuzius und Marktwirtschaft: Der Konflikt der Kulturen*, München: Kindler, 1995, S. 159.
⑤ 薛天山:《中国人的信任逻辑》,《伦理学研究》2008 年第 4 期,第 71 页。

等内部因素的体现，而当行动失败时，则可以归因于关系的缺失等外部因素。"①因为中国社会的人际关系是一种典型的"差序格局"模式。这种"差序格局"式的人际关系如同扔入水中的石头所形成的一圈一圈波纹，圈的中心代表着个体的人，一圈一圈的波纹代表着人所处的关系的边界，这圈状的边界构成了最基本的人际关系网络，也就是我们所说的社会关系。这种社会关系是逐渐从一个一个人推出去的，随之私人联系不断增加，直至形成一个相对稳定的、由一根根私人联系构成的社会网络，也就是俗称的"人脉网络"。②这种社会关系具有两个特征：一方面，中国人的关系将因远近亲疏而体现出差异性；另一方面，中国人的关系范围具有很大的伸缩性，其范围边界具有很好的通透性。传统中国是以农耕经济为主的乡土社会，这种社会形态决定了相对稳定、封闭的生活环境，这也是中国古代社会具有超稳定性结构的原因，这种结构以重亲缘和地缘的关系网络为主，同时这种关系网络由和谐互助的人际关系构建而成。在这种关系网络中生成的信任，也自然成为这种关系网络的有机组成部分。因此，通过关系的手段来构建信任，体现了中国传统信任文化的主要特征。③

可以说，传统中国的信任观是一种关系信任，它以"家庭的亲缘关系"为核心，按照人际关系的亲疏远近一层一层地向外扩散。在这个"差序格局"中，家庭的亲缘关系之外的人需要依靠人情投资变成"自己人"以后方可获得信任，"自己人"其实是将亲属或者亲戚这种角色类化到了家庭以外的熟人、朋友以及熟人的熟人和朋友的朋友那里。所以，通过人情投资搭建的关系不仅是将"局外人"变成"自己人"的有效手段，也是中国传统社会信任构建和运行的重要机制。因

①　薛天山：《人际信任与制度信任》，《青年研究》2002 年第 6 期，第 18 页。
②　费孝通：《乡土中国》，上海人民出版社，2007，第 23～29 页。
③　薛天山：《中国人的信任逻辑》，《伦理学研究》2008 年第 4 期，第 72 页。

此，中国人的信任对象以"自己人"为主，但是对于那些没有被纳入亲情、友情和乡情等关系网络之内的局外人来说，中国人并未表现出普遍和极度的不信任。[①] 因此，这种建立在关系网络之中的信任模式充满了人情味，属于典型的感情型信任。像韦伯之类的西方研究者认为中国社会缺失信任的原因在于，他们以"文化客位"的视角看待中国人的信任，永远站在文化局外人的角度上，无法深刻地体会中国传统文化中以人情和关系为导向的社会秩序，所以才会产生中国社会缺失信任的误读。

（二）德国理性型的信任观

与中国社会一样，德国社会也严格区分自己人和局外人。这一点归因于日耳曼民族内部高度的集体的团结性。这种特征可以追溯到德国文化中社群主义（Kommunitarismus）的传统。[②] 这种社群主义根源于德国历史上长期缺乏中央集权的历史。1871 年之前，德国分散的政治结构导致出现大量封建主义的社团性机构。这种社团性机构是德国文化中社群主义的起源。而这种文化社群主义滋长了德国文化中的排他性和狭隘性。也就是说，德国人之间强大的纽带使他们对自己的文化形成了明确的认同，增强了德国民族主义精神。[③] 因此，德国文化和中国文化一样，存在信任自己人而排斥局外人的历史：只有自己人才能平等地享有信任和被信任的权利，而德国人在面对外国人时常常表现不够友好。[④] 然而，与中国信任的构建逻辑不同的是，在德国局外人获得信任的途径并非通过关系网将自己由局外人变为自己人，而是通过法律的手段，因为在德国法律可以取代拥有共同价值观的团体，正规形式的平等和法律

---

① 朱虹：《信任：心理、社会与文化的三重视角》，《社会科学》2009 年第 11 期，第 69 页。

② Fukuyama, Francis, *Konfuzius und Marktwirtschaft：Der Konflikt der Kulturen*, München：Kindler, 1995, S. 250 – 251.

③ Fukuyama, Francis, *Konfuzius und Marktwirtschaft：Der Konflikt der Kulturen*, München：Kindler, 1995, S. 291 – 293.

④ Fukuyama, Francis, *Konfuzius und Marktwirtschaft：Der Konflikt der Kulturen*, München：Kindler, 1995, S. 250 – 251.

诉讼程序可以取代本能的信任。① 这意味着，人际信任被制度化了，外在法律可以代替内心的道德，所谓的合法和公正可以代替自发的信任。因此，法律这个外力手段可以使局外人获得和自己人平等的尊重和信任。德国信任文化虽然严格体现"内外有别"，德国的社群主义文化使德国相对于其他西方国家而言充满了浓厚的集体主义色彩，但是在历史的发展过程中，尤其是二战结束之后，德国个人主义色彩逐渐显露。即使当今的德国企业组织内部团队导向意识很强，但这种组织内的团队凝聚力也是通过外在机制来保障的，有效的外在机制保证组织内成员之间建立了互惠互利的利益共同体，这一点是维持德国社团主义文化继续发展的重要因素。② 因此，从整体上来看，德国的信任文化并不依赖于一个自发的道德共识，而更多的是构建在法律框架的之下的。这也就是典型的契约式的信任理念。

契约信任是西方信任观的主要思想。"在西方社会中，签订契约是一种很简单易行且成本不高的约束当事人行为的方式，契约是以正式的规章、制度和法律等作为保障的。"③ 德国文化属于西方文化的一部分，德国信任观首先表现为契约式信任，尤其与中国"人情大于王法"的信任观相比。这种契约式的信任观源于人际交往，即人不信任他人的初始预期假设。正如文化词源学对德文"Vertrauen"一词的文化根源探析一样，信任是由不信任而得来的，将不信任变为信任的主要外力支持就是契约，契约可以保证人们对风险和不安全的顾虑降至零点。即使德国人在采取信任行为时保持积极信任和期望，但这种行为是有选择的，是谨慎的。契约在这里刚好转嫁了德国人因为谨慎所产生的不安和顾虑。契约曾经在西方崛起之时起到关键性作用。契约信任其实是在一定

---

① Fukuyama, Francis, *Konfuzius und Marktwirtschaft: Der Konflikt der Kulturen*, München: Kindler, 1995, S. 297.

② 这里提及的组织内两大机制具体可以参见本书第一章第三节"德国上下级信任文化对比"的内容。

③ 薛天山：《中国人的信任逻辑》，《伦理学研究》2008 年第 4 期，第 76 页。

程度上取代了存在于家族和血亲群体之中的天然信任，为陌生人的共同合作或者在市场上的交易提供了框架。这种依赖于契约、法规等法律来保障的信任将信任中可预见的风险降到最低，因此，这种契约式的信任是可控制的、可预见的。相比以亲情、友情、乡情为基础的中式信任观，契约式的信任观则是以具有法律约束力的外在强制力为抵押，这可以根源于西方崇仰法律这种外力，源于西方人的宗教信仰，即崇拜超自然力量的神。然而，与其他西方国家相比，在德国从未出现过纯粹制度化了的、契约式的信任。因为，从根本上讲，用契约来保障信任其实表示了对对方的不信任。换而言之，法律法规通常和信任本身成反比关系，即在人际互动中人们越是依赖于法规，那么彼此的信任度就越低。① 所以，德国的信任文化不是纯契约式的，它还表现在信任权威这一方面。

德国人的信任观还表现为对权威意识的崇拜和服从。在德国，一个人的权威可以是政治、经济、知识、技能等方面。但是，无论是谁，只要他是某一领域的权威，那么就值得其他人的充分信任和绝对服从。例如，像医生、律师或者大学教授这些专业人士在德国人眼中享有天然的高度判断力和进取心。这种权威不是来自个人的等级背景，而是出自个人的专业能力。因此，在德国一个博士头衔比经理或者董事长之类的职位头衔更有价值。② 与没有受过高等教育的人士相比，这些拥有较高专业教育水平的专家往往能获得更高的信任度，其行事受到法律制约的程度相对较低。③ 可以说，在德国，以权威为标准的信任观是受法律制约之外的一种特殊信任观，它构成了德国信任

---

① Fukuyama, Francis, *Konfuzius und Marktwirtschaft：Der Konflikt der Kulturen*, München：Kindler, 1995, S. 264 – 273.
② 晏贵年、管新潮：《中德信任观比较及其对企业组织管理的影响》，《德国研究》1997 年第 1 期，第 6 页。
③ Fukuyama, Francis, *Konfuzius und Marktwirtschaft：Der Konflikt der Kulturen*, München：Kindler, 1995, S. 264.

文化的重要部分。

总之，德国的信任观强调，制度这个外力的保障是制度化了的信任观，同时德国人对权威的信任是基于权威人士的专业技能，所以相比中国的感情型的信任观，德国人信任与被信任的行为都是理性判断的结果。

（三）中德信任文化对比

德国的信任文化是理性的，其表现在自己人之间以共同利益为基础的信任、对局外人的契约信任以及对专业权威的绝对服从和信任三个方面。而中国的信任文化崇尚的是以自发道德约束为基础的感性信任，虽然以契约为主的法律手段在当代中国经济生活中扮演着重要角色，但是契约在中国从来不具有像在德国社会所具有的功能，即一份权利和义务的担保文件，它只是一种可以更改的框架协定，它在中国的约束力也不如在德国那么大。[①] 在中国，熟人之间不订立契约，订立契约在中国的言下之意就是不信任，即使签订了契约，其执行也要兼顾天理、人情、国法的原则。[②] 所以，即使在当代中国，契约仍然不能替代人情，更不能替代私人关系。[③] 中国的信任是通过对"施报"进行回报以及在这一过程中建立的人情关系来保障的，而德国的信任则是通过契约来"防止不信任"而实现的。当然，无论是以道德为核心的感性信任观还是以契约为主的理性信任观，其实都是在给这个指向未来的信任[④]寻求一个可以依赖的保障。

第三节　德中上下级信任文化对比

从文化与人际信任的关系来看，文化可以是人际信任的本质发生改

---

① Zinzius, Birgit, *China-Handbuch für Manager: Kultur, Verhalten und Arbeiten im Reich der Mitte*, Berlin and Heidelberg: Springer, 2007, S. 142 – 143.

② 薛天山：《中国人的信任逻辑》，《伦理学研究》2008 年第 4 期，第 76 页。

③ 龚晓京：《人情、契约与信任》，《北京社会科学》1999 年第 4 期，第 124 页。

④ Luhmann, Niklas, *Vertrauen: Ein Mechanismus der Reduktion sozialer Komplexität*, 4. Auflage, Stuttgart: Lucius & Lucius, 2009, S. 23.

变的原因。上下级信任作为一种工作关系中的人际信任类型，文化同样可以成为上下级信任的自变量。例如，权力距离这个广泛认同的文化维度就可以是上下级信任的一大自变量，也就是说权力距离的大小会影响上下级信任的特质。此外，中德文化存在巨大差别，这种文化差别带来了德中上下级信任文化的差异。

一 中国上下级信任文化

中国社会的发展过程其实是一种泛家族化的历程，家族中的伦理或者角色关系会类化到家族以外的团体或者组织。同时，传统中国的社会结构是以父子关系为主轴的，在儒家学说的五伦三纲之中以君臣、父子为主，因此父子关系是一种家庭内部的上下级关系。[①] 按照中国社会泛家族化的规律，这种父子之间的上下级关系可以类化到组织内的上司与部属关系之中。也就是说，中国社会中的上下级关系在一定程度上是一种类化的父子关系。

那么根据这种类化的父子关系，在组织内，下级必须对上级像对待长辈那样顺从、尊敬。这两点是上级信任下级的主要指标，在当代这种顺从和尊敬在组织内部演化为忠诚。也就是说忠诚是中国企业中上级信任下级的第一大因素。这一点与中国信任观以诚为本相符。"在中国信任观的思想中，关注的重点是诚信，而诚信又源于良心，与固于内心的'忠'德行密切相关。"[②] 这种忠诚在上下级的信任关系中首先表现为对上级权威的服从，这种权威源于上级的社会角色，也就是说，无论上级是谁，只要他的社会角色被认定为领导，那么就要服从。其次，忠诚可以理解为坦诚忠实，也就是说上司考察下属是否值得信任还要看他们是否能够向上司坦承自己的问题、是否不计私利、是否为全局考虑、是否

---

① 郑伯壎：《企业组织中上下属的信任关系》，《社会学研究》1999 年第 2 期，第 25 页。

② 林滨、李萍：《比较视域中的中西信任观》，《中山大学学报》（社会科学版）2005 年第 3 期，第 102 页。

能处处约束自己，忠诚于上司和企业。第二大因素是能力。因为企业内的上下级信任是一种典型的工作信任，那么能力必然是上司考察下属信任度的关键因素。下属的能力首先涉及任务的完成，即下属是否能够按时达标完成任务；其次能力还表现在下属是否有责任心和良好的工作态度；另外还表现在处理人际关系方面的能力，这在中国被视为重要的社会资源，即下属是否能够和其他同事以及领导相处融洽，能否和团队中的成员良好地沟通协作。① 所以，中国企业内上级对下级的信任主要遵循德、才两个字。然而两者也有区别，正所谓"圈内用德、圈外用才"。

同样，根据父子轴的类化过程，上级是下属"家长式"的领导。这种"家长式"的领导包括三方面的内容：权威领导、慈悲领导和德行领导。② 所以，在中国企业里，权威、慈悲和德行是下属信任上司的主要因素。其中，领导的权威来自领导这个社会角色地位以及与下属之间存在的权力距离。因此，权威所带来的被信任是权力地位使然，是外界因素作用的结果。与之相对应的就是下属对上司的权力服从，让下属对上级产生敬畏的感觉。二是慈悲。领导是否能够在下属心中留下慈悲的印象，完全取决于下属因为领导"雪中送炭"式的帮助而产生的感恩图报。上下级之间的权力距离不仅表现为权威与对权威的服从，还表现为处于弱势地位的下属对处于优势地位的上司的权力依赖。也就是说，下属期待领导的支持、指引、提携和关怀。一旦下属得偿所愿，就会报以感恩之心，慈悲领导的形象也将在下属心中根深蒂固。三是德行。下属的德行就是忠诚。而上司的德行则表现在言行一致、信守承诺、程序公正等道德品质。其中程序公正最为重要，一个上司往往面对多个下属，在不同的下属之间领导需要尽量做到程序公正，即在制度面

---

① 严进、付琛、郑玫：《组织中上下级值得信任的行为研究》，《管理评论》2011年第2期，第104页。

② 郑伯壎：《企业组织中上下属的信任关系》，《社会学研究》1999年第2期，第30页。

前人人平等，不偏不倚。相对于权威这个下对上的信任因素，慈悲与德行两个因素更加注重领导的个人品质与行为，三大因素共同体现了中国式领导"恩威并济"的法则。

此外，正如关系对中国信任文化的重要影响一样，它对中国上下级信任文化也起到非常重要的作用。例如，下属对上司的忠诚其实是一种私忠，是对某个领导个人的忠诚，是私人关系的产物。所以，中国人永远都会优先考虑关系因素。[1] 关系涉及上下级之间的社会连带和感情深浅，在上对下和下对上的信任中都有关联。这种社会连带关系可以是先赋的，也可以是后天的。在中国，关系可以被视为人与人之间共有的特征、来源以及认同。[2] 这种特殊的中国式社会连带关系可以加深上下级之间的感情，从而增进相互的信任。同时，通过人情投资的方式（如私人帮助）来创造上下级之间后天的连带关系，从而构建上下级信任。在通过关系构建或者增强上下级信任之时，兼顾双方的面子是关键。如下属当众指出上司的错误，或者上司当众批评下属都是破坏双方面子的举动，若双方为顾忌面子这一点，很可能破坏已经存在的信任关系。

由此可见，在中国上下级信任文化中，上对下的信任标准主要包括忠诚和能力两大方面，忠诚源于对权威的服从，主要表现为坦诚和不计私利；而能力主要包括完成任务的能力、尽职尽责的能力以及处理人际关系的能力三方面。而下对上的信任因素包括权威、仁慈和德行三大方面，其中权威信任是对上司这个领导角色的被动信任，而仁慈和德行则从领导个人行为和品质出发，是下属对上司的主动信任。此外，关系与上下级信任互为因果关系。在中国，关系促进上下级信任，信任也可以增进上下级的亲近度。

---

[1]　杨中芳、彭泗清：《中国人人际信任的概念化：一个人际关系的观点》，《社会学研究》1999 年第 2 期，第 9 页。

[2]　郑伯壎：《企业组织中上下属的信任关系》，《社会学研究》1999 年第 2 期，第 26～30 页。

二　德国上下级信任文化

自路德维希·艾哈德（Ludwig Erhard）在德国引入社会福利市场经济体制以来，德国企业中的上下级关系就呈现出社群主义的特征。因此，德国企业中的团队导向性很强。团队导向加强了企业内的团结与凝聚力，所以德国企业内上下级关系冲突矛盾较少。例如，在发达国家中，德国工人罢工次数是最少的。德国劳资关系如此和谐，工会的作用功不可没，它并没有像其他国家的工会那样保护主义色彩非常浓厚，而是从管理的视角出发采取认真负责的态度。因此，与其他那些社群导向不显著的社会相比，德国企业内上下级之间，也就是管理者与员工之间存在较高的相互信任度。①

这种高度信任源于德国长期以来制度化了的管理者与员工之间的交互关系。德国社会福利市场经济体制的一大组成部分就是共同决策机制（Mitbestimmung），即员工代表可以参加企业的监事会，代表全体员工参与企业事务并了解企业各种信息。此外，一种劳资协商自主权（Tarifautonomie）规定了雇主协会与工会之间可以通过集体协商的形式商讨薪金、工作时间、福利等具体问题，国家无权干涉。② 共同决策机制和劳资协商自主权这两种机制体现了企业中管理者和员工双方拥有强烈的相互信任，是相互信任的结果。③ 同时，这两种机制是德国上下级制度化了的交互关系的重要体现，它们从根本上保证了德国上下级之间的高度信任。

德国企业内上级对下级的信任主要表现在管理者重技能、轻监管这

---

① Fukuyama, Francis, *Konfuzius und Marktwirtschaft：Der Konflikt der Kulturen*，München：Kindler, 1995, S. 257 – 258.

② Fukuyama, Francis, *Konfuzius und Marktwirtschaft：Der Konflikt der Kulturen*，München：Kindler, 1995, S. 258 – 259.

③ 段明明：《关于信任社会机制的跨文化研究》，《上海大学学报》（社会科学版）2010 年第 2 期，第 126 页。

一点上。德国上司愿意让下属承担更多的责任，这与德国员工的高素质相关。有关数据显示，德国90％的技术工人拥有相关工作的资格证书，这证明了德国技术员工的高专业性。德国完善的学徒制保证了德国员工的高技能水平，因此德国企业内上司对下属的信任首先是对员工的高技能、高素质的信赖，信赖他们能够自主地工作，从而不需要通过过多的法律和监管来实现信任。"德国上司认为下属愿意获得和工作有关的知识和技能，这些知识和技能能够保证下属自主地工作。德国上司的任务不是告诉下属们如何去工作，而是提点他们应该做什么。"① 因此，德国下属拥有更高的技术和专业知识，从而拥有更多的工作自主权并承担更多的责任。上级对下级的信任也是通过下级的技术品质实现的，而不是通过领导力的监管。这一点拉近了上下级之间的距离，容易构建非权力因素的信任关系。

德国下级对上级的高信任度要归功于德国独创的二元学徒制。德国的学徒制涉及面之广、培训度之深，使企业中的员工对企业产生了深厚的忠诚。"虽然德国没有终身雇佣制，但是在德国要解雇一个员工远比在美国要困难。"② 所以，在德国鲜有出现员工频繁跳槽的现象。第一，二元学徒制的职业培训将通用知识和特殊技术结合在一起，所以受训的员工与企业之间在员工接受培训之时就已经形成了天然的关联。第二，雇主受到社会责任的压力，他们有义务给予员工技术培训，从而让他们能够获得工作。第三，受到德国法律法规的束缚，企业雇主不能无缘无故地进行裁员。若要裁员，雇主必须提交有关劳工补偿、再培训以及重新安置解聘员工等方面的规划。第四，社群主义致使企业内薪酬的差距不大，而且薪酬的稳定性强。德国企业的薪酬差异直接建立在员工的技能差别上。因此，员工不会因为薪酬不高而产生跳槽或离职的意图。这

① Fukuyama, Francis, *Konfuzius und Marktwirtschaft : Der Konflikt der Kulturen*, München: Kindler, 1995, S. 280 – 288.

② Fukuyama, Francis, *Konfuzius und Marktwirtschaft : Der Konflikt der Kulturen*, München: Kindler, 1995, S. 250.

四方面保证了德国企业岗位的稳定性,从而使员工对企业、雇主以及上级的信任得到了保障和加固。此外,"德国下属并没有被错综复杂的法规系统束缚起来,因此他们相信他们的上司不会滥用手中的权力。德国社会之所以属于高信任社会,是因为在德国构造计划和实施计划是紧密结合在一起的。"① 这在一定程度上巩固了下属对上司的信任感。除了制度保证让下属对上司产生忠诚式的信任之外,上司的专业权威也是下属信服的重要因素。

由是观之,德国组织内上下级之间的信任主要依赖三方面的因素:第一,制度化了的劳资关系,德国组织内的共同决策机制和劳资协商自主权从制度方面保证了德国组织内上下级关系的和谐;第二,德国组织内管理者对员工的信任主要是对其技能品质的信任,因此管理者采取重技能、轻监管的管理方式,此管理模式反过来加强了下级对上级的信任;第三,德国组织内下级对上级的信任源于德国的二元学徒制,学徒制从根本上培养了员工对企业的忠诚感,德国员工跳槽率相对较低,这是下级对上级信任的体现。

三 德中上下级信任文化对比

综观德中上下级信任文化的特征,可以总结出两个文化中上下级信任的异同。首先,两个文化中下属对上司的信任都包含了权威这一元素。然而在中国,对权威的服从是源于上司的权力角色;在德国,对上级的权威源于上级的专业权威、技能权威,所以这种权威所带来的被信任最主要是上司个人能力的结果,而并非全部是上司权力地位使然。其次,忠诚在中德上向信任②中都起到了关键作用,但是忠诚的缘由则不同。在中国,下属的忠诚源于传统中国父子轴的社会结构,企业上下级

---

① Fukuyama, Francis, *Konfuzius und Marktwirtschaft: Der Konflikt der Kulturen*, München: Kindler, 1995, S. 280 – 288.

② 上向信任指的是下属对领导的信任。

关系是中国家庭内父子关系的类化。所谓"父慈子孝"，因此，中国下属对上级的忠诚其实是一种顺从、诚实。在德国下属对企业以及上司的忠诚主要根源于二元学徒制。外部机制为下属带来了专业技能、合理的薪酬以及稳定的工作，因此这种忠诚其实是下属对这种机制给予的恩惠的回馈。再次，能力是两个文化中考察上下级信任度的又一大指标，尤其是上级考察下级是否值得信任的指标。在这一方面，德国领导一般只关注下属的专业知识和技术品质；而中国领导对下属能力的考察范围比较广泛，除了完成任务这方面的业务能力之外，工作的热情和态度以及处理人际关系都被列入了下属能力的范畴。最后，从整体方面来看，中国上下级信任文化将个人道德品质（如德行领导、下属的工作态度）作为信任度的重点考察标准，关系的亲疏远近在上下级关系中也起到重要作用，如"圈内用德、圈外用才"这种区分内外的观念；然而在德国，外部制度为上下级信任关系的稳定起到了关键性作用。

第二章
跨文化互动中的人际信任

通过文化对比可以发现跨文化交流领域潜在的问题，如跨文化误解，甚至跨文化冲突，但是仅依赖文化对比层面的研究无法探析解决问题的可能性。因为通过对比发现的文化差异指向静态的文化状态，它无法掌控跨文化交流中个体的动态发展以及个体之间的互动过程。虽然跨文化情境中的个体行为无法预知，跨文化交流的最终结果受到跨文化互动中个体相互同化程度、对异文化的接受底线以及跨文化聚合效应（Synergie）的影响。[①] 下面将在中德文化对比的基础上，探析中德跨文化人际信任互动的可能性。

第一节　跨文化交流中的人际信任[②]

"缺少可靠的交流，信任就失去作用。"[③] 这句话表明了交流与信任之间的关联。交流对人际信任构建意义重大。互动双方的交流越频繁，人际信任构建的可能性就越大，因为信任度取决于信任主体表现出的可

---

① Bolten，Jürgen，„Grenzen der Internationalisierungsfähigkeit：Interkultureles Handeln aus interaktionstheoretischer Perspektive"，in Bolten，Jürgen（Hrsg.），*Cross Culture-Interkulturelles Handeln in der Wirtschaft：Schriftenreihe Interkulturelle Wirtschaftskommunikation*，Sternenfels und Berlin：Verlag Wissenschaft & Praxis，1995，S. 31－32.

② 虽然文化对比和跨文化互动同时隶属于跨文化交流学的范畴，但是这里的跨文化交流主要指向跨文化互动。

③ Frey，Christel，*Erfolgsfaktor Vertrauen：Wege zu einer Vertrauenskultur im Unternehmen*，Wiesbaden：Gabler，2012，S. 51.

靠度以及信任环境的风险大小。而通过交流所获得的相关信息可以考量信任主体的可靠度并降低信任风险[1]；反过来，人际信任是建立交流的基础。"缺少信任，真实的交流就不可能存在。"[2] 因此，交流与信任之间呈现出相互依存的关系。同理，跨文化交流与跨文化人际信任之间亦是如此。同时，跨文化人际互动环境远比单一文化中的人际互动环境复杂，因而，二者的依存程度更高。此外，从"人不可不交流"[3] 这一观点出发，人际信任构建中互动也是一种交流。二者具有同质性。

一 跨文化交流[4]

（一）跨文化

跨文化不同于文化对比，它基于两个或者两个文化之间的互动。从构词角度来看，无论是英文的"interculture"，还是德文的"interkutur"，都是由"culture"或"Kultur"加上前缀"inter"构成的。词源学对这

---

[1] Beste, Daniela, *Vertrauen als wirtschaftliches Gut in Mitarbeiter/innen: Beziehungen von Mitarbeiter/innen und Führungskräften*, Saarbrücken: AV Akademiker Verlag, 2012, S. 20.

[2] Hubig, Christoph und Oliver Siemoneit, „Vertrauen und Glaubwürdigkeit in der Unternehmenskommunikation", in Piwinger, Manfred und Ansgar Zerfaß (Hrsg.), *Handbuch Unternehmenskommunikation*, Wiesbaden: Gabler Verlag, 2007, S. 178.

[3] "人不可不交流"（Man kann nicht nicht kommunizieren）是奥地利心理学家和语言学家保罗·瓦兹拉威克（Paul Watzlawick）的名言（Yamashita, Hitoshi, „Höflichkeit, Freundlichkeit und Distanz: Gedanken über die Beziehung zwischen Höflichkeitsforschung und DaF-Unterricht anhand einer empirischen Fragebogenerhebung", in Ehrhardt, Claus und Eva Neuland (Hrsg.), *Sprachliche Höflichkeit in interkultureller Kommunikation und im DaF-Unterricht*, Frankfurt a. M.: Peter Lang, 2009, S. 121）。

[4] 本书将 interkulturelle Kommunikation 和 intercultural communication 译为跨文化交流，而非跨文化交际或者跨文化沟通，其原因在于，汉语"交流"强调个体把彼此拥有的提供给对方（《现代汉语词典》，2002年增补本，商务印书馆，2004，第630页）；同时，汉语"流"指"流动、传播"（《现代汉语词典》，2002年增补本，商务印书馆，2004，第810页）。而交际侧重于人与人之间的来往与接触（《现代汉语词典》，2002年增补本，商务印书馆，2004，第630页），"际"字指的是"彼此之间"（《现代汉语词典》，2002年增补本，商务印书馆，2004，第599页）。此外，相关翻译还有跨文化沟通，沟通的意思是"使两方能通连"（《现代汉语词典》，2002年增补本，商务印书馆，2004，第443页）。因此，沟通侧重于交流的结果，强调疏通交流渠道之后的状态。相比之下，交流比交际更能表达出跨文化动态的内涵，而且内容的囊括度更高。因此，本书采用跨文化交流这个译法。

个拉丁语前缀"inter"的解释是"到……之间去"或者"在……之间",那么英文和德文中的跨文化指的是在两个文化之间或者到两个文化之间去。而中文"跨文化"中的"跨"可以被诠释为"超越时间或者地区之间的界限"①,因此中文的"跨文化"的含义是跨越文化的界限。如果将文化理解为"人类的生活空间"②的话,那么英德文中的"跨文化"就是指"到两个或多个生活空间的中间去"或者"在两个或者两个以上生活空间之间",这两层意思都指向文化互动;中文的"跨文化"虽更加侧重于跨越原来那个生活空间的界限,但也是在强调文化的动态变化。综上所述,跨文化指的是跨越原来的文化界限之后,在不同的文化之间呈现的互动。

在这个中间状态之中,不同文化之间进行着持续性的互动,那么可以将这个中间状态理解为一个不断变化的过程,也就是文化互动的过程。如果将这种中间状态看作文化 A 和文化 B 之间的互动的话,那么在这个过程中,会不断地产生新的元素,产生新的文化,即第三种文化(die dritte Kultur),这个第三种文化是文化 A 和文化 B 互动的结果。首先,这个互动结果既不完全等同于文化 A,也不完全等同于文化 B;其次,它不是按照 50:50 或者其他比例对文化 A 和文化 B 进行简单的叠加,也就是说它不是一种文化合成(Synthese)的结果,而是一种文化聚合效应。③这种聚合效应不是一次性的文化合成,而是一种持续性地产生行为关联的过程,在这一过程中,来自不同文化的个体潜能会汇合在一起。④

那么,这个中间状态既可以理解为不同文化互动的动态变化,也可

---

① 《新华字典》第 11 版,商务印书馆,2011,第 275 页。

② 参见第一章第一节有关"文化"的内容。

③ Bolten, Jürgen, *Interkulturelle Kompetenz*, Erfurt: Landeszentrale für Politische Bildung, 2001, S. 18.

④ Bolten, Jürgen, „Interkulturelle Wirtschaftskommunikation ", in Walter, Rolf (Hsrg.), *Wirtschaftswissenschaften: Eine Einführung*, Stuttgart: UTB, 1997, S. 487.

以理解为不同文化互动中产生的状态，即聚合效应作用下的第三种文化。虽然这种新的第三种文化也处于不断变化中，但是在一定的时间内，这种新文化会呈现相对稳定的状态。① 因此，跨文化有两层含义：第一，不同文化互动的动态发展；第二，不同文化互动所带来的状态。而本书将重点关注跨文化上下级信任的互动过程，也就是关注跨文化的第一层含义。

（二）交互性交流概念

文化对比是从两个文化的特征出发，而交互性交流概念中的跨文化交流依赖于不同文化个体的互动。② 在这个意义上，跨文化交流可以表现为交流内容和交流主体之间相互关系的共同作用。交流内容的互动涉及言语（verbal）、非言语（non-verbal）、附着言语（paraverbal）和超言语（extraverbal）四个层面的互动。而交流主体之间的关系互动指的是交流主体双方在交流过程中的形象互动，这里的形象涉及自我形象、他者形象和他我形象，它们分别代表了交流主体对自我的评价（Selbstwertkonzepte）、对交流对方的期待（Erwartungen）以及期待的期待（Erwartungserwartungen）。这三方面共同构成了交流主体的交流背景，其交流背景由各自的文化背景决定。③ 同样，交流内容的四个层面都蕴藏着相关文化的特征，交流双方对四个层面的交流内容的编码和解码其实可以理解为文化解读的过程。因此，在跨文化交流过程中所体现的内容和关系之间的交互性（Reziprozität）反映了交流主体代表的文化之间的交互性（参见图2-1）。

因此，在跨文化交流中，交流主体的相互关系表现为交流主体的背

---

① 跨文化与文化一样，虽然文化处于不断的动态发展中，但也同时具有相对稳定性。参见本书第一章第一节有关"文化"的内容。

② Bolten, Jürgen, *Interkulturelle Kompetenz*, Erfurt：Landeszentrale für Politische Bildung, 2001, S. 18 – 19.

③ Bolten, Jürgen, „Interkulturelle Wirtschaftskommunikation ", in Walter, Rolf （Hrsg.）, *Wirtschaftswissenschaften：Eine Einführung*, Stuttgart：UTB, 1997, S. 478 – 479.

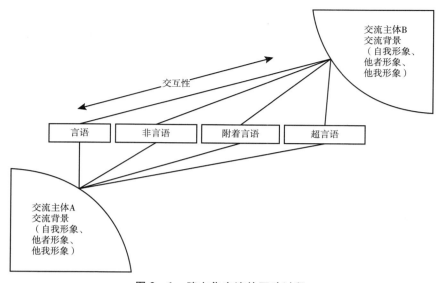

图 2 - 1　跨文化交流的互动过程

资料来源：Bolten，Jürgen，„Interkulturelle Wirtschaftskommunikation"，in Walter，Rolf（Hrsg.），*Wirtschaftswissenschaften：Eine Einführung*，Stuttgart：UTB，1997，S. 479。

景互动，其中交流主体的意图和期望是交流主体考虑和反思的重点；交流内容表现在交流四层面上，交流信号不仅仅存留在言语层面，非言语、附着言语以及超语言层面的交流符号也蕴藏着交流内容。然而，对于交流符号的编码与解码受到交流主体文化背景的影响。基于此，跨文化交流一般会经历以下四个阶段的互动过程。①

首先，交流双方会试探或者反思性地尝试一下本文化与异文化在多大程度上能够协调一致，即两种文化之间趋同的可能性有多大；

其次，交流双方会考察一下，本文化与异文化相互偏离的程度和偏离持续时间的长度，即对两个文化之间的分歧进行预估；

---

① Thomas，Alexander，„Das Eigene，das Fremde，das Interkulturelle"，in Thomas，Alexander，Eva-Ulrike Kinast und Sylvia Schroll-Machl（Hrsg.），*Handbuch Interkulturelle Kommunikation und Kooperation：Band 1：Grundlagen und Praxisfelder*，Göttingen：Vandenhoeck & Ruprecht，2003 und 2005，S. 55.

再次，双方会在两种文化之间不产生严重冲突的前提下，对它们是否能够共存以及共存的程度进行评估，即检验一下这两个文化之间是否存在文化兼容性；

最后，交流双方还会再观察并思考，本文化和异文化会不会无法统一，即两者之间是否存在文化不兼容的情况。

简而言之，这四个阶段就是文化趋同、文化偏离、文化兼容和文化不兼容。也就是说，在这四个阶段中，对本文化和异文化的积极期望表现为对文化趋同和文化兼容性的试探；而消极期望则倾向于对文化分离和不兼容性的预测。交流主体的形象互动可以发生在上述每一个阶段，文化趋同与文化兼容性分别是积极形象互动的表现与结果，而文化分离与文化的不兼容性分别体现了消极形象互动的过程与结果。此外，在这四个阶段中，交流主体对这三种形象的分析都依赖于对言语、非言语、附着言语以及超言语层面所传递的文化符号的编码和解码。所以说，跨文化交流是交流关系与交流内容共同作用的过程。

伴随这四个跨文化互动阶段的是四种相应行为，即跨文化交流主体在这四个阶段可能会采取的行为如下。①

（1）文化主导。在异文化面前，人们恪守本文化的价值规范，认为本文化优于异文化。因此，人们为了在跨文化互动之中继续保护本文化而采取抵制异文化的行为，以实现本文化主导的目的。

（2）文化同化。跨文化互动中的个体自愿主动接受异文化中的价值规范，并将其融入自己的行为之中。在这种情况下，个体对异文化的适应达到了可以放弃本文化认同的地步，并试图完全融入异文化之

---

① Thomas，Alexander，„Das Eigene，das Fremde，das Interkulturelle"，in Thomas，Alexander，Eva-Ulrike Kinast und Sylvia Schroll-Machl（Hrsg.），*Handbuch Interkulturelle Kommunikation und Kooperation：Band 1：Grundlagen und Praxisfelder*，Göttingen：Vandenhoeck & Ruprecht，2003 und 2005，S. 47－48.

中。被异文化同化主要是因为异文化处于优势地位，互动个体为了避免遭受异文化个体的排挤和批评，同时克服因为必须顺从于异文化而产生的适应压力，从而甘愿放弃本文化的价值规范而接受异文化的价值规范。

（3）文化分离。人们认为本文化和异文化同样重要。不同文化中的许多因素是不可兼容的，导致出现持续的矛盾。人们认为既然在本文化和异文化之间不可能发生文化融合现象，因此文化之间的分离矛盾是不可化解的。人们只能选择在两种文化之间来回游离。在跨文化交流的最初阶段经常会出现对文化分离的预设，长期下去，会增加跨文化合作的不确定性。

（4）文化聚合。跨文化交流伙伴成功地实现了将两种文化中重要的文化因素融合为一种新的质量。其结果不是通过偏向于两种文化中的任何一种而实现的，而是从两种文化资源中提取对于双方来说都有价值规范意义的元素，并将这种有意义的元素融合为一种新的质量，从而形成文化聚合效应，即在跨文化交流中产生有别于先前两种文化的第三种新文化，它是跨文化的理想状态，是本文化和异文化互动的最优效果。

在这四种行为中，文化主导和文化同化两种行为在本质上是文化妥协的产物，是跨文化交流中存在强势文化的结果。而文化分离则反映了跨文化互动中文化间势不两立的情况。只有文化聚合是跨文化互动的最优状态，是一种文化再创造的行为。

然而，在这里作为"心灵软件"的本文化具有先入为主的优势，因此会阻碍跨文化互动的良性发展。因为对于任何人而言，本文化都是熟悉的，它已经内化至人们的潜意识中，成为一种习惯和下意识的自然行为，因此本文化的价值规范总是被认定是合理的、正确的，而异文化经常被看成多余的、本质上有缺陷的。这可以归因于对他人行为进行评价时固有的一致倾向（Korrespondenzneigung）现象。因此，行为被看作行为主体的性格使然，从而忽略、低估甚至不关心影响行为的情境因素。再加上跨文化互动的个体缺乏对异文化的认知能力和敏感度，从而他们就无法做出合理判断，也很难摒弃一致倾向导致的对异文化的错误判断。① 即使对异文化有所了解，对本文化和异文化之间的差异保持敏感度，但是人们对异文化的解读会不自觉地落入本文化的标准模式之中，其结果就是，对异文化的解读与异文化中互动对象的意图是不相符的。这就是所谓的文化再分布（Redistribution）现象。② 以上两种现象是建立在本文化误解异文化基础之上的、跨文化互动中的特有现象。基于这两种现象的存在，跨文化聚合效应的实现并非易事，反而在跨文化交流过程中，尤其是在初始阶段，跨文化交流主体经常会采取文化主导、文化同化或者文化分离的行为。

所以，跨文化交流的结果无法预测，因为任何人都无法预言处于跨文化情境中的个体到底会采取什么样的行为，例如是采取符合本文化价值规范的行为，还是顺从于异文化，抑或是双方即兴地创造出一种新的行为方式。③ 因此，跨文化交流的互动过程以及结果存在偶然性。但是，从长远来看，跨文化交流其实反映了不同文化之间所呈现的此消彼长的动态平衡过程。

虽然文化是一种集体现象，但是跨文化交流的实现依赖于互动中的

---

① Thomas, Alexander, „Das Eigene, das Fremde, das Interkulturelle", in Thomas, Alexander, Eva-Ulrike Kinast und Sylvia Schroll-Machl（Hrsg.）, *Handbuch Interkulturelle Kommunikation und Kooperation: Band 1: Grundlagen und Praxisfelder*, Göttingen: Vandenhoeck & Ruprecht, 2003 und 2005, S. 57.

② Bolten, Jürgen, „Interkulturelles Management. Forschung, Consulting und Training aus interaktionstheoretischer Perspektive", in Wierlacher, Alois und Georg Stötzel（Hrsg.）, *Blickwinkel: Kulturelle Optik und interkulturelle Gegenstandskonstitution*, München: Iudicium, 1996, S. 205.

③ Bolten, Jürgen, *Interkulturelle Kompetenz*, Erfurt: Landeszentrale für Politische Bildung, 2001, S. 18–19.

个体行为。① 在跨文化互动中，个体的文化特征会显现出来，在这种情况下，个体成为本文化的代表。因此个体之间的互动承载着文化的互动。然而，作为跨文化交流最优结果的聚合效应并不容易出现，其结果通常会表现为本文化主导或者被异文化同化两种形式。因为交流个体在互动中不会自发形成适应异文化的意识，而总是被本文化牵制。同时，大多数的交流个体对跨文化情境中模棱两可的情况缺乏容忍意识，即无法忍受或者接受模糊且相互矛盾的情况和行为；加之个体在对待异文化时，缺少开放、新奇且创新的心态和能力，因此跨文化交流就很难朝着实现跨文化聚合的方向发展。②

诚然，文化聚合效应很难实现。但若是将跨文化看作一个永恒的动态过程，那么文化主导或者文化同化都可以被看成跨文化互动的必经阶段，只要跨文化交流继续存在，那么互动最终还是会朝着跨文化聚合这个方向发展。

二 跨文化人际信任的两难境地

与单一的文化情境相比，在跨文化情境中建立人际信任的复杂度和风险度要大大提升。所以，跨文化人际信任的构建是困难的。同时，人们在陌生的跨文化环境中，更需要信任去简化跨文化世界的复杂性，去降低人际互动中的风险性。因此，跨文化人际信任处于"被复杂化"和"去复杂化"的两难境地之中。

（一）熟悉与陌生

首先，信任需要熟悉，然而跨文化情境充满陌生感。熟悉和陌生之

---

① Bolten, Jürgen, *Interkulturelle Kompetenz*, Erfurt: Landeszentrale für Politische Bildung, 2001, S. 18 – 19.

② Thomas, Alexander, „Das Eigene, das Fremde, das Interkulturelle", in Thomas, Alexander, Eva-Ulrike Kinast und Sylvia Schroll-Machl (Hrsg.), *Handbuch Interkulturelle Kommunikation und Kooperation: Band 1: Grundlagen und Praxisfelder*, Göttingen: Vandenhoeck & Ruprecht, 2003 und 2005, S. 58.

间的矛盾形成了跨文化人际信任的第一个两难境地。因为在跨文化情境中，信任主体首先要面对的是陌生的异文化和来自异文化的信任对象。人们会产生不安全感，焦虑不安，甚至是恐惧。这一切都根源于人们对异文化中"游戏规则"的不熟悉。异文化中的交流方式和交流符号使信任主体陷入极度的迷茫和混乱之中。信任主体会下意识地按照本文化的价值规范来解读异文化中的信任符号，这样容易对异文化产生误读，从而造成信任双方之间的误解。这些都可以归因于对异文化的无知或者一知半解而产生的陌生感。这种陌生感使跨文化人际信任的构建面临更大风险和更多的不确定性。[①] 此外，虽然信任是降低风险、消除不确定性的有效途径，然而这并非易事，而且实现信任需要有据可循，如通过透支时间资源对未来做出积极的期望，然而这个依据在陌生的跨文化环境中是很难成立的。[②] 因此，当信任主体跨入跨文化空间后，陌生感会使跨文化人际信任陷入困境。

其次，从陌生到熟悉需要信任这个桥梁。在复杂的社会关系中，信任可以为处理社会关系中无法解决的陌生与熟悉之间的紧张关系找到合理的答案。[③] 因此，面对跨文化这个陌生且复杂的环境时，人们需要通过建立信任来打破陌生和简化复杂性，从而将陌生变为熟悉，正如卢曼所言："我们只能在熟悉之中行动，但是在我们观察并且描述自己的行为之时，会发现这其实是一个悖论。因为，我们经常习惯于用常用的区分方式去区别熟悉与陌生。"[④] 因此，面对充满了不确定性和风险的跨

---

① Schwegler, Ulrike, *Vertrauen zwischen Fremden：Die Genese von Vertrauen am Beispiel deutsch-indonesischer Kooperationen*, Frankfurt a. M.：Iko, 2008, S. 56 – 57.

② Möllering, Guido, "Vertrauensaufbau in internationalen Geschäftsbeziehungen：Anregungen für ein akteursorientiertes Forschungsdesign", in Jammal, Elias（Hrsg.）, *Vertrauen im interkulturellen Kontext*, Wiesbaden：VS Verlag für Sozialwissenschaften, 2008, S. 95.

③ Endreß, Martin, "Vertrauen und Vertrautheit：Phänomenologisch-anthropologische Grundlegung", in Hartmann, Martin und Claus Offe（Hrsg.）, *Vertrauen：Die Grundlage des sozialen Zusammenhalts*, Frankfurt a. M. & New York：Campus Verlag, 2001, S. 203.

④ Schwegler, Ulrike, *Vertrauen zwischen Fremden：Die Genese von Vertrauen am Beispiel deutsch-indonesischer Kooperationen*, Frankfurt a. M.：Iko, 2008, S. 59.

文化情境时，人们需要做的就是将陌生的异文化熟悉化，简而言之，就是将不熟悉拉入熟悉之中。① "将不熟悉拉入熟悉之中"的唯一途径就是建立信任。因为信任可以简化生活世界的复杂性，信任可以担保因为陌生而产生的不安全感、不确定感和风险，从而将跨文化交流透明化、简单化。因此，信任是人们在跨文化情境中迈出认识并接受异文化的第一步。所以，跨文化情境的人们需要信任。这是跨文化信任构建的价值所在。

以上两点构成了跨文化人际信任的第一种两难境地。形成这种两难境地归咎于信任主体对异文化的陌生。陌生需要信任去创造熟悉，与此同时，陌生让信任生成困难重重。基于此，在陌生与熟悉这对矛盾互动中，产生了生成信任的第一大两难境地。

（二）好感与偏见

通过理性思考可以实现人际信任，当然也可以依托情感实现。基于情感的信任是一种感性信任，一般出现在以血缘为基础的或者泛家庭化的信任关系中。不能忽略的是，在人际交往的初始阶段，感性因素对信任生成起到了决定性作用，其相关感性因素包括好的第一印象，也就是初始好感。初始好感是陌生人构建信任的天然催化剂，所以在跨文化情境中好感是人际信任生成的关键因素。因此，跨文化人际信任生成需要在信任主体之间产生相互好感，最起码是单方面的好感，只有这样才能使信任主体产生信任意愿。

然而，由于跨文化人际信任构建中的信任主体来自不同的文化，在人际信任的初始阶段，信任主体相互之间的陌生感会因为文化距离而加深。一般来说，因为文化距离的存在，对来自不同文化的人产生好感比对文化内的人要难一些，因为文化内的陌生人之间至少存在文化共性。此外，跨文化信任主体容易形成文化偏见（Vorurteil）。文化的异质性

① Schwegler, Ulrike, *Vertrauen zwischen Fremden : Die Genese von Vertrauen am Beispiel deutsch-indonesischer Kooperationen*, Frankfurt a. M. : Iko, 2008, S. 56.

导致信任主体在互动过程中遵循不同的价值规范，文化偏见由此产生。文化偏见属于跨文化交流中负面他者形象的一种。撇开文化因素而言，一般来说，他者形象永远会被自我形象控制。每个人都在生活中构建自己的现实世界，其中一部分就是自我形象。自我形象包括了一个人关于自己能力和性格的所有假设，包括有意识的和无意识的。当人们通过交流、他者的言论、生活体验可以构建他者形象时，人们经常会将他者形象与自我形象以及他我形象进行比较。人们对他者形象的反应通常是"这不是真的"，因为它总是与自我形象或者自我期望不相符。因此，他者印象经常被看作对自己所构建的现实世界的一种威胁。人们经常通过质疑他者形象来捍卫自我形象。因此，自我形象会打败他者形象。① 也就是说，先入为主的自我形象会加大个体在人际互动过程形成积极他者形象的难度，加之文化的异质性，他者形象就容易衍变为针对信任对象的文化偏见。偏见指的是对于归属于某个特定群体的个体所采取的不接受且敌对的态度，其原因仅仅是这个个体来自这个群体，这个群体让他形成了让外族攻击的个性。② 因此，偏见一般是负面的他者印象。跨文化情境中的文化异质性很容易让信任主体产生对彼此的偏见。自然而然，文化偏见成为跨文化人际信任的阻碍。因为偏见的存在，人们很难产生好感。

总而言之，信任构建需要相互好感去缩短人际距离，加速人际信任的实现。在跨文化人际信任构建之中，好感不仅能缩短人际距离，还可以缩短文化距离，加速跨文化人际信任的实现。所以，跨文化人际信任更需要好感。同时，文化偏见导致难以出现彼此好感。由此产生了跨文化人际信任的第二大两难境地，即跨文化人际信任

---

① Bach, Carsten, *Mehrwertschätzung und Anerkennung im Job : Wie Mitarbeiter und Führungskräfte die betriebliche Zusammenarbeit fördern und die Beziehungsqualität verbessern können*, Hamburg: Tredition, 2012, S. 43.

② Maletzke, Gerhard, *Interkulturelle Kommunikation : Zur Interaktion zwischen Menschen verschiedener Kulturen*, Opladen: Westdeutscher Verlag, 1996, S. 116.

需要信任主体之间彼此产生好感，同时文化偏见致使好感很难生成。

解决跨文化人际信任两难境地依赖于那个敢于迈出信任第一步的信任主体，即那个敢于率先承担风险而发出信任的人。而这个第一人需要通过跨文化交流这个唯一有效途径去向异文化中的信任对象袒露信任意愿、表明信任信号。

三 作为跨文化交流的人际信任

在单一文化内，人际信任是一种成功的、真诚的交流方式。信任可以降低交流的复杂性，同时交流双方拥有相同的交流符号系统，从而减少交流误解。反过来，交流是建立信任的前提条件，尤其是在陌生人之间。在交流中可以建立、改善、加强并巩固人际信任，当然人际信任也可以在交流中中断甚至破裂。因为从交换理论出发，信任是人与人之间互动中的关系变量。社会互动的实现离不开交流。交流过程中的言语、非言语、附着言语和超言语层面的符号在信任构建中起到决定性作用，尤其在对信任主体信任度的衡量方面。[①] 同时，在交流过程中，信任主体之间的形象互动对人际信任构建起到关键性作用。所以，在单一文化中，人际信任是一种积极有效的交流过程，信任主体建构和解读交流四层面所蕴藏的信任符号都遵循相同的价值规范，因此信任主体不会对彼此产生文化不同带来的偏见或者定型看法，所以单一文化中的人际信任建立在文化共性之上。

当信任主体跨越单一文化的界限进入跨文化空间之后，人际信任也演变为跨文化人际信任。跨文化人际信任建立在积极有效的跨文化交流基础之上，所以说，跨文化人际信任是一种积极有效的跨文化交流方式。跨文化人际信任符号的传递依赖于跨文化交流过程，人际信任互动

---

① Vittar, Carlos F. , *Interkulturelles Vertrauen im globalisierten beruflichen Kontext：Ein Erklärungsmodell*, Hamburg：Verlag Dr. Kovac, 2008, S. 47.

也体现在跨文化交流过程之中。一般来说，跨文化情境中的信任主体在信任构建的初始阶段是彼此陌生的，这种陌生可以是个人层面的，也可以是文化层面的。此外，文化的异质性会导致信任主体之间产生相互定型看法，而打破陌生和定型看法的唯一途径就是跨文化交流，所以说，跨文化交流是帮助跨文化人际信任逃离两难境地的唯一有效途径。同时，在跨文化人际信任互动的过程中，跨文化交流可以帮助信任主体正确理解双方的信任信号，可以深化信任主体对对方文化的认识，从而消除对彼此的文化偏见和定型看法。因此，交流对跨文化人际信任的发展起到积极作用。反过来，建立在信任基础之上的跨文化交流是真诚的、透明的。

所以，跨文化交流与跨文化人际信任之间呈现相互依存的关系。此外，通过分析两者的构成要素可以看出，跨文化交流与跨文化人际信任存在同质性。二者的组成要素都包括互动主体、互动内容、互动关系。跨文化交流将信息视作互动内容，而跨文化人际信任的互动内容就是信任符号。因此，跨文化人际信任就是一种跨文化交流，跨文化人际信任的构建过程就是一个积极的跨文化交流过程。

作为跨文化交流的人际信任，信任主体在跨文化互动过程中也会经历跨文化互动的四个阶段：文化趋同、文化偏离、文化兼容、文化不兼容。其中，文化趋同和文化兼容有利于跨文化人际信任的形成，而文化偏离和文化不兼容会阻碍信任的形成。同样，信任主体在跨文化互动中会呈现四种行为可能性：文化主导、文化同化、文化分离和文化聚合。其中，文化分离会直接导致跨文化的人际不信任，因为信任双方根本无法达成文化共识。而在其他三种行为之中，文化主导或者文化同化更多地出现在人际信任构建的初始阶段，而文化聚合效应才能生成真正的跨文化人际信任。

总的来说，跨文化信任主体要通过有意义的交流来实现信任；

同时积极有效的跨文化交流建立在信任基础之上。因此，跨文化人际信任是一种有意义的跨文化交流。跨文化交流中所呈现的文化趋同、文化兼容两种互动过程有利于跨文化人际信任的生成与发展；而文化偏离和文化不兼容直接导致不信任的后果。若信任主体在跨文化交流过程中采取文化分离行为，同样会导致跨文化不信任的结局。而文化主导、文化同化可以推动跨文化信任的生成，但是跨文化人际信任的长远发展依赖于文化聚合行为。所以说，只有跨文化交流才能够解决跨文化人际信任的两难境地，才能为跨文化人际信任的生成创造可能性。

第二节　跨文化上下级人际信任互动模型

1972 年，灿德（Dale E. Zand）在实证研究的基础上提出了信任互动模型。这个模型假设信任双方具有相似的意向与期望，阐明了信任发出方初始的信任期望和信任双方的行为互动过程，其具体的信任行为包括信息共享、相互影响以及减少监控等。① 在灿德的信任互动模型基础之上，奥斯特洛与韦伯尔（Margit Osterloh and Antoinette Weibel）发展了上下级信任的互动模型。在这个模型中，两位学者在信任行为中添加了接受同事批评这一要素，同时将信任跳跃，即初始信任行为，视作实现上下级信任互动的起点。这个模型将信任主体的形象互动置于整个信任互动的中心，这一点为中德跨文化上下级信任互动提供了理论依据。

一　上下级信任互动模型

奥斯特洛与韦伯尔在灿德信任互动模型基础之上发展了上下级信任

---

① Zand, Dale E., "Trust and Managerial Problem Solving", *Administrative Science Quarterly*, Vol. 17, No. 2, 1972, pp. 232 – 233.

互动模型。在这个模型中，互动是实现上下级之间信任跳跃的导火索（参见图 2 - 2）。①

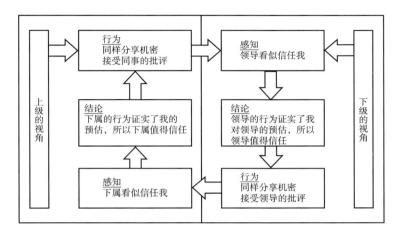

图 2 - 2　上下级信任互动模型

图 2 - 2 展示了上下级之间的信任互动，或者说上下级之间生成信任的关键因素就是互动。一般来说，敢于向下属主动馈赠信任并同时展露自身弱点的领导更容易获得下属的信任。上级可以通过坦诚地分享信息、委派责任以及接受下属批评等行为来发出信任。当下级将这些行为视为馈赠的"信任礼物"的时候，那么就愿意进行信任回报。下属的信任回报可以证实上级的信任投资。从此，上下级之间的信任就可以得到巩固。②

在这个过程中，起到关键性作用的是促使实现信任跳跃的信任发出方。只有那些敢于承担信任风险的人才能获得信任。③ 那么，在上下级

---

①　Osterloh，Margit und Antoinette Weibel，*Investition Vertrauen：Prozesse der Vertrauensentwicklung in Organisationen*，Wiesbaden：Gabler，2006，S. 37.

②　Osterloh，Margit und Antoinette Weibel，*Investition Vertrauen：Prozesse der Vertrauensentwicklung in Organisationen*，Wiesbaden：Gabler，2006，S. 37.

③　Osterloh，Margit und Antoinette Weibel，*Investition Vertrauen：Prozesse der Vertrauensentwicklung in Organisationen*，Wiesbaden：Gabler，2006，S. 37.

的信任互动中，一般是拥有更多社会资源的上级先发出信任。[1] 在这个模型中，互动始于上级的信任行为，即分享机密和接受批评。这两方面行为的目的是袒露自己的真诚。若这一行为被下属正确地解读并接受，那么下属会因为信任而信任。也就是所谓的"信任创造信任"。[2] 同时，下属通过相同的信任行为对上级进行回报。与此同时，上级也对下属的行为进行了符合期望的解读，即"下属也信任我"。这一解读以及从此产生的积极的他者印象推动了新一轮的信任互动。按照这个规律循环下去，上下级信任之间将呈现稳固的螺旋式上升发展态势。

该模型显示，上下级信任的积极信任互动依赖于上下级之间积极的形象互动，即信任双方对彼此信任行为的解读是符合各自期望的。首先，双方的感知属于他者形象；其次，双方的结论"领导或下属的行为证实了我的预估"，其实是自我形象以及他者形象共同作用的结果。总之，信任双方积极的形象互动推动着信任互动。信任双方发出信任、对对方信任行为的解读以及进行信任回馈都根源于信任主体塑造自我形象以及对信任对方的他者形象的过程。所以说，这个上下级信任互动模型其实是上下级形象互动的体现。

然而，该模型所展示的上下级信任互动过于简单，存在以下不足之处。首先，虽然这个模型隐含着信任形象互动是信任行为的推动力。然而，模型中并没有清楚地区分自我形象、他者形象以及他我形象在信任互动中的具体作用。其次，此模型中所列举的信任行为反映了工作中的信任特征，但是上下级之间所体现的信任行为并非简单局限在分享机密与接受批评两个方面。再次，此模型所体现的是一种平等的上下级互动，并没有对上级与下级信任行为进行区分。上下级之间的互动应该是

---

[1] 参见第一章第一节有关"企业组织内上下级信任"的内容。

[2] Schweer, Martin K. W., " Vertrauen als Organisationsprinzip: Vertrauensförderung im Spannungsfeld personalen und systemischen Vertrauens", *Erwägen Wissen Ethik* 14 (2), 2003, S. 329.

一种不平等的互动，因为上下级之间存在权力距离。无论在哪种文化中，无论涉及哪种企业组织，上下级之间都不可能是完全平等的。等级差别存在于所有社会文化中。由于权力距离的存在，上下级所采取的信任行为无疑是不同的。例如，在接受批评这一点上，在权力距离较大的文化中，下属向上级提出批评是禁忌。所以，将接受批评当作上级信任下属的信任行为不具有广泛代表性。最后，这个上下级信任模型只考虑到了两者之间的良性互动，而没有考虑信任的消极互动。尽管如此，该模型将信任互动看作信任主体之间的形象互动，为本书研究的跨文化上下级信任互动提供了理论基础。

二　跨文化上下级信任互动模型

相比单一文化中的上下级信任互动模型而言，跨文化上下级信任互动模型所要考虑的因素要复杂得多。既然可以将跨文化人际信任的互动过程看作跨文化交流的过程，那么跨文化上下级之间的信任互动也可以表现为上下级之间的一种跨文化交流。跨文化交流的互动主要包括四个层面交流内容的互动（言语、非言语、附着言语、超言语）以及交流主体之间的三大形象互动（自我形象、他者形象、他我形象）（参加图2-1）。那么跨文化上下级信任互动模型也应该体现这两方面的内容。此外，人际信任互动不仅呈现积极的发展趋势，也可以表现为消极的信任互动。因此，在分析跨文化上下级信任动态发展时，有必要对积极和消极的互动进行区分。

（一）跨文化上下级信任模型中的形象互动

首先，在跨文化形象互动中，信任双方不仅是个性鲜明的独立个体，也是各自文化的代表者。因此，跨文化上下级信任构建的形象互动应从两个层面展开：个人层面与文化层面。个人层面的形象互动建立在信任主体对彼此的认知和情感两方面的因素之上。[1] 而文化层面的互动

---

[1] Vittar, Carlos F., *Interkulturelles Vertrauen im globalisierten beruflichen Kontext: Ein Erklärungsmodell*, Hamburg: Verlag Dr. Kovac, 2008, S. 100.

根源于信任双方将彼此看作其母国文化的代表者，他们的信任行为会呈现相应的文化特征。所以，在形象互动中应加上文化互动的因素。由于文化异质性，信任主体之间的文化互动容易受到文化偏见、定型看法甚至民族中心主义的影响。

　　跨文化人际信任的一大困境就是好感与偏见之间的两难抉择。因为本文化价值规范先入为主的优势，容易对跨文化情境中的异文化产生文化偏见。与偏见具有相似功能的，还有定型看法（Stereotyp）。定型看法是对一个原本并不完美的思维过程的一般化，而这种一般化的过程是不完全符合客观事实的或者是固化的。[①] 从认知心理学的角度来看，定型看法对于克服日常生活中的困难来说是有意义的、必要的。因为一般化的过程就是降低生活世界复杂性的过程。[②] 这两个概念经常被混为一谈，或者在某种程度上被视为同义词，因为二者都是真实存在的、稳固的社会现象。然而二者之间也存在区别。第一，定型看法主要是人们认知过程的产物，而偏见则强调了贬低社会他者的情感过程。[③] 第二，偏见是在全面、客观地认识某具体事物之间形成的草率的、片面的判断[④]，而定型看法侧重于强调对某一事物难以更改的、一成不变的印象[⑤]。在跨文化情境中，文化偏见和文化定型看法主要是指向异族中的成员，然而二者的侧重点也略有区别。文化偏见反映了对某一文化中成

---

① Lo, Daniel Tsam-Ching, *Die Bedeutung kultureller Selbst-und Fremdbilder in der Wirtschaft：Zum Wandel des Deutschlandbildes in Taiwan 1960 – 2000*, Sternenfels：Verlag Wissenschaft und Praxis, 2005, S. 45.

② Kindervater, Angela, *Stereotyp versus Vorurteile：Welche Rolle spielt der Autoritarismus? Ein empirischer Beitrag zur Begriffsbestimmung*, Frankfurt a. M.：Peter Lang, 2007, S. 17.

③ Kindervater, Angela, *Stereotyp versus Vorurteile：Welche Rolle spielt der Autoritarismus? Ein empirischer Beitrag zur Begriffsbestimmung*, Frankfurt a. M.：Peter Lang, 2007, S. 53.

④ Lo, Daniel Tsam-Ching, *Die Bedeutung kultureller Selbst-und Fremdbilder in der Wirtschaft：Zum Wandel des Deutschlandbildes in Taiwan 1960 – 2000*, Sternenfels：Verlag Wissenschaft und Praxis, 2005, S. 52.

⑤ Lo, Daniel Tsam-Ching, *Die Bedeutung kultureller Selbst-und Fremdbilder in der Wirtschaft：Zum Wandel des Deutschlandbildes in Taiwan 1960 – 2000*, Sternenfels：Verlag Wissenschaft und Praxis, 2005, S. 44.

员的集体感情，这种感情基于草率而片面的判断；而文化定型看法则是对某一文化中成员的一种集体认知，这种认知一旦形成，很难更改。[①] 这种片面的集体性感情（偏见）和固化的集体性认知（定型看法）会转嫁到跨文化人际信任中的个体身上，从而影响个人层面的感情和认知。

诚然，偏见与定型看法不能客观地反映现实，甚至是片面或者是错误的，但是在跨文化人际信任构建中，信任双方都依赖于偏见与定型看法，它们在跨文化交流中发挥着两大作用。第一，导向。偏见与定型看法可以帮助信任主体在面对陌生的、充满不确定性的异文化以及来自异文化的信任对象时，减少认知以及判断过程的复杂性。因为偏见可以通过以偏概全，定型看法可以通过一般化来简化复杂的跨文化互动过程。第二，认同。通过对本文化与异文化进行对比，可以加强信任主体对本文化的认同。[②]因此，偏见与定型看法在跨文化互动中起到关键性作用。

然而，过分依赖于偏见与定型看法并不利于跨文化信任的长期发展，因为二者都具备加强对本文化认同的功能。对本文化的过度认同会阻碍信任主体去习得、理解并接受异文化的价值规范，从而阻碍跨文化信任的良性发展，还会导致出现民族中心主义。它将本民族的价值规范当作整个生活世界的中心，并以此为出发点来评判其他民族及其成员。[③] 因此，民族中心主义也会阻碍跨文化信任的良性发展。

（二） 跨文化上下级信任模型中的内容互动

作为跨文化交流的跨文化上下级信任的第二大内容就是信任内容的

---

① Vittar, Carlos F., *Interkulturelles Vertrauen im globalisierten beruflichen Kontext：Ein Erklärungsmodell*, Hamburg：Verlag Dr. Kovac, 2008, S. 100.

② Kindervater, Angela, *Stereotyp versus Vorurteile：Welche Rolle spielt der Autoritarismus？Ein empirischer Beitrag zur Begriffsbestimmung*, Frankfurt a. M.：Peter Lang, 2007, S. 48 – 49, 56 – 57.

③ Kindervater, Angela, *Stereotyp versus Vorurteile：Welche Rolle spielt der Autoritarismus？Ein empirischer Beitrag zur Begriffsbestimmung*, Frankfurt a. M.：Peter Lang, 2007, S. 42.

互动。信任双方需要通过交流去传递、理解并证实信任符号，因此信任符号隐藏在交流的四个层面之中（参见表 2 - 1）。

表 2 - 1　书面与口头交流的四个层面

	书面交流	口头交流
言语	词、句、修辞、直接/间接等	词、句、修辞、直接/间接等
非言语	画、图、颜色等	表情、动作、姿势、目光接触等
附着言语	书写方式、标点、行距、排版等	音量、音位、节奏、咳嗽、停顿、重音等
超言语	时间、空间等	时间、地点、对称/不对称关系、语境等

资料来源：Bolten, Jürgen, „Interkulturelle Wirtschaftskommunikation", in Walter, Rolf（Hrsg.），*Wirtschaftswissenschaften：Eine Einführung*, Stuttgart：UTB, 1997, S. 481。

表 2 - 1 显示，口头交流中的超言语层面的一大元素为对称/不对称关系主要是指交流双方的社会地位是否平等。就本书的研究对象"德方外派管理人员与中方员工"而言，他们的社会地位就是不平等的，体现了一种不对称的交流关系。

另外，奥斯特洛与韦伯尔发展的上下级信任动态模型中所提及的信任行为，如分享机密以及接受同事的批评，可以通过交流的四个层面来表达和传递，然而，同一信任行为用不同的交流层面来传递会达到不同的效果。此外，受到文化因素的影响，加之上下级之间体现的权力距离和非平衡的信任关系，因此德方外派管理人员和中方员工采取的信任行为不尽相同。

总之，在跨文化上下级信任互动模型中，互动内容可以通过跨文化交流的四个层面来体现，至于具体的信任行为包含哪些内容，这是本书实证部分要解决的问题。

（三）积极互动与消极互动

下面将根据上述跨文化上下级信任的互动形象以及互动内容对奥斯特洛与韦伯尔发展的上下级信任动态模型进行适当的调整，从而发展出一个适用于跨文化上下级关系的信任互动模型。此外，根据"信任创造信任"的原则，积极的信任互动会呈现螺旋式上升的发展态势，换言之，信任主体之间的信任度在积极的信任互动中是不断加强的。同理，不信任也可以创造不信任。也就是说，如果信任主体在信任构建的初始阶段就采取谨慎的、多疑的行为，那么会出现信任的消极互动，在这种互动中，信任会呈现螺旋式下降的发展态势。[①] 因此，跨文化上下级互动模型应该包括积极互动模型与消极互动模型两方面内容。

　　因此，跨文化上下级信任互动过程可以分别用以下两个模型来阐释（参见图2-3、图2-4）。这两个模型建立在两大基本假设之上。第一，不管是上级还是下级，他们的初始愿望都是与对方建立信任。换言之，双方的初始期望都是得到对方的信任。第二，信任互动的起点始于上级的信任行为。不管是积极互动还是消极互动，都是从上级发出的信任第一步开始。

　　根据维塔尔的研究结果，跨文化人际信任互动与单一文化人际信任互动的最大区别在于：信任主体在信任互动中的认知和情感会受到其文化背景的影响；同时，在跨文化人际信任互动过程中，信任主体会被贴上相应文化的标签。因此，维塔尔认为，跨文化人际信任互动可以从两个层面展开，即文化层面和个人层面。文化层面的认知和情感分别表现为定型看法和偏见；而个人层面的认知和情感由个人的知识以及感受组成。[②] 此外，跨文化人际互动可以表现为一种跨文化交流，因此信任行为会通过交流四层面来表达和传递。总之，将维塔尔这一研究成果、跨文化交流四层面理论融入奥斯特洛与韦伯尔发展的上下级信任互动模型（参见图2-2）中，可以发展出跨文化上下级人际信任的互动模型。同时根据信任互动的两种发展可能性——积极互动和消极互动，可以将该

---

① Schwegler, Ulrike, *Vertrauen zwischen Fremden : Die Genese von Vertrauen am Beispiel deutsch-indonesischer Kooperationen*, Frankfurt a. M. : Iko, 2008, S. 64.

② Vittar, Carlos F., *Interkulturelles Vertrauen im globalisierten beruflichen Kontext : Ein Erklärungsmodell*, Hamburg: Verlag Dr. Kovac, 2008, S. 92.

模型细化为跨文化上下级人际信任的积极互动和消极互动模型（参见图 2 – 3、图 2 – 4）。

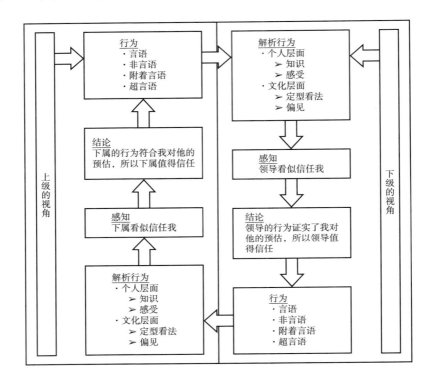

图 2 – 3 跨文化上下级信任的积极互动模型

图 2 – 3 呈现了跨文化上下级信任的积极互动过程。积极互动的起点是上级发出的信任行为，它可以表现为跨文化交流的四个层面。在上级迈出信任的第一步之后，下级会对上级的信任行为进行解析，解析行为将从两个层面展开。个人层面的行为解析从个人知识和个人感受两方面展开；而文化层面的行为解析受到文化偏见和文化定型看法的影响。如果下级通过解析上级的信任行为能够对上级本人和他的母国文化形成积极的认知和感情，那么下级会对上级产生积极的信任感知，即"领导看似信任我"，从而得出结论——领导的信任行为证实了下级对他的

积极信任期望，随之下级决定对上级的信任行为进行回报，下级的信任回报行为同样体现为跨文化交流的四个层面。当上级通过解析下属的信任行为同样形成积极的信任认知和感情，那么上级会随之发出第二轮信任行为。按照"信任创造信任"这个原则循环下去，便形成了跨文化上下级信任的积极互动。

图2－4则展示了跨文化上下级信任的消极互动。在消极互动中，上级同样会作为信任第一人大胆地迈出信任第一步。不信任产生于解析行为的过程，有可能是下属对上级发出的初始信任行为的误解，也有可能是上级对下属的信任回报的误解。误解可以源于个人层面，也可以是文化层面的误读。无论误解发生在哪个环节，一旦发生，脆弱的信任就会被质疑。长此以往，信任互动就会朝着消极的方向发展，最终导致信任的消失。

图2－3与图2－4分别展示的跨文化上下级信任积极和消极互动模型融合了奥斯特洛与韦伯尔的上下级信任互动模型、维塔尔的跨文化人际信任模型以及跨文化交流的四层面理论。这个跨文化上下级信任互动模型将信任主体的形象互动看作信任行为互动的推动力。信任主体的认知和情感构成了形象互动的主要内容。根据沃尔特·米契尔（Walter Mischel）认知—情感的个性系统（CAPS）理论的内容，人们在处事过程中，个性系统中的认知和情感会发生交互作用，并最终决定人们的行为。[①] 因此，在人际信任互动中，信任主体的认知和情感最终会决定人们是否发出信任行为以及发出怎样的信任行为。因此，形象互动带动了信任行为互动。此外，如果将跨文化人际信任看作跨文化交流，那么具体的信任行为体现了跨文化交流四个层面综合作用的结果。

然而该模型未对自我形象、他者形象以及他我形象进行区分，也没有对三大形象在信任互动中的作用分别进行描述。此外，该模型信任行

---

① 于松梅、杨丽珠：《米契尔认知情感的个性系统理论述评》，《心理科学进展》2003年第2期，第198页。

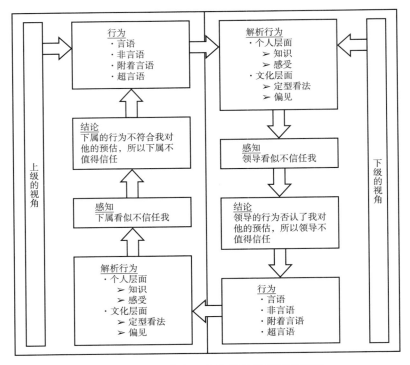

图 2 - 4　跨文化上下级信任的消极互动模型

为的解析从个人和文化两个层面展开。其中文化层面的认知和情感因素分别体现为定型看法和偏见，但是影响信任行为的文化因素还包括对异文化极端的认知和情感，如民族中心主义。同时，这种完全将个人与文化割裂的分析模式忽略了文化与个人之间的关联，也就是说，个人层面的知识与感受其实也会受到文化层面的定型看法和偏见的影响。最后，该模型并没有体现上下级信任互动的权利距离和不对称性。

三　对德中上下级信任互动的可能性探析

对德中上下级信任互动的可能性探析建立在中德信任文化以及上下级信任文化的对比之上。通过文化对比，可以推断中德两个文化在文化趋同、文化分离、文化兼容性以及文化不可兼容性的可能性。从这四个阶段可以探析出德中上下级信任互动的可能性。

首先，文化趋同建立在不同文化之间的共性或相似性之上。有关德中上下级信任互动的文化趋同主要体现在德中上下级信任文化方面，其中权威、忠诚和能力在德中上下级信任文化中都发挥着重要作用。也就是说，从领导权威、下属忠诚以及上级对下属能力的认可三大方面存在产生文化趋同的可能性。

其次，文化偏离指向互动中不同文化之间存在的差异。在中德跨文化上下级信任互动中，出现文化偏离的可能性包括以下几方面。第一，中德信任文化的出发点①，由此两个文化发展出了完全相反的信任观——德国的以理性为主的信任观和中国以情感为主的信任观。第二，德中上下级信任文化的共同点表现在权威、忠诚以及能力三个方面。然而，在这些共同点背后隐藏着不同的原因。德国下级对上级表现出对其专业能力的服从，而中国下级对上级的权威服从是对其权力地位的服从；德国下级对上级所表现的忠诚是制度使然，而中国下级对上级的忠诚表现为对其个人的忠诚；能力作为中德上级对下级信任度考量的一个重要因素，德国上级所指的能力主要表现在专业知识和技术品质两方面，而中国领导对下属能力的考量还涉及下属的工作热情、态度以及处理人际关系的能力等非专业技能层面的内容。因此，如果说在中德跨文化上下级的信任互动中权威、忠诚和能力可以引起文化趋同的话，那么这种趋同有可能是短暂的；当互动加深之后，这三方面因素所带来的趋同可能会演变为文化分离。另外，有关上下级信任方面的中德文化分离还表现在，外部制度对德国上下级信任的稳定发展起到了保护性作用，而中国上下级信任在很大程度上由双方的道德品质决定。

最后，文化差异直接导致文化分离，同时差异程度的大小直接导致差异是否可以共存，是否存在文化兼容。中德信任文化的出发点之间以

---

① 通过词源学角度的分析，中国人将信任当作人际交往的起点；而德国人则将不信任当作人际交往的初始状态。

及中德信任观的核心内容之间存在明显对立，因此出现文化兼容的可能性不大。在德中上下级信任方面，虽然下属对上级的权威服从和忠诚的出发点，以及上级对下属能力考量标准存在差别，但是这些差别并没有表现出极大的反差或者呈现为完全对立的状态。此外，德国人的重制度与中国人的重个人品质并非完全矛盾，因此德中上下级信任文化所呈现出的差别是可以兼容的。但是，在中德信任文化出发点以及信任观的核心内容方面有可能产生文化不兼容的现象。

第三章
研究方法与研究方案

第一节　研究方法

本研究选取质性研究方法同时采取质性访谈法收集一手的研究数据，并借助扎根理论分析研究数据，拟从中提出新的理论假设。

一　总体研究方法——质性研究

一般来说，实证研究方法分为定量研究与质性研究方法两种。推崇定量研究方法的社会学学者批评质性研究方法理论的欠缺以及操作过程的任意性。同时，他们质疑质性研究方法数据收集和分析过程的信度和效度。① 甚至还有学者认为，质性研究方法无法验证事物的"客观真实性"。然而，质性研究关注的并不是定量研究所谓的"客观事实"的"真实性"，而是研究对象眼中所看到的"真实世界"。② 而每个人眼中的"真实世界"都是不一样的，这基于人们观察和审视世界的角度和立场的不同。因此，世界上不存在唯一可靠的"真实世界"。心理学家和语言学家保罗·瓦兹拉威克（Paul Watzlawick）认为："不存在真实的现实（Wahre Wirklichkeit），一切都是建立在个人评判基础上的对真

---

① Gläser, Jochen und Grit Laudel, *Experteninterviews und qualitative Inhaltsanalyse*, 4. Auflage, Wiesbaden: VS Verlag für Sozialwissenschaften, 2010, S. 24 – 25.

② 陈向明：《质的研究方法与社会科学研究》，教育科学出版社，2000，第40页。

实的主观理解。也就是说，所谓的客观事实是否真的准确无误，这是一个个人感知的问题。"[1] 根据后现代理论观点，根本没有真实的世界，只有透过不同观点得到的有关客观世界的想象，这些所有不同的想象都看似同样的真切。[2] 在人际互动中，这些不同的"真实世界"会起作用，因为它们都是"真实"的。因此，通过质性方法所收集到的有关"真实世界"的数据，对于研究主题所处的具体情境来说，是有效的、可靠的，符合被研究者的"真实世界"。本书拟探究被研究对象眼中的"真实世界"，因此选择质性研究方法。

（一）质性研究方法的定义

在我国人类学研究领域将质性研究（Qualitative Forschung）称为"文化人类学方法"，而社会学家一般将它称作"定性研究"。但是，它与传统意义上思辨性的"定性研究"不同，是建立在一手资料之上的、进行深入实地考察的研究。[3] 目前，学界公认的质性研究方法的定义是："质的研究是以研究者本人作为研究工具，在自然情境下采用各种资料收集方法对社会现象进行整体性研究，使用归纳分析资料和形成理论，通过与研究对象互动对其行为和意义建构获得解释性理解的一种活动。"[4]

该定义涉及了研究者的角色、研究环境、收集资料的方法、理论形成方式以及研究者与被研究对象关系这五方面的内容。第一，研究者在质性研究中扮演着研究工具的角色，研究者必须长期深入实地考察研究对象；第二，质性研究的研究环境是未经人工加工的原生态自然环境；

---

① Laufer, Hartmut, *Vertrauen und Führung: Vertrauen als Schlüsse zum Führungserfolg*, Offenbach: GABAL, 2007, S. 111.

② 〔德〕艾尔·巴比：《社会研究方法》（第十一版），邱泽奇译，华夏出版社，2009，第11页。

③ 陈向明：《质性研究的新发展及其对社会科学研究的意义》，《教育研究与实验》2008年第2期，第18页。

④ 陈向明：《旅居者和"外国人"——留美中国学生跨文化人际交往研究》，教育科学出版社，2004，第31页。

第三，质性研究方法囊括了多种收集资料的方法，例如开放式访谈、参与观察法、实物分析等，但一般不使用量表或者其他测量工具；第四，理论形成的方式为在一手资料的基础上，通过自上而下的归纳法提升分析模型和理论假设；第五，研究者与研究对象之间处于互动关系之中，质性研究从传统阐释主义出发，要求研究者对研究对象进行"解释性理解"，并且关注研究者与研究对象之间的主体间性和"视域融合"（fusion of horizons）。同时，研究者还要反思互动关系对研究的影响。①

此外，从这个定义还可以总结出，质性研究方法接近被研究者眼中的"真实生活世界"，因此通过质性研究方法而归纳生成的理论也是"真实生活世界"最直接的反映。同时，这种研究方法建立在研究者与研究对象之间互动的基础上，因此研究者在借助收集原始数据而接近"真实生活世界"的同时，也就是说在研究者与被研究对象的互动过程中，必须与"真实生活世界"保持一定的距离，只有这样才能保证研究结果的相对客观性。②

（二）质性与定量研究方法的区别

长期以来，以实证主义为指导思想的定量研究方法一直占据社会科学研究领域的主导定位。然而，20 世纪 60 年代末，社会学家们越来越发现，仅仅运用定量的方法来研究复杂具体的社会现象具有一定的局限性。因为定量研究方法更加适合那些宏观层面的、大规模的社会调查和预测性研究，不适合微观层面的、细致深入的动态研究。③总的来说，质性与定量研究方法有六大方面的区别（参见表 3 - 1）。

---

① 陈向明：《质的研究方法与社会科学研究》，教育科学出版社，2000，第 12~13 页。
② 这里的"相对客观性"指的是研究者尽量将自己的主观立场从研究互动中抽离出来。
③ 陈向明：《旅居者和"外国人"——留美中国学生跨文化人际交往研究》，教育科学出版社，2004，第 31 页。

表 3 - 1　定量研究与质性研究方法的主要特征对比

	定量研究方法	质性研究方法
研究设计	试验型	非试验型
研究环境	实验室	真实生活世界
数据收集方式	借助测量工具（如电子或者机械器材、标准化的问卷、标尺等）	借助参与研究者的陈述，包括现有的陈述（如日记）和新生成的陈述（如采访数据）
数据类型	数字型数据（如比例、区间、序数等）	描述型数据（如文字、语音和图像记录等）
数据分析方法	统计型分析	意义型分析 - 内容分析
总体研究策略	检验理论假设（演绎思维）	发展理论假设（归纳思维）

资料来源：Cropley，Arthur J.，*Qualitative Forschungsmethoden：Eine praxisnahe Einführung*，Eschborn：Klotz，2008，S. 26。

从表 3 - 1 可以推断出，第一，定量研究擅长通过数量计算对某一社会现象在某一特定时间的总体情况进行考察，从而检验现有的理论假设，因此比较适合宏观层面的大规模调查和预测；而质性研究侧重于通过细致的描述对某一特殊社会现象的动态发展进行分析，力求发现新问题或者提出新观点，从而发展出新的理论假设，因此比较适合微观层面的特殊性考察和研究。[①] 第二，定量研究的研究环境局限在实验室内；而质性研究力求接近真实的生活世界。从这个角度来说，通过质性研究发展出的非数字化的研究结果并非缺乏效度和不可靠。相比之下，它的研究结果更加接近真实生活，而实验室中的研究反而显得距离真实生活较远。同时，"质性研究的效度是外延的，就是说，质性研究结果很容易被运用到真实世界，而且这一做法可信度较高；而定量研究的效度是内生的，例如那些通过统计而得到的研究结果很明显是建立在假设性因果因素之上的"。[②]

① 陈向明：《质的研究方法与社会科学研究》，教育科学出版社，2000，第 10 页。
② Cropley，Arthur J.，*Qualitative Forschungsmethoden：Eine praxisnahe Einführung*，Eschborn：Klotz，2008，S. 31.

（三） 选择质性研究方法的原因

本书的研究主题呈现出新颖、现实性、微观、动态四大特点。基于这四大特点，质性研究方法更加适合本书的研究主题。

首先，本书选择了中德跨文化交流领域中的一个崭新的研究着眼点，即德方外派管理人员与中方员工之间的信任互动。目前，学界既有的相关文献乏善可陈。这些亟待深入探讨的、崭新的研究问题适合采用质性研究。其次，企业中外派管理人员与本土员工之间的信任是跨文化合作成功以及跨文化企业高效运作的前提保障。因此，本研究主题具有重要的现实意义。对于这种具有现实意义的话题适合采用质性研究。同时，该研究主题属于微观层面的一个社会现象，反映了一种特殊的社会生活。而质性研究恰好聚焦微观层面的研究话题。最后，本书关注的是人际信任的互动过程。对微观事物动态变化的考察依赖于质性研究方法。此外，本书力求为德方外派管理人员与中方员工之间的信任模型发展出新的理论假设。综上所述，本研究选择质性研究方法。

二 数据收集的方法——质性访谈

本研究遵循质性研究的基本原则，将真实的生活世界作为研究环境，力求从人类真实的生活世界中收集最原始的研究数据，从而发展出新的理论假设。

在质性研究方法中，数据收集的主要方法包括问题型访谈（Problemzentriertes Interview）、开放型访谈（Narratives Interview）、集体讨论（Gruppendiskussion）以及参与观察法（Teilnehmende Beobachtung）等，其中前三种方法建立在语言和交流的基础之上，也就是说研究者与受访者之间的对话在其中起到决定性作用。[①] 因此，通过质性访谈可以

---

① Mayring, Philipp, *Einführung in die Qualitative Sozialforschung: Eine Anleitung zu qualitativem Denken*, Weinheim and Basel: Beltz, 2002, S. 66.

挖掘受访者内心世界对信任的认知，走进受访者重构的有关信任的真实世界。获取这种主观的意义世界仅凭参与观察法是无法做到的。[1] 同时，本研究着眼于信任双方在信任构建过程中的形象互动，而研究者只有通过访谈才能获取当事人在信任互动中所构建的形象（自我形象、他者形象和他我形象），因为形象构建属于当事人内心世界活动的一部分。基于上述考虑，本书选择质性访谈来收集研究数据。

在质性访谈中，本研究倾向于采用问题型访谈。问题型访谈囊括了所有半开放式和半结构式访谈。它的宗旨是，尽量让受访者能够围绕研究者提出的问题自由地畅谈。这些问题共同构成问题型访谈的提纲，它们是研究者在采访前结合相关理论知识以及研究主题提出的。[2] 访谈提纲构成整个访谈的主线，对整个访谈内容起到导向作用，但同时允许受访者积极地畅所欲言，因而问题型访谈是半开放的、半结构式的。访谈者还可以根据不同受谈者的具体情况对访谈程序以及内容进行灵活的调整。另外，问题型访谈期待受访者做出多样化的回答，因此问题通常以"什么""如何""为什么"开头，而诸如"是否"这样的封闭型提问不建议出现在问题型的访谈提纲中。[3]

问题型访谈一般包括以下四个程序，即小问卷、访谈过程、访谈录音以及访谈转写。小问卷旨在对受访者个人的基本资料进行简要了解，其中包括受访者的年龄、职业、专业背景、工作年限等。访谈过程通常包括热身性提问、设定性提问以及即兴提问。热身性提问旨在活跃访谈氛围，让受访者轻松地参与访谈。设定性提问要求按照访谈提纲的问题进行提问，旨在激发受访者尽可能根据自己的亲身经历描述、阐释和评论与研究主题相关的关键事件。即兴提问是为了深度挖掘相关事件，研

---

① Mayring, Philipp, *Einführung in die Qualitative Sozialforschung: Eine Anleitung zu qualitativem Denken*, Weinheim and Basel: Beltz, 2002, S. 66.

② Mayring, Philipp, *Einführung in die Qualitative Sozialforschung: Eine Anleitung zu qualitativem Denken*, Weinheim and Basel: Beltz, 2002, S. 67.

③ 陈向明：《质的研究方法与社会科学研究》，教育科学出版社，2000，第 171~184 页。

究者根据受访者的描述、阐释和评论，在访谈过程中即兴做出的提问。访谈录音与访谈过程同步进行，它与访谈的文字记录不同的是，它能够记录下最真实的访谈内容；同时要求在每一次访谈之后立即对访谈内容进行逐字逐句地转写。[①]

三　数据分析的方法——扎根理论

问题型访谈来源于扎根理论（Grounded Theory）。作为社会学领域运用较为广泛的一种质性数据的分析方法，它最初由芝加哥大学社会学家巴尼·格拉泽（Barney Glaser）和哥伦比亚大学社会学家安塞尔姆·斯特劳斯（Anselm Strauss）共同发展而成。该方法在社会学领域引起了极大反响，被誉为"最优影响的研究方式"和"质性研究革命的最前沿"。[②] 其主要宗旨是从经验资料中构建理论。它是一种自下而上建立实质理论的方法，即研究者在研究之前并不设立理论假设，而直接从实地考察入手，从一手的原始资料中归纳经验，然后上升为理论。也就是说，扎根理论旨在从系统收集的资料中寻找反映社会现象的核心概念，并通过这些概念之间的关联构建相关的社会理论。虽然它需要经验证据的支持，但是其主要特色不在于经验性，而在于从经验事实中抽象出新的概念和理论假设。[③] 因此，扎根理论弥补了质性研究偏重经验传授与技巧训练的不足，为研究者提供了一套系统的分析并整理质性资料的方法与策略。[④]

（一）扎根理论的基本原则

用扎根理论对质性资料进行分析，一般要遵循以下六大基本原则。[⑤]

[①] Schwegler, Ulrike, *Vertrauen zwischen Fremden：Die Genese von Vertrauen am Beispiel deutsch-indonesischer Kooperationen*, Frankfurt a. M.：Iko, 2008, S. 87.

[②] 田霖：《扎根理论评述及其实际应用》，《经济研究导刊》2012 年第 10 期，第 224 页。

[③] 陈向明：《扎根理论的思路和方法》，《教育研究与实验》1999 年第 4 期，第 58 页。

[④] 田霖：《扎根理论评述及其实际应用》，《经济研究导刊》2012 年第 10 期，第 224 页。

[⑤] 陈向明：《扎根理论的思路和方法》，《教育研究与实验》1999 年第 4 期，第 58～60 页。

1. 从资料中产生理论

扎根理论认为知识是累积而成的，是一个不断地从事实到实质理论，再到形式理论的演进过程。而扎根理论的首要任务就是建立介于宏大理论与微观假设之间的实质理论，即适用于特定时空的理论。实质理论直接建立在原始资料的基础之上。因此，扎根理论强调从资料中产生理论，强调从一手的研究资料中不断地归纳抽象出理论框架。它不要求研究者事先设定理论假设并对其进行演绎推论，而要求研究者从原始资料入手层层总结出新的理论假设。理论必须与产生理论的原始资料相吻合，原始资料是新理论的事实依据。只有这样，新产生的理论才有生命力，才能指导人们的生活实践。

2. 对理论保持敏感

虽然扎根理论要求从原始研究资料中产生理论，但并不代表扎根理论指导下的质性研究不需要理论。它要求研究者对相关理论保持高度敏感。也就是说，研究者在整个研究过程中都应该对前人的理论、自己现有的理论以及资料中所发展出的理论保持高度敏感，以便捕捉构建理论的新线索。理论可以帮助研究者在寻找研究主题时抓住研究关注点和研究空白点，在收集资料时把握研究方向，在分析资料时提供归纳和抽象内容和概念的标准或理论依据。

3. 不断进行比较

在不同的资料、理论之间进行比较是扎根理论的主要分析思路。通过比较，研究者可以根据资料与理论之间的关联提炼出相关概念类属（category）①及其属性。扎根理论中的比较分析分为如下四个步骤。第一，对资料进行编码并将其归入尽可能多的概念类属之下，然后将编码过的资料在不

---

① 概念类属，也可以简称为类属。它与下文出现的码号以及概念不同。码号是将资料概念化的最小意义单位，而类属是比较大的意义单位。码号位于资料分析的最底层部分，而类属是建立在多个码号组合之上的一个上位的意义集合。另外，一个码号可以同时归入不同的类属之下，一个类属也可以包含几个相关码号（陈向明：《质的研究方法与社会科学研究》，教育科学出版社，2000，第290页），而概念可以被命名为类属，也可以被命名为码号，即对概念命名的过程就是得到码号或者概念类属的过程。

同的概念类属下进行对比，力求为每一个概念类属找到属性。第二，整合生成的概念类属及其属性，并对这些概念类属进行比较。通过比较，发掘它们之间的内在关联。第三，勾勒出初步理论框架，确定理论的内涵与外延；同时，返回到原始资料中，对理论进行验证，并不断地修改、细化、精确和优化理论。第四，陈述理论。将理论按照对应的一手资料、概念类属、类属特性以及概念类属之间的关联进行层层递进式的描述，并回答研究问题。

4. 理论抽样的方法

在分析资料时，研究者可以将从部分资料中生成的理论作为下一步资料抽样的标准。这些首先生成的理论可以成为下一步资料收集、分析、编码、归档的指导思想。因为扎根理论中的资料分析不是单纯的言语层面的编码，而是理论编码。研究者应该在资料与提出假设之间进行轮回比较，然后产生理论，这些理论可以指导研究者对其余资料进行编码。

5. 灵活运用文献

研究者要学会处理与前人理论之间的关系。虽然相关文献可以开阔研究者的思维视野，但过多地使用文献会让研究者陷入前人理论的束缚，产生用他人理论来套自己资料的后果，也就是所谓的"削足适履"。其实，在扎根理论的资料分析中原始资料、研究者本人以及前人理论三者之间呈现出一种三角互动关系。研究者在理解原始资料时，必须将自己的经验性认知、判断与前人理论结合起来。在分析中，研究者要学会自我询问和倾听，倾听原始资料中的多重声音，并与前人理论保持一定距离。

6. 理论性评价

扎根理论要求研究者对形成的新理论进行检核与评价。首先，概念必须来源于原始资料，通过这种方式建立起来的理论可以随时追溯到相应的原始资料。其次，理论中的概念应该具有较高的密度。新生成的理论内部应该呈现出多样性、复杂的概念及其意义关系。再次，理论中的各种概念之间应具有系统的关联，相互紧密交织，形成一个具有关联性的统一整体。最后，新生成的理论应具备较强的实际运用价值和解释力，即对当事人的细微行为具有理论敏感性，可以将这些行为延伸到提出的新理论。

因此，研究者在运用扎根理论对质性资料进行分析时，一定要按照以上六大原则处理好原始资料、研究者本人的认知和判断以及前人理论三者的关系，并力求构建出紧密结合原始资料的理论框架。

（二）扎根理论的资料分析流程

在扎根理论指导下的资料分析流程具体表现为以下八个步骤。第一，从资料中生成概念；第二，不断对比资料与概念；第三，建立概念之间的关联，发展理论性概念；第四，理论性抽样，对资料进行系统编码；第五，形成初步理论[①]；第六，重回原始资料，检验理论是否存在漏洞、现有资料是否饱和；第七，若理论存在漏洞、资料尚未饱和，需进行新的资料收集[②]；第八，完善理论，研究结束。在第一步至第五步中，研究者必须按照扎根理论的相关内容对资料进行逐级编码，其中包括三个级别的编码，即开放式、关联式以及核心式登录。[③] 同时，按照"理论饱和原则"（Theoretical Saturation）确定访谈数量，即当研究者发现访谈中所获得的信任开始重复，不再有新的重要信息出现的时候，那么资料就已经饱和了，就不需要再收集资料了。[④] 需要强调的是，资料收集与资料分析并不是完全孤立的前后两个研究阶段，而是相互促进、不可分割的两个部分。扎根理论要求在每一次访谈之后立即对访谈内容进行转写、整理和分析，以建立理论假设，同时重回原始资料对理论假

---

① 陈向明：《质的研究方法与社会科学研究》，教育科学出版社，2000，第332页。
② 田霖：《扎根理论评述及其实际应用》，《经济研究导刊》2012年第10期，第225页。
③ 陈向明：《质的研究方法与社会科学研究》，教育科学出版社，2000，第332页。
④ 孙晓娥：《扎根理论在深度访谈研究中的实例探析》，《西安交通大学学报》（社会科学版）2011年第6期，第88页。

设进行检核与评价，并根据评价结果再继续进行抽样访谈，进一步验证并完善理论，直到研究者无法从受访者那里找到新的信息为止（参见图3-1）。①

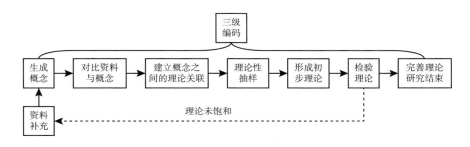

图 3-1 扎根理论的资料分析流程

图 3-1 显示，扎根理论指导下的质性资料分析流程中最关键的环节就是编码。它是一个对质性访谈资料中的词句、段落等言语片段进行不断分析、概括和归纳的过程，即对资料的概念化和抽象化的过程。②编码一共包括三个步骤，即一级编码（开放式登录）、二级编码（关联式登录）和三级编码（核心式登录）。

（1）开放式登录就是将资料全部打散、揉碎，并赋予概念，然后按照新的方式对概念进行组合，在组合过程中发现概念类属，加以命名，并确定类属的属性与维度。在开放式编码中，研究者要尽量以一种开放的心态，抛开所有定型看法与偏见，将所有资料按照其本身原有的状态进行编码。③ 也就是说，尽量使用受访者自己的语言作为码号（code），寻找"本土概念"，以保证分析的"原汁原味"。④ 在开放式登

① 孙晓娥：《扎根理论在深度访谈研究中的实例探析》，《西安交通大学学报》（社会科学版）2011 年第 6 期，第 88 页。
② 孙晓娥：《扎根理论在深度访谈研究中的实例探析》，《西安交通大学学报》（社会科学版）2011 年第 6 期，第 89 页。
③ 陈向明：《质的研究方法与社会科学研究》，教育科学出版社，2000，第 332 页。
④ 陈向明：《质的研究方法与社会科学研究》，教育科学出版社，2000，第 284 页。

录过程中，要求研究者做到尽可能详细地登录，登录越细致越好，直到达到饱和。① 但是，在一级编码中，各个概念类属纵横交错，研究者尚未厘清其中的相互关联。②

（2）关联式登录。在开放式编码的基础之上，对已经形成的概念类属进行相互比较，力求发现并建立概念类属之间的各种关联。这些关联可以是因果关系、时间关系、相似关系、差异关系、对等关系、语义关系、情境关系、类型关系。在这一环节中，研究者每一次只需要围绕某一个特定类属寻找相关的关联即可，这个类属被称为"轴心"。因此，关联式编码也被称作轴心编码。在这一环节中，研究者不仅要寻找不同概念类属之间的关联，还要将文本放到受访者的语境以及文化背景中，来思考他们表达这些话语的动机和原因。③

（3）核心式登录。通过系统分析，在所有的概念类属中选择一个可以起到"提纲挈领"作用的核心类属（core category），它能够将所有其他类属串成一个整体，并在所有类属中占据核心位置。核心类属与大多数类属之间存在关联，或更容易发生关联。随着核心类属的出现，理论假设也逐渐浮现出来。④

因此，不断进行比较是三级编码的核心思想。在比较过程中，力求做到"同中求异、异中求同"。⑤ "同中求异"指的是在开放式编码中，尽量将编码细致化，将资料打得越散、揉得越碎越好；而"异中求同"指的是在关联式编码中，找到不同类属之间的关联，从而在核心式编码中，用核心类属将所有类属串联成一个有机统一体。总之，扎根理论要求保持资料与理论之间的互动，不断将来自现实世界的资料转化成较高

① 陈向明：《质的研究方法与社会科学研究》，教育科学出版社，2000，第333页。
② 孙晓娥：《扎根理论在深度访谈研究中的实例探析》，《西安交通大学学报》（社会科学版）2011年第6期，第89页。
③ 陈向明：《质的研究方法与社会科学研究》，教育科学出版社，2000，第333～334页。
④ 陈向明：《质的研究方法与社会科学研究》，教育科学出版社，2000，第334页。
⑤ 李志刚：《扎根理论方法在科学研究中的运用分析》，《东方论坛》2007年第4期，第94页。

抽象层次的概念类属，构建概念类属之间的关系，直到理论性饱和为止。[1]

第二节　研究方案

一　第一阶段：阅读文献、限定主题

2008 年 9 月至 2009 年 9 月是本研究的第一阶段，即阅读相关文献并确定研究主题的阶段。根据笔者的研究背景，本研究的主题范围从一开始就设定在中德跨文化交流领域。通过阅读大量相关文献，笔者发现信任是这一领域最重要的研究关注点之一。然而，笔者同时认识到，信任这个主题过于抽象，很难把握，有必要找到一个合适的切入点来探讨中德跨文化信任问题。随后，笔者对跨文化领域的信任文献进行跟踪调查，发现了企业外派管理人员与本土员工之间的跨文化人际信任体现了目前跨文化信任的研究趋势，具有广阔的理论空间，因为鲜有专门关注德国来华外派管理人员与中国本土员工之间跨文化人际信任的研究。因此，本书将聚焦德国外派管理人员与中国员工之间的这对特殊人际关系来探讨跨文化人际信任，聚焦后的"信任"具体化、可操作化了。同时这一主题反映了当今全球化时代的一个现实性问题，具有现实意义。

在确定了具体的研究主题之后，笔者继续补充阅读大量有关企业组织内人际信任，尤其是上下级信任的相关文献。在此基础之上，笔者提出了本研究要解决的两大核心问题。[2] 根据研究问题，笔者设计了质性访谈的初步提纲。

---

[1] 李志刚：《扎根理论方法在科学研究中的运用分析》，《东方论坛》2007 年第 4 期，第 94 页。

[2] 参见本书导论第二节"信任与研究问题"的相关内容。

二 第二阶段：收集和整理数据

2009 年 10 月至 2012 年 9 月是笔者进行资料收集、转写并整理的阶段。本阶段持续时间较长，原因在于：笔者第一次尝试借助质性访谈的方法收集研究资料。因此，笔者需要通过预访谈来丰富研究经验。同时，转写整理资料是一个浩大的工程，耗费时间较长。

（一）预访谈

建立在纯粹理论基础上的访谈提纲离现实世界太远，有必要通过预访谈对访谈提纲进行检验和调整：2009 年 10 月至 2010 年 2 月，笔者分别对三名在德国驻华企业工作的中方员工以及三名德国外派管理人员进行了访谈。其间，笔者还向长期在中德跨文化领域工作的资深专家进行了咨询。通过预访谈和专家咨询，笔者对访谈提纲的初稿进行了修改，确定了访谈提纲的终稿；同时总结了质性访谈的经验感想。

1. 提问技巧

提问技巧的基本原则就是激发受访者讲述自己的经历，从而获得无法通过观察获得的事件以及对这些事件追溯式的阐释，这样才能够获取有意义的数据，通过这些数据窥探受访者所构建的真实生活世界。因此，访问者的任务就是尽量营造一个开放的、轻松的访谈氛围。提问的措辞需要技巧，因为提问方式或者切入点的不同往往会导致答案的偏差。关于问题的发问方式存在一种偏见，即应当尽量清楚、明了地发问。其实不明朗的问题反而给予受访者更大的阐释空间，这样的话，针对不明朗问题的回答就会更加详尽，内容也会更加丰富。[①] 因此，提问技巧决定了信息挖掘的深度。通过预访谈，笔者发现：第一，尽量提具体的、描述性问题，不提抽象的问题。第二，学会追问。在受访者发表

---

① Froschauer, Ulrike und Manfred Lueger, *Das qualitative Interview*, Wien: WUV-Universitätsverlag, 2003, S. 75.

一个观点或者描述一个事件之后，要多问"为什么"和"怎么样"。通过询问原因和过程来探究受访者形成观点的动机、原因和经历；同时不能隐藏自己的无知，或者说在受访者面前要变得无知，不要用自己的世界观和逻辑来解释受访者的内心世界。第三，多对比，多举例。可以通过举例或者通过描述其他受访者的经历，唤起受访者对一些关键性事件的回忆，以激发他们倾诉的意愿。

2. 学会聆听

作为研究者，要摆正自己的位置。在访谈中，受访者才是主角。访谈中的聆听要特别遵守两条原则——不轻易打断受访者的谈话和容忍沉默。[①] 研究者切忌为了打破沉默而不停地发表自己的观点。沉默意味着沉思，而打破沉默有可能打断受访者的思路，影响访谈的效果。

3. 把握访谈时间

在进行预访谈之前，笔者最大的担忧就是受访者对提问不感兴趣，作答内容不多，导致访谈草草结束。因此，笔者期望访谈时间越长越好，这样的话，从受访者那里挖掘的信息就会越多。然而，事实并非如此。在预访谈中，笔者发现，访谈时间如果超过一个半小时，受访者就不能集中注意力专心回答问题了。专家们也建议访谈时间最好控制在40~60分钟。

4. 撰写访谈备忘录

撰写访谈备忘录是质性研究的重要分析工具，它可以将研究者的发现、想法、初步结论等记录下来。在资料分析阶段，一般会要求质性研究的研究者撰写备忘录。[②]然而，在访谈中也有必要撰写备忘录，研究者可以根据受访者谈话的内容，将需要追问的内容随时记录下来。同时，有必要对受访者经常提及或者强调的关键概念以及事件进行简短记录，有助于后续的转写工作。访谈后的备忘录主要

---

① 陈向明：《质的研究方法与社会科学研究》，教育科学出版社，2000，第199页。
② 陈向明：《质的研究方法与社会科学研究》，教育科学出版社，2000，第304页。

记录访谈的感受、反思，需要修改、补充或者调整的提问内容和提问方式。

（二）正式访谈

本研究的正式访谈主要在 2010 年 3 月至 2012 年 9 月进行。笔者分别对 14 名德方外派管理人员以及 14 名中国员工进行了问题型访谈。

在选择受访者的时候，笔者采取的是目的性抽样的方法。一般而言，社会科学研究的抽样方法主要有概率抽样与非概率抽样两种。概率抽样一般用于大规模的社会调查工作，是定量研究常用抽样方法；而非概率抽样适合质性研究，其中目的性抽样是质性研究使用最多的抽样方法，即按照研究目的抽取能够为研究问题提供最大信息量的研究者。[①]因为质性研究不同于定量研究，它强调的是访谈的质量，而非访谈的数量，要求研究样本符合研究主题，研究者能够从研究样本的身上挖掘与研究主题相关的信息。

在正式访谈开始之间，笔者采取的是目的性抽样中的开放性抽样，即选择那些能够为研究问题提供最大涵盖度的受访者进行访谈，力求尽可能从多个方面为理论构建提供一手资料。[②]而在本研究中，这种开放性的抽样是通过"滚雪球"的抽样技术实现的。所谓"滚雪球"，就是依赖既有受访者的介绍或帮助寻找其他符合条件的研究样本的累积过程。借助"滚雪球"这种抽样技术，每一个研究样本都可能被要求介绍其他符合条件的研究对象来参与访谈。[③]所以，随着访谈的向前推进，研究样本会像"滚雪球"效应一样越来越多。本研究最初设定对 10 名德国外派管理人员与 10 名中国员工进行访谈。当采访接近尾声之

---

① 陈向明：《质的研究方法与社会科学研究》，教育科学出版社，2000，第 103 页。
② 孙晓娥：《扎根理论在深度访谈研究中的实例探析》，《西安交通大学学报》（社会科学版）2011 年第 6 期，第 88 页。
③ 〔美〕艾尔·巴比：《社会研究方法》（第十一版），邱泽奇译，华夏出版社，2009，第 185 页。

时，笔者发现并未产生饱和现象，反而可以挖掘的新信息量越来越大。因此，有必要按照"滚雪球"的方式继续访谈。在这一阶段的访谈中，笔者不再采取开放性抽样的方式，而是采取关系性和差异性抽样。这两种抽样类型是在对访谈进行反思并对访谈资料进行及时整理与分析的基础上，选择更有针对性的访谈对象，便于梳理概念类属之间的关系。① 通过对前 20 个访谈进行反思，笔者发现受访者在中德跨文化工作领域共事时间越长，研究者从受访者那里可挖掘的信息量就越大。因此，笔者又分别对中德双方进行了 4 次访谈，并有针对性地选取那些在中德跨文化领域工作时间超过 10 年的受访者作为研究样本。值得一提的是，笔者在对第 13 名德国外派管理人员和第 12 名中方员工进行访谈时，已经出现了信息饱和的现象。但是，鉴于剩余受访者已经接受邀请，出于尊重受访者的考虑，笔者做完了剩下的 3 次访问，以丰富整体的访谈资料。

在目的性抽样的过程中，笔者会对符合条件的德国外派管理人员与中国员工通过电子邮件发出正式的访谈邀请，其中会对研究者、研究主题进行简要介绍，并会附上保密说明。大部分受邀人员欣然接受了笔者的访谈邀请，个别德国外派管理人员出于返回德国的原因，无法接受访问。于是，笔者按照"滚雪球"抽样技巧，请求他们为笔者介绍其他合适的研究对象，并且得到了积极的回应。表 3 - 2 和表 3 - 3 分别展示了参与正式访谈的 14 名德国外派管理人员与 14 名中方员工的基本情况。需要强调的是，出于保护受访者隐私的考虑，本书略去了他们的真实姓名，并按照采访的先后顺序，分别用"德$_1$"② 至"德$_{14}$"来代指德方受访者，用"中$_1$"③ 至"中$_{14}$"来代指中方受访者（参见表 3 - 2 和表3 - 3）。

---

① 孙晓娥：《扎根理论在深度访谈研究中的实例探析》，《西安交通大学学报》（社会科学版）2011 年第 6 期，第 88 页。
② 用"德"指代德方受访者并按照采访顺序在其后加上数字，如德$_1$。
③ 用"中"指代中方受访者并按照采访顺序在其后加上数字，如中$_1$。

表 3－2 德方受访者基本资料一览

序号	编号	性别	年龄（岁）	专业背景	在中德跨文化领域工作年限（年）
1	德$_1$	男	58	金融学	15
2	德$_2$	女	29	汉学	3
3	德$_3$	女	41	汉学	14
4	德$_4$	女	60	汉学	20
5	德$_5$	女	35	经济学	5
6	德$_6$	男	34	信息技术	5.5
7	德$_7$	男	37	经济学	10
8	德$_8$	男	37	经济学	12
9	德$_9$	男	34	生物医学	3
10	德$_{10}$	男	53	化学	25
11	德$_{11}$	男	70	经济管理	31
12	德$_{12}$	女	40	经济管理	10
13	德$_{13}$	女	37	法律	10
14	德$_{14}$	男	44	机械制造	12

表 3－3 中方受访者基本资料一览

序号	编号	性别	年龄（岁）	专业背景	在中德跨文化领域工作年限（年）
1	中$_1$	女	30	德语语言文学	8
2	中$_2$	女	38	德语语言文学	15
3	中$_3$	女	39	英语语言文学	17
4	中$_4$	男	50	企业经济学	20
5	中$_5$	女	27	财务管理	5
6	中$_6$	女	42	物理学	13
7	中$_7$	男	50	经济学	14
8	中$_8$	男	44	信息技术	19
9	中$_9$	男	45	经济学	23
10	中$_{10}$	男	35	信息技术	8
11	中$_{11}$	女	40	政治学	12
12	中$_{12}$	男	46	企业管理	21
13	中$_{13}$	女	37	德语语言文学	12
14	中$_{14}$	男	44	财务管理	10

从表 3 - 2 和表 3 - 3 可以看出，在所有通过目的性抽样选取的研究样本中，绝大部分受访者在中德跨文化领域的工作时间不少于 5 年，而且部分受访者的专业背景决定了他们对对方文化有比较深入的了解。当受邀者接受访问邀请之后，笔者会尊重受访者的意愿确定访谈时间和访谈地点。同时笔者会强调，出于研究的需要，访谈需要录音，所以希望选择比较安静的地方作为访谈地点。因此，所有访谈都是在受访者的办公室或者环境较安静的咖啡馆进行的。

在所有的访谈过程中，笔者遵守通过预访谈和专家咨询收集的访谈基本原则，即注意提问技巧、学会倾听、把握访谈时间以及及时撰写访谈备忘录。在询问信任构建互动环节，笔者采取的是"关键事件访谈方法"[①]，以激发受访者对信任构建过程中的关键性事件进行描述、反思和评价。

（三）访谈转写

访谈转写发生在每一次访谈之后，即每做完一次访谈就立即对访谈进行转写。这种做法有利于研究者完整地转写下受访者的谈话内容，因为每次采访后访谈内容不会在短时间内从研究者的大脑中删除，立即撰写可以避免录音质量欠佳所引起的无法完全转写的问题。

同时，按照扎根理论的要求，研究者只需要对受访者谈话的言语符号进行转写，而不需要转写非言语以及附着言语的内容，例如停顿、叹气、大笑以及重音语调，等等。

三　第三阶段：数据分析、建立初步理论

2012 年 3 月至 2013 年 7 月是研究的数据分析与建立初步理论的阶段。数据分析与资料收集是交错进行的，只有通过初步的数据分析才能了解数据的饱和度。

---

① 严进、付琛、郑玫：《组织中上下级值得信任的行为研究》，《管理评论》2011 年第 2 期，第 101 页。

（一）反复阅读数据

数据分析的第一步就是阅读访谈记录。在阅读访谈文字记录之前，有必要完整地倾听一遍访谈录音，这一过程会将研究者重新带回真实的访谈现场，犹如身临其境，有利于准确理解受访者的内心独白。[①] 因此，阅读访谈记录包括语音记录和文字记录两方面。

（二）分级编码

数据分析的第二步就是编码。以下将截取本研究数据中的一小部分，举例说明编码的过程。表 3-4 以德国上级在文化互动维度的积极自我形象为例，演示了从一手的访谈数据到产生核心类属"跨文化中间人"的过程。在一级编码中，研究者以最大限度的开放性心态面对转写好的原始数据，在打散并揉碎研究数据之后，产生了一系列与德国上级在文化互动维度的积极自我形象有关的码号（如"中间人""桥梁作用""学中文好""学中文帮助大""必须提高中文""深入了解中国文化""顾及中式行为方式""和中国员工一起打保龄球""应该更懂中国文化""尊重中国面子文化""不把问题归咎给中国员工"），通过对这 11 个码号进行重新组合发现了四大概念类属，即"中间人"（"中间人""桥梁作用"）、"学习中文"（"学中文好""学中文帮助大""必须提高中文"）、"学习中国文化"（"深入了解中国文化""顾及中方行为方式""和中国员工一起打保龄球""应该更懂中国文化"）以及"尊重中国文化"（"尊重中国面子文化""不把问题归咎给中国员工"）。然而，在开放式编码这一阶段，各个类属之间的关系尚未厘清。因此，在二级编码中，研究者将"中间人"当作轴心去分析它与其他三个概念类属之间的关联，以发现它们之间呈现的具体关系。首先，德方上级"中间人"这个概念类属与"学习中文""学习中国文化""尊重中国文化"等概念类属之间呈现因果关系。其次，"学习中文""学

---

① 〔美〕约瑟夫·A. 马克斯威尔：《质的研究设计：一种互动的取向》，朱光明译，重庆大学出版社，2007，第 74 页。

表 3 - 4　研究数据三级编码过程演示——以"跨文化中间人"为例

三级编码：核心式登录 核心类属	二级编码：关联式登录 概念类属		一级编码：开放式登录	
		概念类属	码号	原始数据
跨文化中间人（相互关联关系）	中间人（轴心）	中间人	中间人	"我扮演的角色就是一个来自德国总部的中间人，处于总部与这里的同事处之间的协调人，在德国总部面前我总是充当着捍卫者的角色。"（德₁）
			桥梁作用	"为了弄清楚中德区别，我和很多中国人都探讨过这个问题。对我这样在中国待了这么长时间的人来说，我觉得我起到了一个桥梁的作用。"（德₆）
（因果关系）	（相似关系）	学习中文	学中文好	"我觉得学中文很好。"（德₄）
			学中文帮助大	"学习中文帮助很大。"（德₅）
			必须提高中文	"我必须提高我的中国文化，在信任构建中，语言起到一定作用。"（德₅）
		学习中国文化	深入了解中国文化	"还要学习一下如何顾及中方的行为方式。"（德₇）
			顾及中式行为方式	"我必须学习一下如何顾及中方的行为方式。"（德₅）
			和中国员工一起打保龄球	"我在上海工作的时候，我和中国员工经常在下班以后打保龄球，这样能解除工作压力。我们经常一起庆祝，才能更好地了解中国文化，我们才能好好地合作。"（德₁）
			应该更懂中国文化	"我认为，我懂中国文化。但是我觉得，我可以做得更好。"（德₁）
		尊重中国文化	尊重中国面子文化	"比如，如果一个德国人没有给一个中国人面子的话，那么他也不再愿意和这个中国人继续保持联系或者进行谈判。在这种情况下，我总是认为德国人不能按照德国的方式行事。这样不好。作为一个外派人员，他们的朋友圈仅限于德国人，总是保持距离，他们在一个自己的世界里生活。那么，他们就不会在这里待得久，也永远无法懂得真正的中国文化。"（德₂）
			不把问题归咎给中国员工	"当然，给员工很舒服的感觉，这很重要。我觉得非常糟糕的是，两个德国人在一起嘀咕说：'这是中国人的问题。'其实，大多数情况下，这都不是中国人的问题。而是一个工作团队的共同问题，是人性的问题或者专业问题。我认为，最大的问题就是，德国上司总是把问题归咎到中国人身上。但是，当他来到中国之后，他就会说：'这些中国人！'做那个，做那个，他们会做这个，他们会有自己的想法，他相信，绝对会有人这样说：'这些中国人！'"（德₄）

习中国文化""尊重中国文化"三个概念类属呈现出类似关系，都体现了德方上级面对异文化的积极态度。最后，研究者选择"中间人"为核心类属，同时考虑到这个"中间人"的文化特殊性，将该核心类属命名为"跨文化中间人"。通过上述三级编码，最初的原始访谈数据得到了归纳和提升，最终得出结论：在文化互动维度，德方上级的自我积极形象就是"跨文化中间人"。[①]

（三）撰写分析备忘录

在分析资料过程中，笔者坚持撰写备忘录。备忘录记录了笔者分析资料的心路历程，对数据中各个部分的饱和程度进行了比较和反思。同时在二级编码的分析阶段，研究者需要寻找各个类属之间的关联，备忘录对梳理类属之间的关联发挥了重要作用。因为在庞大的概念类属系统中，各种类属之间关系错综复杂，研究者需要随时记录下不同的关联性，以厘清其中关系。

（四）Nvivo9.0的技术支持

Nvivo是一个强大的质性分析软件，它能够帮助研究者对多样化的、庞大的研究数据进行整理和分析，如文字、图片、录音、录像资料等。通过对比体验 Nvivo8.0 与 Nvivo9.0 的操作界面，笔者决定选择 Nvivo9.0 这个新版本作为本研究的技术支持，其原因如下。第一，数据处理界面为只读模式。在默认的情况下，导入的分析材料以只读模式打开，这样可以避免在编码时因为意外造成的数据更改。当然，如果需要对数据进行修改，可以将只读模式切换至编辑模式。第二，用单个的节点文件夹替换了旧版本中的"自由节点""树节点"等文件夹。人们可以通过拖拉文件夹的方式，在不同的节点之间更换"子节点"和"树节点"的关系。这种设计更加合乎逻辑，操作更加简单。第三，支持

---

① 由于篇幅有限，表3-4演示了德国自我定位中有关"跨文化中间人"的数据，其实"跨文化中间人"这个核心类属贯穿于文化层面信任互动的所有步骤。

多种语言数据，操作界面拥有更多语言版本。① 下面，笔者将截取个别界面，对 Nvivo9.0 软件的数据处理功能进行简要的说明。

图 3-2 展示了 Nvivo9.0 软件生成节点的过程：在软件程序中导入需要分析的文字资料之后，打开相关资料，便可以在程序中阅读资料。选中需要进行编码的文字段落，然后点击界面左上方的"新建节点"，此时会跳出对话框"新建节点"，研究者只需在对话框内对节点进行命名并按"确定"保存即可。经过以上三个步骤，一个新节点就生成并被保存下来了。

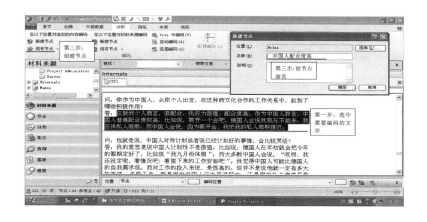

图 3-2 Nvivo9.0 节点生成界面

如图 3-3 所示，当研究者完成编码工作之后，可以随意查看每个节点中所包含的原始数据，如"与人为善"这一节点中所涉及的原始数据就呈现在图 3-3 所截取的界面中。在界面的左下方可以看到本研究节点总数（1240），同时显示与"与人为善"这一节点相关的访谈资料（共 1 份），一共涉及 4 段访谈数据。此外，单击界面右下角"文本"这个字样便可阅读这个节点所在的文档。此界面的中央部分列出了与

---

① 参见《Nvivo9.0 入门指南（中文版）》，2011。

"与人为善"相关的所有原始数据,在每一段原始数据的上方都显示了数据材料的来源。

图3-3 Nvivo9.0同一节点下的原始数据界面——以"与人为善"节点为例

图3-4呈现的是节点之间的关系:以"中国人的自我形象"这一树节点为例,在"中国人的自我形象"树节点之下有许多与之相关的子节点。树节点和子节点在 Nvivo9.0 版本中可以自由互换,只需用鼠标将设定为子节点的文件夹拖入设定为树节点的文件夹即可;若需更改,将其拖出即可。

图3-4 Nvivo9.0树节点与子节点结构图界面——
以树节点"中国人的自我形象"为例

图 3 - 5 显示的是分析材料界面：在编码完成之后，每一份分析材料的列表中都会显示相关的、经过编码的节点数量以及相关参考点的数量，从中可以对比分析材料信息量的大小。

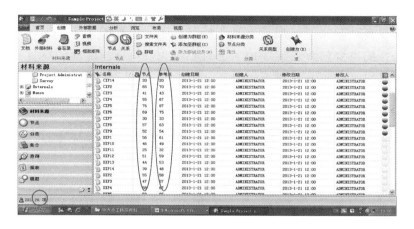

图 3 - 5　Nvivo9.0 分析资料中节点与参考点数量汇总界面

四　第四阶段：补充资料、完善理论

2013 年 8 月至 2013 年 12 月是补充资料和完善理论阶段。补充资料的原因如下。笔者在分析数据期间发现两大缺陷：第一，个别受访者所提出的新观点或者描述的新现象，笔者在访问时没有对其形成原因进行追问，或者没有要求受访者对其进行深入描述；第二，在对比中德受访者时，笔者发现中德受访者在某些方面存在偏差和矛盾的地方。为了弥补这两大缺陷，有必要对当事人进行追问：首先对新观点和新现象背后的原因进行追问；其次对数据偏差和矛盾的相关受访者进行追问，以厘清文化偏差和访谈不到位造成的偏差之间的区别。在资料补充完毕之后，笔者对建立起来的初步理论进行了修补和完善。随之，研究结束。

五 本研究的技术路线

从时间上来看，本研究方案经历了上述四个阶段的研究环节。但是，在实际操作过程中，这四个阶段并没有被严格的时间界限分隔开来，在很多环节之间出现了反复、修改、来回调整的工作，如理论与实证部分、阅读资料与形成理论、资料收集与资料分析之间的反复等。从总体上来讲，贯穿整个研究方案的技术路线如图3-6所示。

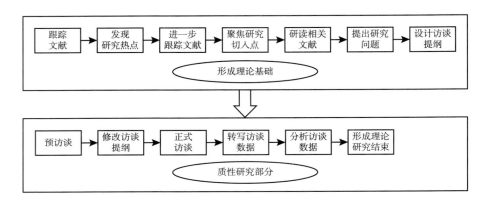

图3-6 本研究的技术路线

第四章
德中上下级信任的积极互动

　　本研究中的跨文化上下级信任动态模型聚焦跨文化上下级的信任互动过程。从信任动态的发展趋势来看，其存在积极互动和消极互动两种可能性；而从信任互动的内容层面来看，跨文化上下级信任互动模型由信任双方的形象互动（自我形象、他者形象以及他我形象）和内容互动（言语、非言语、附着言语和超言语）两个方面组成，其中形象互动承载着内容互动。因此，本研究从形象互动出发来探析信任互动中的内容。换言之，本书对德中上下级信任动态的研究建立在双方的形象互动基础上。

　　积极互动指向成功的信任构建；消极互动指向失败的信任构建。通过形象互动来探析信任互动是积极的还是消极的，主要取决于以下两点：第一，信任主体在信任互动中所形成的三大形象是积极的还是消极的；第二，信任一方的自我形象、他我形象与信任另一方的他者形象是否能够协调一致，至少信任一方的自我形象与信任另一方的他者形象或者一方的他我形象与另一方的他者形象①是否能协调一致，正如一名德方受访者所说："我希望，他者形象与自我形象多多少少能够一致。过去的经验告诉我，自我形象和他者形象必须协调一致才能成功，信任才能出现。"（德₉）

---

　　① 他我形象指的是期待的期待，是对别人如何看待自己的一种揣测，它其实是一种间接的自我形象。所以，信任一方的他我形象与信任另一方的他者形象的协调一致也可以反映信任的积极互动。

借助扎根理论对本研究的原始访谈数据进行逐级编码,最后提升出以下两大内容。第一,德中上下级信任互动会呈现三个维度的互动内容,即业务维度、个人维度和文化维度。其中业务维度的互动又可以细分为工作能力、工作态度和工作方式三个具体维度的互动;个人维度具体表现为性格、人品以及帮助和被帮助三大内容。因此,本研究的访谈数据一共呈现了以上七个维度的互动内容。第二,在德中上下级三大形象合力之下,德中上下级信任互动一般会经历以下六大步骤(参见图4-1)。

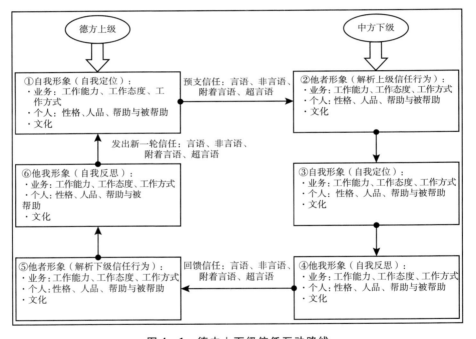

图4-1 德中上下级信任互动路线

图4-1描述了跨文化上下级信任互动所要经历的六大步骤。第一步,上级在头脑中形成有关信任的自我形象,即进行自我定位,同时向下级预支信任。预支信任的行为可以反映在交流的四个层面上,即言语、非言语、附着言语以及超言语层面。第二步,下级分别从业务、个

人和文化三个层面对上级的信任行为进行解析，同时形成他者形象。第三步，下级从业务、个人和文化三个层面对自己进行定位，形成自我形象。第四步，自我反思，揣测上级对自己的看法与期待，从业务、个人和文化三个方面形成他我形象；同时在三大形象的合力作用下，下级向上级进行信任回馈。信任回馈同样包含交流四层面的内容。第五步，上级接受下级的信任回馈，并从业务、个人和文化三个维度对下属的信任行为进行解析，形成他者形象。第六步，上级从业务、个人和文化三方面出发，反思自我，对下属眼中的自我进行猜想，并形成他我形象。与此同时，启动新一轮的信任互动。每一轮信任互动都会遵循这个基本路线。长此以往，跨文化上下级信任就形成了螺旋式的动态发展过程。此外，从图 4-1 还可以发现，信任双方的形象互动推动着整个信任动态的发展，形象互动决定了信任行为的内容。

　　然而，图 4-1 所展示的是一种跨文化上下级信任互动的理想状态，即积极互动。这六个步骤中的任何一个环节出现了不协调甚至冲突的局面，就会将积极互动转化为消极互动，进而导致信任的中断直至终止。

　　本章将从积极互动的角度来描述德中上下级信任的构建过程。信任的积极互动取决于两大因素：第一，信任主体在信任互动过程中所形成的三大形象是积极的；第二，在众多的积极形象元素中，大多数元素可以实现一方自我形象与另一方他者形象的协调一致，或形成一方自我形象与另一方他者形象乃至他我形象的协调一致。同时，其余的形象元素虽然形态各异，但是并没有形成偏离或者冲突关系，而是处于共存状态中。[①] 总之，本章将从工作能力、工作态度、工作方式、性格、人品、帮助和被帮助以及文化七个维度来呈现德中上下级信任积极互动的内容。

---

① 本书理论阶段探讨过德中上下级信任互动的可能性，即文化趋同、文化偏离、文化兼容以及文化不兼容。在信任的积极互动中，文化趋同和文化兼容起到决定性作用。形象元素的协调一致可以带来文化趋同，形象元素的共存可以形成文化兼容，而文化偏离以及文化不兼容涉及信任消极互动的可能性。

第一节 工作能力维度的积极互动

一般来说，信任建立在两大支柱之上——诚实[1]与能力。能力可以证明信任发出方对信任接受方的信任期待。这一能力构成了信任发出方发出信任的重要指标。[2] 因为有能力的人就是值得信任的人，有能力的人可以唤起信任。[3] 如果信任发生在工作领域的话，那么能力主要指的是工作能力。在上下级信任关系中，能力是领导考察下属的首要指标。在上下级信任动态发展中，通常由占据更多社会资源的上级迈开信任的第一步，这第一步首先涉及领导对下属工作能力的考察。

一 德方自我定位并预支信任："委派任务"[4]

首先，德方上级通过"委派任务"预支信任，这一行为本身就隐含着信任下属能力的意思："委派任务，或者是委派重要的任务就是预支信任。"（德[8]）同时这名受访者表示："我认为，那些工作业绩好的员工比那些工作业绩差的员工更值得信任。"（德[8]）该数据表明了作为信任预支行为的"委派任务"是考察员工信任度的一种方式。

其次，另有德方外派管理人员表示，通过"委派任务"来发出信任其实"对于员工来说是莫大的鼓励"："人们应该通过委派任务预支信任，比如说：'我认为，你可以胜任。如果你不能胜任的话，你可以学着做。'这对于员工来说是莫大的鼓励。这样一来，他们就会工作得很卖力。"（德[5]）

---

① 诚实是考量一个人人品的核心指标之一，涉及人品互动的内容，对此下文将会有所涉及。
② Nöllke, Matthias, *Vertrauen：Wie man es aufbaut. Wie man es nutzt. Wie man es verspielt*, Freiburg：Haufe, 2009, S. 34.
③ Covey, Stephen M. R., *Schnelligkeit durch Vertrauen：Die unterschätzte ökonomische Macht*, Offenbach：GABAL Verlag, 2009, S. 105.
④ 在第四章与第五章中，若类属名称为访谈数据中的某一原始概念或固定表达，则加双引号；若类属名称由作者根据访谈内容归纳得出，则不加双引号。

上述研究数据描述了该德方领导的任务分配策略。首先，他希望下属能够胜任工作；其次，如果下属不能胜任，那么他会给予下属学习的机会。就是说，该受访者通过"委托任务"来发出信任并对员工的工作能力进行考察。此外，这种信任预支形式也可以表现为"主动交出责任"："同时我认为，上级应该主动交出责任，如果领导学会了让员工分担责任，那么员工们也会更积极地工作，也会更乐意工作。"（德$_7$）

因此，德方上级在迈出信任互动的第一步时，将自己定位为"应该预支信任"，其原因在于"委派任务"和"交出责任"本身就是对下属的信任和能力的肯定。此外，另有德国上级认为，如果下属"做得比我好"，那么更能证明下属的工作能力，更加值得信任："信任就是相信能力，因为当我知道，有人有特殊的专长并且做得比我好，那么我就信任他。"（德$_5$）

因此，作为上级的德国外派人员将工作能力放在考察下属信任度的第一位，其最佳考察途径就是"委派任务"。

二　中方解析上级的信任行为：根据工作能力判断你

面对德方上级预支的信任信号，中方下属首先会对此进行解析，如其中一名中方受访者这样理解德方上级发出的信任信号："德国人是根据你的工作，根据你的工作能力，根据你的才能来判断你。"（中$_7$）这名中方员工认为，德国领导根据工作能力来判断员工是否可信。另有中方员工坦言："领导对你的能力认可就等于对你信任。"（中$_2$）就是说，在中国员工眼中德国领导非常重视员工的工作能力："你也会很认真地拿出很真诚的一面来对待他。如果你这么做的话，领导就会认为你干的事情非常漂亮，德国人很重视这个。"（中$_9$）

换言之，只要员工"干的事情非常漂亮"，就能在德方上级面前证明自己的能力，就能赢得领导的真正信任。但是也有中方员工坦言："他放心把工作交给你，只是说明他相信你的能力，但是并不能说明他

很喜欢你，他只是信任你的能力。"（中$_{13}$）

该中方受访者认为，上级"放心把工作交给"下级，只能证明他对下级的能力信任，而不表示在感情层面信任下级。这段访谈数据也证明了感情层面的信任互动对中国员工来说更重要。

总之，中方员工将上级"委派任务"和"交出责任"的信任预支行为解析为"领导会根据自己的工作能力来判断是否信任自己"。

三 中方自我定位："把自己的事情做好"

在对上级的信任预支行为进行解析之后，中方员工会对自己的工作能力进行定位。首先，他们认为，必须把领导分配的事情做好："其实我觉得，信任这个东西并不复杂。跟德国人建立信任，毕竟是为了工作，交给你的事情你能做好，我觉得这是一个很重要的因素，那有了这个东西，就有了信任，对他们来说，因为他用你也是为了工作。"（中$_8$）

这名中国员工将德中上下级信任互动简化为"分配任务—完成任务"的过程。当然，上下级信任毕竟属于工作信任，"工作"是这对信任关系的关键词，因此工作能力在上下级信任中扮演着重要角色。此外，还有中国员工表示，工作能力是德中上下级信任互动的首要内容。只有实现了工作能力维度的信任互动，才能谈及其他维度的信任互动："中国人总是想着先把自己事情做好，如果你不被人家抓到把柄的话，人家就说不出什么来。如果你各方面都做得很好的话，他就会敬佩你，如果你的能力在他那儿得到印证的话，那你就一好百好，即使你不好，他还是会觉得你好。"（中$_6$）

受访者中$_6$表示，在德国领导面前展示工作能力是建立信任的关键因素。另有中方员工表达了相似的观点："在判断事物发展方面，我做出了比他们还正确的判断，以至于他们越来越相信我的结论是正确的，这就是信任。"（中$_{10}$）

以上这名中方员工表示，工作判断力超越德国人可以产生信任的质的飞跃。对此，有一名中方受访者认为，要赢得德国领导的信任就必须严格要求自己，做得比领导更好，证实自己的工作能力："我当时的工作态度就是不要让他抓到我的毛病，尽量不要让他抓到，因为只要我做得不好，他肯定能抓到我的毛病，但是只要我做得比他还好，他就抓不到我的毛病，所以我对自己要求严格。"（中6）

这一点与德国受访者产生认同。总之，中方员工对自己的定位就是"把自己的事情做好"，以此来证明自己值得被信任。

四　中方反思自我并回馈信任

在中方下级回馈信任之前，除了要对上级的预支信任进行解读、对自己进行定位，还要通过揣测领导的意图和心理来反思自己的工作能力。

（一）"可预见的"

研究数据表明，下属要让领导觉得自己永远"可预见"，才不会对领导的权威产生威胁："德国人当然就希望我表现的尽可能是 berechenbar（可预见的），他希望我按照他的意图去做。"（中12）

诚然，无论是中国领导还是德国领导都希望员工能够按照自己的意图去行事，希望员工能够随时报告工作进展，以证明员工的"可预见性"："信任实际上是互相依赖，或者用德文讲就是一种 Berechenbarkeit（可预见性），我碰到一件事后，我就会预期我所信任的人会怎样去做一件事情。"（中4）

上述研究数据说明信任其实就是一种预期，是对信任对方的行为的预期。只有让领导觉得自己是可预见的，领导在预支信任的时候才有安全感。

（二）能力超越预期

研究数据还表明，如果下级证明自己的工作能力超越领导的预期，那么领导就能信任自己："我做了很多他们想象不到、他们觉得我根本做不到的事情，以至于他们相信我的能力超乎他们的想象。"（中10）

让自己的能力超乎领导的想象从另一个侧面证明了员工对自己工作

能力充满自信。还有其他员工做出了同样的陈述："他想的是，我不仅是在维护他的利益，也是在维护公司的利益。如果我能够超出他的预期完成任务，那么他就会对我的能力表示认可，就会对我信任。"（中₂）

以上这名中方受访者猜测领导希望下属能够维护领导与公司的利益，因此，只要下属能够超出领导预期完成任务，就一定能取得领导对他能力的认可和信任。此外，还有中方员工在访谈中表达了对自己工作能力的信心："他们肯定会逐步发现，我不会欺骗他们，逐步发现，我这个人在工作中还有一定的能力。"（中₁₀）

综上所述，中国员工对德国领导意图的揣测主要有：第一，员工是"可预见的"，换言之，员工一定要按照领导的意图行事；第二，"能力超越预期"。同时，在综合考量他者形象、自我形象以及他我形象的基础上，中方员工决定发出信任。

五　德方解析下级的信任行为：出色完成任务

在中国员工通过出色地完成工作来证明自己的工作能力以回馈信任之后，德方上级会对中方员工的工作能力进行评价，例如，"我想，我的中国员工都很好地完成了工作任务。我认为他们都很出色"（德₁₂）。这名德国领导对其下属工作能力表示肯定，认为他们都很"出色"。

在研究数据中还可以看到其他德方受访者对中国员工的工作能力也做出了积极评价："他们工作认真。我相信他们的能力。这些创造了信任。"（德₁）这表明德国领导通过员工的工作能力来考察员工的信任度。

此外，还有德方领导坦言："我钦佩他的能力和他的工作表现。之前我低估了他。"（德₃）这名德国上级能够对中方员工的工作能力表示钦佩并承认之前对他能力的低估，这一点从侧面证明了这名中国员工出色的、超乎德国领导想象的工作能力。

总的来说，在积极的信任互动中，德国外派管理人员对中国员工工作能力的评价是积极的，认为他们都出色地完成了工作。

六 德方反思自我并发出信任：领导重视能力

在对中国员工的工作能力进行评价的同时，德国外派管理人员也会揣测中方员工对自己的评价。首先，他们推测：中方员工认为，领导都是重视工作能力的，例如，"我的中国员工很可能认为，我很重视他们的能力，认为我相信他们拥有能够出色完成任务的能力"（德4）。此外，另有德国领导表示，在中国员工的眼中他能够"很专业"地进行信任判断："他们认为，我很专业，总是根据员工的能力来判断是否发出信任。"（德11）

通过对德国外派管理人员在工作能力方面的他者形象进行分析可以确定，中方员工的工作能力也得到了德方领导的认可。与此同时，德国外派管理人员还会揣测中方员工的心理，从而形成他我形象：中国员工认可德方上级以"工作能力"为标准的信任考察方式。在此基础上，德方领导决定发出新一轮的信任行为，从而实现了"信任的信任"。

以上所呈现出的信任积极互动过程可以概括如下。第一，德方上级"委派任务"来预支信任；第二，中方下级解析德方上级的信任行为：领导"根据工作能力判断你"；第三，中方员工进行自我定位：必须"把自己的事情做好"；第四，中方员工反思自我：领导希望我是"可预见的"，同时回馈信任；第五，德方上级评析中方的信任回馈："出色完成任务"；第六，德方上级反思自我：员工认为"领导重视能力"，同时发出新一轮信任行为（参见图4-2）。

图4-2描述了德中上下级在工作能力维度的信任积极互动。其中，第一步至第四步为德中上下级通过"预支信任—回馈信任"完成的第一轮信任互动；第五步和第六步构成了德方上级发出新一轮信任行为的前提条件。在工作能力维度的信任互动中，德方上级主要通过言语交流，即上下级对话的形式来"委派任务"；而中方下级则主要通过非言语交流，即"把事情办好"的行为方式来"完成任务"。另外，图4-2显示了，德中上下级在工作维度的积极互动主要表现为"领导考察能力"、

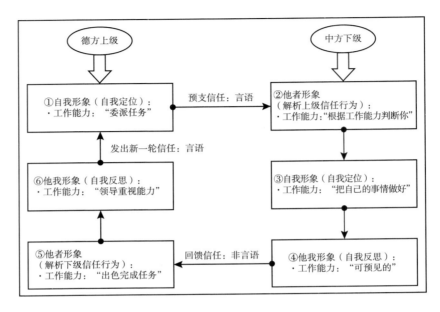

图4－2　工作能力维度的信任积极互动

"下属证明能力"和"领导肯定能力"之间的互动。因为能力是下向信任①的最重要因素②，所以本研究在工作能力互动维度侧重于对下属能力的考察，这一点恰好说明了上下级工作能力互动的特征。③

　　德中上下级的信任互动始于工作能力维度的互动，因为上下级信

---

① 下向信任指的是领导对下属信任。

② 蔡翔：《员工－企业之间纵向信任及其影响因素研究》，经济管理出版社，2007，第74页。

③ 虽然由于上下级信任关系的特殊性，工作能力层面的信任互动主要表现为"领导考察能力""下属证明能力""领导肯定能力"之间的互动，但是也有部分访谈数据显示了"下属信任领导能力"和"领导揣测员工对自己能力的肯定"之间的互动。首先，中方员工对德方上级工作能力的肯定推动了德中上下级信任的积极互动："我通过他们处理问题的方式，我觉得他的决定跟我的想象是一样的，甚至比我想到的还要好，那么，我在能力上信任他们。"（中₁₀）中方员工对德方上级能力的肯定引起了德方上级的注意，因此他们揣测："一般来说，德国人工作能力强，喜欢结构化的工作方式。我认为，中国人认为德国人的这些优点创造了中德信任。另外，中国人也会认为德国人的预见性很重要。"（德₉）虽然在工作能力层面的上下级信任互动中，上级对下级工作能力的认可是推动整个信任积极互动的关键；然而下级对上级工作能力的肯定同样可以促进实现下级对上级的信任，这一点也可以被视为信任积极互动的催化剂。

任关系是一种典型的工作信任关系，信任双方的交流主要发生在工作中，交流内容主要与工作事务相关。因此，以下将要呈现的其他六大信任互动也是围绕工作内容展开的，然而工作能力与其他六个维度的信任互动的区别在于：对员工工作能力的考核可以通过一次性的任务委派完成，然而其他维度的信任互动以信任双方的熟识程度为必要前提，因此本书认为以下六个维度的信任互动一般发生在第一轮的信任互动之后。

第二节　工作态度维度的积极互动

工作态度是上级考察下属工作积极程度的重要指标，它是"个性心理素质的一种。罗宾斯认为，与工作相联系的态度即工作态度，是指员工所持有的对工作环境方面的积极和消极的评价"。[①] 在德国外派人员与中方员工的合作中，双方正面的工作态度也是信任积极互动的一个内容，它始于上级对自己工作态度的正面定位。

一　德方自我定位并预支信任

（一）坦诚相待

坦诚体现了领导的人格魅力，是领导树立威信的有效途径。因此，很多德方受访者认为："我贡献了我的坦诚。"（德₁）同时，作为上级的德国外派管理人员认为，"坦诚的沟通"并且"做真实的自己"对跨文化上下级信任互动至关重要："德国人的贡献就是坦诚的沟通，做真实的自己。"（德₁）一直以来，沟通都是最有效的领导策略。上下级之间的深入交流是企业和谐、实现企业奋斗目标的关键。坦诚沟通的内容不仅涉及与业务内容直接相关的客观信息，还包括上下级之间对感情、

---

① 张兰霞、刘杰、赵海丹、娄巍：《知识型员工工作态度与工作绩效关系的实证研究》，《管理学报》2008 年第 1 期，第 139 页。

期望以及思想观点的交流。① 同时，研究数据显示，"坦诚" 就是 "保持真实、做我自己"："我尝试着保持真实，做我自己。他们说的和做的与我们都不一样，但是我依然试着保持尊敬，而不会说，来自德国的一切都要好一些。我也不会这样想，我做的就是好的，他们做的就是不好的。"（德₉）

这名德国领导坦言，坦诚就是 "尊敬"。此外，有德国外派人员认为，"坦诚" 不仅是他们对自己的要求，也是对下属的一种期待："我认为，我很坦诚、很诚实，我期待其他人也和我一样。当我踏进办公室的那天，我就有这种感觉，觉得他们都信任我，这已经是一个良好的信任基础了。我很想坦诚地交流，我也想从他们那里知道他们的设想、期望和愿望。"（德₁₂）

以上这名德方领导认为 "坦诚" 即 "诚实"，是上下级交流的必要条件，是构建上下级信任的基础。

（二）尊重下属

除了 "坦诚" 之外，作为积极工作态度的 "尊重" 也是考察信任的重要指标，如德₉这名受访者所言："我努力做到尊重下属。"（德₉）同时，他认为尊重下属的具体表现就是："我尝试着，去表达我的尊重，去倾听，去理解，为什么他们会做这些事情。"（德₉）

这名德国外派管理人员将尊重理解为 "倾听" 下属的心声。倾听就是怀有一颗真诚的心去努力理解对方的感受和观点。作为领导的德国外派管理人员在对下属进行信任判断之前，必须要先倾听。② 此外，倾听可以拉近上下级之间的距离，让中方员工感觉到 "被尊重"。

（三）积极面对问题

如何面对工作中出现的问题是上下级关系中一大敏感话题。因为问

---

① Laufer, Hartmut, *Vertrauen und Führung: Vertrauen als Schlüsse zum Führungserfolg*, Offenbach: GABAL Verlag, 2007, S. 59.

② Covey, Stephen M. R., *Schnelligkeit durch Vertrauen: Die unterschätzte ökonomische Macht*, Offenbach: GABAL Verlag, 2009, S. 216.

题可以暴露工作中的缺陷，同时解决问题并非易事。另外，当问题出现时，会出现责任归咎的现象。因此，作为下属的中国员工害怕出现问题，更害怕领导将问题归咎到自己身上。然而，回避问题容易破坏上下级关系，导致不信任。

"我认为，当问题出现的时候，员工能做到试着去用某种方式来解决问题。这个非常重要，对于我而言，它能创造信任。"（德₄）

上述访谈数据表明，德方上级看重下属积极处理问题的工作态度，这有利于创造上下级信任。虽然积极面对问题和处理问题不等于解决问题，但是德方上级重视的积极面对问题的态度："我们很愿意去处理问题，虽然不一定能够找到解决问题的方法。"（德₈）

总之，德方上级在工作态度层面信任积极互动中的自我定位是坦诚相待、尊重下属和积极面对问题。其中，前两点涉及与人沟通的态度，而最后一点侧重描述处事态度。

二　中方解析上级的信任行为

中方员工对德方上级工作态度的积极认知包括坦诚相待、尊重下属、积极面对问题以及严谨四方面的内容。

（一）坦诚相待

首先，德方上级坦诚相待的工作态度得到了中方员工的肯定。中方员工将德方上级所表现出来的坦诚理解成一种"坦率"和"实实在在"："当领导提出一个意见时，所有人也都在揣摩：这是最后的决策呢，还是只是提一提？只是提一提而已呢，还是确实有不同意见？一看领导已经差不多拿定主意了，可能别人也就不再多说了。可是我觉得德国领导比较坦率一点在哪儿呢？因为他们会讲'Ehrlich gesagt, ich bin anderer Meinung（说实话，我有别的想法）'，这样一说的话，大家也都能接受。"（中₄）

上述中方员工认为，德国领导会"坦率"地表达自己的想法。这名员工还认为："可以肯定的是，我每次问他，他说的一些事基本上都是在理的，这些话不是噱头，都是真的，都是一些实实在在的话。"（中₄）

因此，德国领导的"坦诚相待"表现为不讲"噱头"而讲"实实在在的话"。此外，这种"坦诚"还表现为不计私利："首先是我对他这么多年来为人的一个肯定，一个信任。他始终都是非常坦诚的态度，大家不会认为，他会为了个人的、私人利益而做一些其他的事情。"（中₁₄）

（二）尊重下属

中方员工也真切地感受到了德国领导的尊重。有中方员工认为，领导和员工依次"握手"是一种尊重："我有一个比较深的印象，就是每天早上上班，一般的话，就是同事来得比较早一点，老板来得比较晚一点。他来了之后会先和每个人握一遍手，我觉得这也算是一种比较基本的尊重。"（中₅）

这种"握手"是一种非言语层面的交流方式，通过依次"握手"问候员工并表达尊重，让员工有一种被重视的感觉。此外，这名中方员工回忆起与她曾经共事的一名德国领导时，描述到："之前我的老板有一个习惯。一般我们写邮件就是 Dear（亲爱的）谁谁谁，然后邮件，最后是 thanks（感谢）。他通常是在结尾不直接写 thank you（感谢你）。他通常是，比如说，thank you, dear Melissa（谢谢你，亲爱的梅丽莎）。他会把这个人的名字加上去，这会让人有一种受尊重的感觉。"（中₅）

这段访谈数据中所涉及的尊重体现在德中上下级的书面交流"工作邮件"上。这名员工认为，德国领导将邮件结尾的一般性感谢变成了针对具体员工的感谢。这样一来，一般化的、惯例式的感谢就变得有人情味了，员工也顿时感到"受尊重"，它可以推动下属向上级回馈信任。

（三）积极面对问题

在中方员工眼中，德国上级处理问题的态度是"小事化大，大事化更大"："德国人更愿意直面问题；中国人更愿意回避问题，怕出事，出了事不愿意去面对，希望绕开或者弱化这个问题，大事化小，小事化了。德国人是小事化大，大事化更大。"（中₂）

这种"小事化大，大事化更大"的做法证明了德国人直面问题的积极态度。这种处世哲学刚好与中国人"大事化小，小事化了"的消极处事态度背道而驰。德国人习惯"把问题摆出来"："可能和大家从小的教育和文化氛围有关，他们很实际，很多事情小事化大，大事化更大。他们的教育鼓励质疑老师，提出问题说明思考过，是好学生。在中国的教育里，是老师给学生灌输知识，学生听，如果有质疑就会被归为坏学生，会被边缘化。不同的教育制度造成了对待问题的不同态度，中国人习惯小事化了，最好悄无声息地解决问题，德国人会把问题摆出来，大家一起讨论解决，认为这样才能解决问题。"（中₂）

受访者中₂表示，"直面问题"和"把问题摆出来"的处事态度是一种积极面对问题的态度，它体现了德国人质疑一切的哲学思想，这种处世哲学与德国人的教育模式和文化传统相关。

（四）严谨

中方员工还感受到了德国上级严谨的工作态度："首先，我认为德国人做事的态度很严谨。"（中₉）这种严谨的办事态度体现了一种规则意识，对于中国员工来说是建立信任关系的基础："他们做事很认真，也有很多规则，体现了诚信力。"（中₄）这种遵守规则的工作态度在中国员工眼中就是"认真"，就是"诚信力"的证明。同时，还有受访者认为，德国人"凡事按规矩办"："在德国公司，公司 policy（政策）在那里摆着，员工即使有再多不满也会闭嘴。凡事按规矩办。因为德国老板绝不会违反公司规定。"（中₁₁）

此外，受访者中₇将德国人严谨理解为精准的时间观："和德国人在一起做事情，基本上就是，比如说我从某地到某地需要 30 分钟，你如果晚了，你就有责任，他就会对你发火，或者你特别提前了，如提前 15 分钟就到了，他也会不高兴，所以说德国人做事情是很严谨的。"（中7）

甚至还有中方员工把严谨的工作态度视为整个德意志民族的文化标志："我觉得首先是因为他们民族这种严谨的工作作风，正是因为他们工作很严谨，有事情说在前面，说到做到。"（中8）

三 中方自我定位

在中方员工对德方上司的工作态度进行上述解析之后，他们会开始进行自我反思，并对自己的工作态度进行定位，其主要包括坦诚相待、宽容忍让、执行力强、勤奋以及积极面对问题五方面的内容。

（一） 坦诚相待

中方员工认为"坦诚"是上下级信任构建中的重要因素："和德国人建立信任，有两个重要因素……，第二个就是坦诚。"（中8）这种坦诚就是"坦率"地表达想法："在追求共同利益的情况下相互信任是工作的基础、合作的基础，在这种情况下，必须坦率，我会不厌其烦地告诉我的老板我的想法，我打算做什么，或者想怎么样。"（中12）

另外，真诚也很重要，因为作为员工，"你要跟他们 show（展示）出你真诚的一面，这样才能够赢得他的信任"。（中11）

以上这名中国下属认为，向信任对方展示出自己真诚的一面才能赢得信任。这种坦诚还表现为主动承认错误："我觉得坦诚吧，如果这件事我做错了我会承认，然后我们看看有没有什么方法可以弥补，然后大家会觉得这样做还蛮重要的。"（中5）

总之，中方员工眼中的坦诚就是坦率地表达想法、展示真诚以及勇敢地承认错误。

（二） 宽容忍让

中方员工认为下属应该在德中上下级的工作关系中表现出宽容忍让，它体现了中国人对容忍的理解。第一，宽容。在接受其他人与事的时候表现出大度的风范；第二，忍让。能够顺从于其他人，能够顺从于不同的观点、看法和思想。[①] 贝吉乌斯（Bergius）将容忍（Toleranz）定义为一种"面对不同的意见和信念、少见的习俗和行为方式时的宽容和大度"。[②] 由于中国社会的人际关系具有持久性和缺乏选择性的特点，因此信任互动中的个体不能坚持自己的独立性和主见，要通过忍耐来维系人际关系，以维护和谐的人际互动。[③] 因此，中国人眼中的容忍很强调忍耐和忍让。在德中跨文化上下级信任关系中，德式的管理方式与行事风格就中方员工而言是不同的、少见的。面对这种不同和少见的德式行为规范时，中国员工首先表现出了极高的忍耐度，正如受访者中$_7$所言："中国人喜欢忍耐，老是给自己设个底线。"（中$_7$）同时，有中国员工将这种非常强的忍耐力归因于中国的传统文化："我觉得中国人的一些特征，比如说，中国人的忍耐力非常强。我觉得跟文化传统有关系吧。"（中$_8$）

中国人的容忍程度在跨文化团队中尤为突出："另外一点，中国人的容忍程度比较高。我有一个同事，后来离开中国去印度工作了，曾经给我们写信来感谢我们这个团队，说再也找不到像在中国这样的团队了，这样的积极配合，这样的肯干。跟任何其他民族相比，中华民族都是一个很勤劳、很吃苦耐劳的民族。"（中$_1$）

（三）执行力强

中方员工的自我定位还表现为"执行力强"："做下属的中国人很乖。"（中$_5$）"乖"就是按照领导的意图行事，"肯定不会落下"上级分派的任务："可能有这个意思吧，但我觉得多做少做都是你的工作嘛，那

---

① Liang, Yong, *Höflichkeit im Chinesischen：Geschichte-Konzepte-Handlungsmuster*, München：Iudicium, 1998, S. 285.

② Thomas, Alexander,"Ist Toleranz ein Kulturstandard？", in Wierlacher, Alois（Hrsg.）, *Kulturthema Toleranz：Zur Grundlegung einer interdisziplinären und interkulturellen Toleranzforschung*, München：Iudicium, 1996, S. 187.

③ 薛天山：《中国人的信任逻辑》，《伦理学研究》2008 年第 4 期，第 75 页。

你就把它做好了呗。我觉得我们 team（团队）里的人都是这么想的，就是执行力还蛮强的。我们老板也说过，这件事情交给你们去做肯定很放心，肯定不会落下。所以会让对方觉得你很可靠，很值得信赖。"（中5）

上述数据将"执行力强"描述为德国上级信任中国下级的原因之一。这种较强的执行力还表现为"配合度高"："就我个人而言，很配合，执行力强，配合度高。就中国人而言，中国人普遍配合度较高。比如说，要开一个会吧，德国人会说我现在不能来，我在休私人假期。而中国人会说，因为要开会，我把我的私人假期推迟了。"（中1）

受访者中1指的"配合度高"就是中国员工总是优先考虑工作，为了工作可以推迟甚至牺牲"私人假期"。然而在受访者中5的眼中"执行力强"却是缺乏创新表现："我觉得中国人做事很踏实，就是执行力很强，但是没有创新的想法。"（中5）

总之，执行力强的下属容易取得上司的信任，然而，它体现了上下级之间的权力不对称，这种权力不对称直接导致了中国员工的"乖"，因为他们不敢违抗领导的意图。

（四）勤奋

在上级眼中，勤奋是一种积极的工作态度。对此，中8这名中方受访者坦言，中国员工是勤奋的："多数中国员工工作是很勤奋的。不是因为怕被淘汰，而是从小的教育的结果。"（中8）这名中方员工认为中国人的勤奋与其教育传统相关。

（五）积极面对问题

还有中方员工认为，积极面对问题是上级信任下级的重要因素："积极的人不是指非常外向的，积极是指看待一个事物、看待一个问题都很积极。……人一生中会遇到很多意外，你只有积极地去处理这些意外发生的问题，才能把这件事做好，我才能相信你。同样，领导才能信任你。"（中10）所以说，积极处理突如其来的问题的工作态度是实现信任的有效途径。

综上所述，中国员工的信任行为受到以上自我定位的影响，同时以上五种工作态度体现在中国员工积极的信任行为中。

四　中方反思自我并回馈信任

（一）坦诚相待

中国员工认为，在德国上级眼中，自己是"真诚的"，这种真诚指的是信守承诺，因此，它也是坦诚相待的一种表现："起码我觉得我的德国领导会觉得我是真诚的，他们觉得我应该不是那种去 overcommit（做过多承诺）的人。如果说这件事情我答应他了，到时候我肯定会完成。相反，如果我的德国老板答应我了，他也会这样做。"（中$_{11}$）

以上这名中方员工表示，不做没有能力承担的承诺体现了坦诚。另外，其他中方受访者也做出了同样的猜想："同时，他也会肯定我的诚信度，我也一直非常坦诚，从来不会背着领导贪图私利。"（中$_{14}$）上述数据说明，"不会背着领导贪图私利"也可以证明下属的坦诚。

（二）勤奋

还有中方受访者相信，德国人眼中的中国人一定是勤奋的："就工作来说，中国员工相对来说工作还是比较勤奋的。"（中$_8$）

五　德方解析下级的信任行为

在中国员工发出信任之后，德国上级会对中国员工的工作态度进行解析。在德国上级眼中，中方员工积极的工作态度体现为坦诚相待、宽容、勤奋以及"有礼貌"四方面的内容。

（一）坦诚相待

和德国上级一样，中国员工也是坦诚的。他们可以与上级坦诚地畅谈："中国员工很坦诚。他们会主动去谈那些还未谈及的问题。比如，我之前在上海工作的时候，所有的事情都必须谈到。因为我们在一个坦诚的环境中工作，大家都可以自愿发言，即使是批评也可以。"（德$_1$）

这段访谈数据阐述了德方上级眼中中国员工的"坦诚",它主要表现为愿意主动谈问题、对事物具有批判能力。

(二) 宽容

中国员工在德国上级面前表现出了极大的宽容。这种宽容主要表现为对"错事"和"伤人的话"的宽容,正如德方上级德[13]所言:"我有的时候也会做错事,说一些伤人的话。他们也试着去理解,说:'她不是这个意思,她是老外,不懂这些。'他们面对德国人的时候非常宽容。"(德[13])

(三) 勤奋

中国人勤奋的工作态度是大家有目共睹的。对于德方上级而言,中国员工的勤奋是构建德中上下级信任的一种贡献:"中国人很勤奋,很有抱负,这些创造了信任。"(德[7])因此,德方上级感受到了中国员工的勤奋,他们将这种勤奋的工作态度理解为"有抱负"。同时,中国员工勤奋的工作态度让德方领导赞叹不已:"他们很勤奋,他们有无法想象的工作热情,这有助于信任的构建。"(德[5])

(四)"有礼貌"

在德方上级眼中,中国员工很"有礼貌",甚至比德国人"要有礼貌得多",正如德[10]所言:"也许我要说,中国人与德国人以及其他许多国家的人比起来,要有礼貌得多。"(德[10])

自古以来,中国就是礼仪之邦。"有礼貌的中国人"的形象在欧洲广为流传。[①] 这一点与中华民族的传统文化和教育理念相关。另外,德方上级所感受到的中国下属的"礼貌"体现了下级对上级权威的尊重和服从,这与上下级之间的权力距离相关。

---

① Liang, Yong, " Wie höflich ist die chinesische Höflichkeit? ", in Ehrhardt, Claus und Eva Neuland (Hrsg.), *Sprachliche Höflichkeit in interkultureller Kommunikation und im DaF-Unterricht*, Frankfurt a. M. : Lang, 2009, S. 131.

六　德方反思自我并发出信任：坦诚相待

在对中方员工的工作态度进行评价之后，德方领导也会反思并推测自己在中方员工心里的形象，其中主要一点是坦诚相待："在中国员工的眼中，我想说的是，他们认为德方能够坦诚地进行批评，对问题进行批评。我们非常坦诚地与中方员工进行交流，尤其是出现问题的时候。"（德₆）

上述数据中的"坦诚"指的是坦诚地"批评"和坦诚地交流"问题"。坦诚交流有助于确保下属的工作积极性、创造上下级之间的信任。[①]

在积极的自我反思的基础上，德方上级将会启动新一轮的信任投资。表4-1列出了以上六大步骤中所体现的德中上下级信任互动中的重要形象元素。通过对比分析这些形象元素，力求探析这些形象要素之间的趋同和兼容的可能性。

表4-1　工作态度互动中的积极形象元素一览

步骤	步骤内容	形象元素						
1	德方自我定位并预支信任	坦诚相待	积极面对问题	尊重下属				
2	中方解析上级的信任行为	坦诚相待	积极面对问题	尊重下属	严谨			
3	中方自我定位	坦诚相待	积极面对问题		宽容忍让	执行力强	勤奋	
4	中方反思自我并回馈信任	坦诚相待					勤奋	
5	德方解析下级信任行为	坦诚相待			宽容		勤奋	有礼貌
6	德方反思自我并发出信任	坦诚相待						

[①] Neubauer, Walter und Bernhard Rosemann, *Führung, Macht und Vertrauen in Organisation*, Stuttgart: Kohlhammer, 2006, S. 131.

　　总的来说，工作态度维度方面的德中上下级信任互动呈现以下四大特征，并主要经历了以下六个步骤。第一，"坦诚相待"这个形象元素贯穿于互动全过程，即"坦诚相待"分别体现在双方的自我形象、他者形象以及他我形象之中。从德方上级和中方下级两个视角出发，"坦诚相待"实现了三大形象的协调统一。因此，它是工作态度维度德中上下级信任积极互动的首要因素。第二，"尊重下属"和"有礼貌"这对互补的形象元素实现了德方自我形象、中方他者形象以及德方他者形象①之间的积极互动，二者体现了中德双方的相互尊重；"积极面对问题"这个形象元素在德方的自我形象、中方的他者形象以及自我形象之间协调一致；"勤奋"则在中方自我形象、他我形象以及德方他者形象之间形成积极互动。第三，"宽容"② 能够在中方自我形象和德方他者形象之间协调一致。第四，中方他者形象中的"严谨"以及中方自我形象中的"执行力强"并没有实现互动。不可否认，"严谨"是一种认真的工作态度，然而过于严谨可以被中方员工解释为"较真"，即墨守成规，按部就班。与此同时，"执行力强"是中国员工的特征，但在德方上级眼中可能是"缺乏创新精神"的表现。因此，德中上下级在工作态度维度的积极形象元素主要有"坦诚相待""尊重下属""积极面对问题""勤奋""宽容""有礼貌"（参见图4-3）。

　　根据上述有关工作态度的数据，信任互动主要反映在交流的言语和非言语两个层面上。言语层面的互动可以表现为中方员工对德方上级工作态度的肯定，如说的"都是实实在在的话"；同时，德国上级通过"握手"来表示对下属的尊重则属于非言语层面的信任互动内容。

---

① 这里的"有礼貌"体现了下属对领导的尊重。

② 在中方自我形象中，访谈数据体现的是"宽容忍让"；而在德方他者形象中体现的是"宽容"。在德方眼中，"宽容"是一种大度，但"忍让"是一种消极的服从和反抗。因此"宽容"是积极的，但"忍让"未必就是积极的。

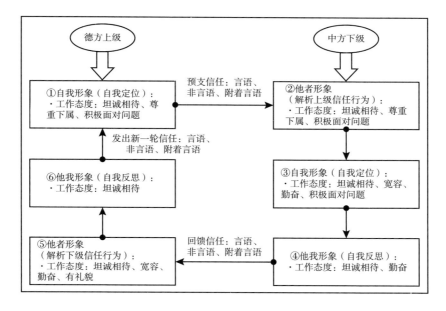

图 4 - 3　工作态度维度的信任积极互动

第三节　工作方式维度的积极互动

工作方式涉及工作中的沟通方式以及行事方式两方面的内容。它们受到信任主体价值规范的影响。与工作态度一样，工作方式也是伴随着工作能力互动发生的。上下级工作方式是否能够达成一致直接影响上下级信任关系。

一　德方自我定位并预支信任

（一）直接

在沟通方式上德方上级秉承直接的沟通方式："我尝试着清楚地、直接地去交流，这样才能建立信任关系。"（德$_{14}$）这名德方受访者将直接沟通视作建立信任关系的必要条件。同时，研究数据显示，德国人

"比中国人直接得多"："我想说，我不是比中国人更喜欢批评，而是比中国人更直接。比如说，我吩咐给某个下属一个任务，如写个邀请函，他写的邀请函里面有错误。那么，我会很直接地说，里面有很多错误。当然，如果是一个德国员工出了错，我也会这么说。"（德₃）

受访者德₃认为，直接指出员工的错误是必要的，因为这种直接的沟通方式可以避免误解，提高工作效率。另外，还有德方受访者将德国人的直接归因于德国的"低语境文化"："我从德方角度出发，我能够带来的是低语境文化的精神，因此我尝试着建立一种坦诚的沟通。"（德₇）

在德方看来，直接的沟通方式是坦诚的。它有利于在沟通中清楚地表达观点并构建信任。

（二）善于倾听

德方上级在与中方下级沟通的时候，非常重视"倾听"："我努力去倾听，去表达相同的目标。如果他们信任我的话，那么他们必须清楚：如果我认真地听他们说，我很认真地对待他们的问题，我尝试着去找到解决的方法；而且我也努力让他们愉快地工作，不给他们过大的压力，当然压力也不能太小，这样他们才能得到自我提升。这些都能创造信任。"（德₄）

倾听是有效沟通中的重要环节，是给予沟通对象最大认同的最有效方式。设身处地去聆听对方的意见和想法，可以给对方有关信任的极大的满足和欣慰。① 因此，善于倾听是建立信任关系的重要捷径。作为管理者的德国外派人员，在与下属的交流中不能总是扮演"主讲人"的角色，而应该学会倾听。通过倾听才能了解下属对工作的看法，发现工作中的问题，提高工作效率。因为在大部分情况下，如果是上级首先发言，那么他很可能成为唯一发表意见的人。这个时候，大多数的下属不

---

① 王建军：《倾听在有效沟通中的重要性及其运用》，《天津农学院学报》2011年第1期，第54~55页。

愿意在公开场合表达与上司不一致的看法。所以，领导最好采取"先听再总结"的策略，遵守"智者语迟"的规律。① 尤其在面对在沉默文化中长大的中国员工，德国上级更应该谨记这一点，正如下面这名德国上司的经验之谈："我的建议就是：在大多数情况下，尽量多听少说。人有两个耳朵，但只有一张嘴。中国人开会的时候，经常会出现沉默。但是，沉默总是让德国人很不舒服，很难受。中国人则不然。如果想从中国员工那里听到一些想法，那么就会经历一段不说话的时间。这让德国人很难受。所以我对外国同事的第一个建议就是：'两个耳朵，一张嘴'。"（德₁₀）

"两个耳朵，一张嘴"的说法充分表明了倾听的重要性。尤其是在面对中国员工的时候，"少说多听"不仅是对中国文化的尊重，也是挖掘员工内心想法的有效途径。因此，这名德方上司建议所有来华工作的外派人员一定要学会倾听。

此外，在秉承"少说多听"的原则之下，德方上级认为，适当地"追问"是减少误解的有效途径："经验之谈，德国人总是对这个、那个有诸多要求。如果他们要了解细节的话，就要学会控制。也就是说，他们经常会追问：'做完了吗？是这样做的吗？'只有通过追问才知道，是不是还需要补充。这已经成为一种习惯，虽然不是所有人都这样做，但是很多人都这样。"（德₆）

"追问"建立在"倾听"的基础上，其目的是倾听下属的真正想法，因此它是积极"倾听"的产物。这种沟通方式有利于澄清交流中的误解。

（三）幽默

与此同时，"幽默"也是德方上级提及的有效沟通方式之一："当然，肯定还有幽默，这个很重要。在沟通中，人们不能忽略幽默的作

---

① 〔美〕艾德·科恩：《跨文化领导——世界级领导者的成功战略》，毛学军译，东方出版社，2009，第99页。

用。我们这里经常发生很搞笑的事情，经常一起笑，一起去卡拉 OK，唱歌的时候我们一起聊天。"（德₁）

幽默可以拉近上下级之间的距离，可以改变德国领导严肃的刻板印象。此外，上述访谈还说明了德方上级严格区分上班与下班两大生活领域，领导在非工作时间和员工"一起笑"还可以消除下属对上司的畏惧感。

（四）合作式的沟通

在处理与下属关系这个方面，德方上级尽量用一种"合作式"的沟通来缩短上下级之间的权力距离，让下属感觉到平等，也可以消除下属在面对领导时的恐惧感："我认为，重要的是，我想告诉我的员工，他们所向往的企业会通过一种合作式的沟通来支持他们。他们不用害怕去反对自己的上司。甚至必须鼓励员工去表达自己的观点，作为上司就应该和员工维持一种坦诚的沟通，然而，有时会很失望，有些员工不愿意交流。但我至少是这样想的，我想营造一种氛围，大家能够在毫无畏惧的情况下畅所欲言。我想让他们感觉到，如果再有什么糟糕的事情发生，他们敢于说出来。"（德₇）

这种"合作式的沟通"有助于鼓励员工毫无顾忌地表达不同意见。

（五）"三思而后行"

在行事风格方面，德方习惯制定一个囊括所有可能性的方案。在方案实施之前，德方会经历一段较长时间的思考过程，也就是"三思而后行"："比如说，手头上有件事要处理，那么大家会想一个方案来做，看看是否有效。如果做不下去了，那么就会想别的办法。通常德国人的做法是：'我必须解决这个问题，那么我们会延长思考的时间，多想想，然后进行调整。'也就是思考，想想：'如果我这么做了，就会出现这个问题，那好，那我改一下。'这种思考是很德国的。中国人一般不会这么做，中国人会在失败之后再调整方案。而德国人喜欢想在前面，把各种可能性先想清楚。中国人一般不会这样处理问题。"（德₆）

从上面的访谈数据可以看出，德方喜欢把所有可能性想在前面，即在设计方案的时候将出现问题的所有可能性都考虑进去，以制定一个全面的、有预见性的方案，而不是走一步看一步。

综上所述，德方上级的工作方式可分为沟通方式（如直接、善于倾听、幽默、合作式的沟通等）和行事方式（如"三思而后行"）两大类。

二　中方解析上级的信任行为

（一）"有话直说"

在德中上下级的共事中，中方下属也逐渐形成了对德方上级的工作方式的他者印象。在沟通方式上，直接是中方员工最欣赏德国上级的一点："我最欣赏的就是他们有话直说，不会绕弯子。"（中₅）德国人的"有话直说"给中方员工留下了深刻的印象："至少我接触的德国人都是比较直接地告诉你他想要什么。……中国人太含蓄了，而外国人比较直接一点。但我觉得，在工作过程中我还是喜欢直接一点，节省时间，不费脑子。"（中₁₁）

这名中方员工认为，德国人不会拐弯抹角。相比之下，中国人太含蓄。他表示，在工作关系中直接的沟通方式"节省时间""不费脑子"。此外，另有数据表明直接的沟通方式"更便捷一些"："作为我们在外企工作这么长时间的人来说，直接把自己的观点不用隐瞒地直接说出来，我觉得更便捷一些。"（中₇）

直接的沟通方式可以减轻下属在与上级沟通时候的心理负担。这种直接也体现在德国上级对中方下属的称赞中："他们很不吝啬自己的赞美。……该表扬你的时候，就不会藏着掖着。也可能是老板激励下属的一种方法吧。"（中₅）

德国人不吝啬赞美，就是说德方领导在表扬下属的时候也是很直接的。这对于下属来说是极大的鼓舞。

（二）"第一时间回应我"

另有中方员工表示，对于下属提出的问题德国领导会第一时间进行回应:"我印象最深的就是他们给的支持,给我回答,这是我特别感激的。问题能尽快回答,总是第一时间回应我。"(中₁₂)德方上级这种积极回应下属问题的方式让这名受访者十分感激并把它当作对下属工作的支持。同时,还有中方受访者坦言:"我提出的问题和想法,领导总是马上做出回馈。写邮件也会很快回复。"(中₁₀)"第一时间"对下属进行信息回馈的工作方式体现了德国领导严谨和尊重下属的工作态度。

(三)"踏实不冒进"

中方员工对德方领导行事风格的主要评价就是"踏实不冒进":"做事情不像中国人那么冒进,在一件事情的最终方案没有确定之前,他们会反复思考各种可能性,一旦定下来,就不达目标不罢休。在思考可能性阶段,是包罗万象的,想得特别多,想得特别周全。这样会降低工作过程中的纰漏。"(中₁)

这一点与德方的自我定位吻合。在方案确定之前,对一切可能性进行"包罗万象"的思考可以降低方案实施过程中的风险,减少工作中的纰漏。当方案一旦确定之后,就不能轻易更改。因此,德国领导喜欢"把丑话说在前头""把架吵在前面":"就是说德国人总是把丑话说在前头,把架吵在前面。在合同谈判的时候,他们在前期会把所有的风险尽可能预料清楚,说清楚后期的处理方式,这样执行起来就会容易一些。……这个我觉得是比较重要的一点吧。"(中₈)

这是一种"先复杂、后简单"的行事风格,所以"在德企工作,没有人走一步看一步的,德国人相对来说计划做得更好、更详细"(中₁₃)。此外,在整个方案的制定和实施中,德方领导表现了较强的计划性,正如受访者中₁所言:"他们计划性非常强。……比如说'我们这么做吧',然后他们就会一直这样做下去,所以信任他们安全感大,风险小,因为他们不会选择计划之外的其他路径。他们就是会按照计划好了的一直前进下去。"(中₁)

较强的计划性是德中上下级信任构建的加速器,因为这能给人带来安全感，降低信任风险。总的来说，在中方员工眼中德国上级的行事风格是"循序渐进""脚踏实地"："我觉得还是循序渐进的、一步一步来的、脚踏实地的，我感觉德国人不喜欢忽悠：说得很好，但是实际行动跟不上。比如一些很喜欢吹嘘的、很爱吹牛的人，他很反感。相反，他比较喜欢那种一开始并不是很显山露水的，但是很踏实的，这样慢慢地，每一次进步都能带给他更多的信心、信任。德国人总体来说，还是比较严谨的，他们的节奏不是很快，这种固定的节奏从长远来看速度是不慢的，不像有些人，很冒进，突然间取得很大成就，然后突然就停滞了，这不是德国人的特点。"（中₁₄）

通过分析以上访谈数据可以推断出，德国上级这种一步一个脚印的行事风格给中方下属留下了踏实、可信的印象。总的来说，在中方员工眼中，德方上级的工作方式呈现出"有话直说""第一时间回应我""踏实不冒进"三大特征。

三 中方自我定位

在观察和体会了德方上级的工作方式之后，中方下级会通过对比反思来定位自我的工作方式，其中同样体现为沟通方式和行事方式两方面内容。

（一）直截了当

中方下属愿意直截了当地与德方上级进行沟通，不愿意"拐弯抹角"："我能保证我向他提供的信息全部是真实的，我愿意把我的想法直接告诉他，我不愿意跟他拐弯抹角。比如说，这个事情我觉得行，我就告诉他'行'，不行就说'不行'。这个人我喜欢，我就告诉他说'我喜欢'，这个人我觉得一般般，我就说'一般般'。首先，我会直截了当地跟他沟通。这是我能够做到的。"（中₁₁）

上述受访者会在与德方上级沟通时尽量做到实事求是，直接说出内心的想法。另一名中方员工将直接沟通理解为，一定要敢于"奉献自己的想法"，不要有"私心"，不要"藏着掖着"："对于中方而言，就不要有那么多的私心，不要藏着掖着，要向他们奉献自己的想法，通过慢慢的解释和了解使他们思想转变，从而相互配合。实际上还是取决于沟通的手段吧。"（中₃）

然而直接沟通并不意味着可以不假思索地把尚未经过验证的想法说出来："我觉得中国人是这样的，我也犯这个错误，但是我尽量在以后减少这种错误的发生，当我还不十分肯定的时候，我就把一个结论告诉他们，最后证明我的想法是错误的，我的理解是错误的，这个会影响他对我的信任。"（中₁₀）

从小在高语境文化中成长的中国员工习惯了委婉间接的沟通方式，容易对直接沟通产生误解。直接不等于可以随口说出尚未证实的空想："不能突然就有一个想法，你的想法一定要建立在你能够解释、阐述的基础上，德国人是不会听一个随便想出来的想法，一定要有很多的证据去 prove（证明），就是你怎么去 prove（论证）你的 idea（想法），这是很重要的。如果你要在德资企业的话，这一点必须注意。"（中₉）

因此，在中方员工眼中，"直截了当"的沟通方式包含三层内容：第一，不要"拐弯抹角"；第二，不要"藏着掖着"；第三，不要随便说。

（二）"换位思考"

同时，中方员工认为，"直截了当"需要把握适度原则，要考虑到交际对方的感受，要做到"换位思考"："如果你有意见想表达，尽量不要起冲突，比如说这件事情他做得不够好，可以先缓一缓，先客观地换位思考，少计较一些，计较太多会对信任产生不好的影响。"（中₁₄）

在跨文化上下级的交流中，"换位思考"体现了文化共情能力（kulturelle Empathie）。文化共情是指，在跨文化交流中，交流主体能够体会交流对象的感受并感受其背后的文化，同时能够察觉对方的情绪变化及其文化根源。① 因此，在与德国上级沟通时，一定要"提前想好"，

---

① 严文华：《跨文化沟通心理学》，上海社会科学院出版社，2008，第 105 页。

要"照顾到他们的情绪":"确实要有很好的沟通方法,对不同的人讲不同的话,用不同的态度,因为对不同性格的人讲话就不能用同样的方式,所以在每次和德国人打电话时,必须提前想好怎么说,要照顾到他们的情绪,目的是让事情做成,实际上也是为公司考虑。"(中$_3$)

上述访谈数据充分反映了受访者中$_3$的文化共情能力。

(三)"以目标为导向"

在行事风格方面,有中方员工认为:"在德国企业,做事一定要按部就班,不能直接从第一步到第五步。"(中$_9$)这名受访者深刻地感受到了德国人"按部就班"的行事风格。此外,这种踏实不冒进的行事风格还体现为"事先都把问题想到了":"发现问题证明你的准备工作做得不够充分,如果你事先都把问题想到了,(问题)就不会出现了。其实这也是不可能的,但是有了这个问题之后,就是不能怕,必须解决。因为不解决的话,这事永远过不去,既然过不去的话,就永远达不到终极目标,所以所有的工作都是 zielorientiert(以目标为导向的),至于怎样能够达到,其实无所谓,黑猫白猫其实都是这个意思。当然你能够有很简便、很快捷的手段把它做好,那就更好了。"(中$_6$)

受访者中$_6$并不完全赞同这种"事先都把问题想到了"的行事风格,因为任何人都不可能预见未来发生的所有可能性。这种以预见问题为导向的工作风格会降低工作效率,因此这名中方员工倾向于"以目标为导向"的工作风格,即在工作过程中采取一切可能性来解决无法事先预见的问题。同时,在这名受访者看来,这种"走一步看一步"的问题态度可能更"简便"、更"快捷",更容易接近目标。

四　中方反思自我并回馈信任

(一)"直接"

中国员工认为,在德方领导的眼中自己很"直接":"我的老板会发现,其实我说话也挺直的,首先是我性格的原因,其次,我受德国文

151

化的影响。其实直接很好。"（中₂）

受访者中₂坦言，这种直接一方面是性格使然，另一方面是受德国文化的影响。还有中方员工认为，直接的沟通方式反映一个人率真的性格，相比之下间接迂回的沟通方式更像是一种掩盖真相的伪装，太"假"："德国领导觉得我还是比较直率的，呵呵。挺好，不假。"（中₁₁）

（二）"善意的谎言"

直接"不等于冲和鲁莽"："我直接是直接，但不是什么时候都直接，不等于冲和鲁莽。德国人是能感觉得到的。有时候善意的谎言很重要，说话必须考虑别人的感受。"（中₃）

这名中方员工中₃认为，德国领导可以感觉到自己适当的直接。为了在交流中"考虑别人的感受"，"善意的谎言"更重要。

（三）胡噜胳膊以示安慰

沟通也可以通过非言语交流，如肢体语言得以实现。非言语信号对于信号所发生的场景以及信号接收者的意义要大于对信号发出者本人的意义。① 也就是说，在人际互动中，人们往往是下意识地发出许多非言语信号。相比言语信号，它们更容易引起信号接受者的注意。在信任互动中，非言语信号的作用有时甚至会大于言语的作用："有一次，当时请了一个翻译，那时大家坐一块儿，当时老板就老找茬，反正是老不高兴。后来气得我也没招儿，那我能怎么着呢？对吧，这边采访着，那人在翻译，这边跟我嘀咕：'不干了'，这个那个的，我就胡噜胡噜他胳膊，说：'你别生气了，就这样吧。'这动作让他印象特深刻，我不知道为什么，他逮谁跟谁说：'哎呀，我当时觉得特别好。'其实这动作不管什么用，但好像就是让人觉得挺舒服的。后来他就老学我这动作，我都不知道。有一次，有个同事生气了，特别激动，然后他也胡噜胡噜他，边胡噜边说：'不要生气了，我知道你很困难。'他跟我说：'这动

---

① Argyle, Michael, *Körpersprache und Kommunikation：Das Handbuch zur nonverbalen Kommunikation*, 9. Auflage, Paderborn：Junfermann, 2005, S. 66.

作特别管用。'我说：'这动作没什么呀。'"（中$_6$）

在发生冲突的时候，通过肢体语言来安慰领导，可以缓解紧张气氛，同时让领导感受到温暖和支持。这里的肢体语言"胡噜胳膊"隶属于交流非言语层面，这种肢体语言的安慰方式的效果在上述情况中远远大于言语层面的安慰，同时拉近了上下级的距离。在形成了上述有关工作方式的积极的他我形象之后，中方员工会进行信任回馈。

五 德方解析下级的信任行为

（一）"直接"

从研究数据可以看出，德方上级对中国员工工作方式的评价主要聚焦"直接"这一沟通方式，但是"直接"与中国高语境的文化特征以及与中国文化中权力距离指数相对较大这一研究结果不符。[①] 这一点反映了中国员工顺从德式工作方式的事实。

---

① 根据爱德华·霍尔（Etward T. Hall）的相关理论，文化可以按照交流的高低语境划分为高语境文化与低语境文化，其中德国人习惯用编码清晰的语言文字来描述事物、表达思想；相反，中国人喜欢假设存在许多已经共享的背景知识，从而选择含混不清的方式，隐讳地、间接地说明问题（陈晓萍：《跨文化管理》，清华大学出版社，2009，第141～143页）。因此，在德国人看来，中国人喜欢间接、委婉的沟通方式。根据吉尔特·霍夫斯塔德（Geert Hofstede）的文化维度理论，在权力距离这一文化维度中，中国权力距离指数值（80）远远大于德国的数值（35）（Hofstede, Geert und Gert J. Hofstede, *Lokales Denken*, *globales Handeln*. *Interkulturelle Zusammenarbeit und globales Management*, 3. Auflage, München: Deutscher Taschenbuch Verlag, 2006, S. 56）。另外，根据最新的GLOBE（"全球领导力与组织行为有效性"）研究项目的研究结果，中国文化权力距离的实际值（Ist-Wert）为5.39，德国的实际值为5.04，平均值为5.17。这些数据说明，中国社会权力距离的实际情况不仅高于德国，而且高于所有被调查的62个文化的平均水平（House, Robert J., Paul J. Hanges, Mansour Javidan, Peter W. Dorfman and Vipin Gupta（eds.）, *Culture*, *Leadership*, *and Organizations*: *The GLOBE Study of 62 Societies*, Thousand Oaks/London/New Delhi: SAGE Publications, 2004）。这两项研究共同说明了中国文化是典型的高权力距离文化。基于上述研究成果，在中国文化的上下级的关系中，员工大多会完全服从于领导的指令，不敢公开违背上级的意思，不愿直言自己的想法（Hofstede, Geert und Gert J. Hofstede, *Lokales Denken*, *globales Handeln*. *Interkulturelle Zusammenarbeit und globales Management*, 3. Auflage, München: Deutscher Taschenbuch Verlag, 2006, S. 72 – 76）。

德国上方认为："中国人也可以很直接。"（德4）虽然中国人喜欢"犹抱琵琶半遮面"，但是也可以开门见山。在上下级关系中，作为下属的中国人并没有因为畏惧权威不敢直言，反而给德方上级留下了"批评能力很强"的印象："中国雇员更喜欢观察老板的想法，不管他们是中国老板还是外国老板。当然，在中国老板那里，他们的行为会和在外国老板面前不一样，比如说，一些年长的女雇员，四五十岁，她们的批评能力很强。我曾经雇用过许多项目经理，他们的批评能力比许多欧洲同事要强很多。这个也许对许多人来说很棘手，但是对我来说很好，这些中国女士很多是工程师，心里有很多想法，而且能说出来。"（德10）

受访者德10认为：第一，中国员工喜欢揣测领导的意图；第二，面对德国上级和中国上级时，他们会采取不同的沟通方式；第三，德方上级很欣赏中方下属的直接批评。这段数据充分说明了中国员工对德式工作方式炳若观火并表示出顺从和迎合，如"很直接""批判能力很强"等。

（二）通过拥抱拉近距离

德方领导还发现，某些中国员工，特别是女员工学会了"拥抱"这种问候方式："我观察过了，女员工会用拥抱来和我告别或者打招呼，这种肢体语言让人很惊讶。和我共事的一些女性中国员工，让人感觉不再像以前那么冷漠、那么有距离感。我觉得，在某种意义上，这是正确的。"（德6）

"拥抱"是典型的西方问候方式。与传统中式问候方式"鞠躬"或者与具有普遍意义的问候方式"握手"相比，肢体语言"拥抱"可以迅速拉近人际距离，加速实现人际信任。在传统的东方文化中，发生在私人领域之外的、异性之间的身体接触经常被视作禁忌。因此"通过拥抱拉近距离"再一次证明了中方下属深受德国文化影响的事实。

六　德方反思自我并发出信任："积极意义上的直接"

在对中方员工的工作方式进行评价之后，德方上级会开始反思自己的工作方式，同时揣测中方员工对自己工作方式的评价。首先，德方上级将"积极意义上的直接"理解为"喜欢主动接近大家"："也有不一样的德国人，德国人并非都那么高傲，比如，积极意义上的直接：'喜欢主动接近大家'。而且那些坦率的、好奇的中国人会发现这一点，也很愿意认识这样的德国人。这一点可以促进信任的构建。"（德$_2$）

受访者德$_2$认为中国员工可以接受这种"积极意义上的直接"，因为它促进德中上下级的信任构建。同时，"积极意义上的直接"可以表现为"直接的表扬或者批评"（德$_3$）。此外，德方认为，中国员工眼中的德国上级"很简单""非常直接"："从中国人的观点出发，德国人从总体上来讲，很简单、非常直接。这对信任构建起到了积极作用。……他们知道，因为德国人相对简单，不那么复杂。"（德$_7$）

德国人直接的沟通方式反映了德国人耿直简单的性格。这种"简单"可以降低信任风险，加快实现信任的速度。总之，在形成对中方员工的他者形象之后，德方上级会进行反思并揣测中方员工的心理活动，以形成积极的他我形象，即德国上级的直接是积极意义上的直接，可以"直接地表扬或者批评"，它甚至可以直接上升到中方员工对德方上级性格乃至是人品的积极评价："德国人相对简单、不那么复杂。"

综合上述呈现的工作方式互动中的积极形象元素，可以对比分析出它们之间趋同以及兼容性的可能性（参见表4-2）。表4-2总结了德中上下级在工作方式维度信任积极互动的所有形象元素。第一，直接的沟通方式贯穿该维度信任积极互动的全过程，可以形成中德文化趋同。但是在中国员工眼中，直接须遵守适度原则，学会"换位思考"和

"善意的谎言",就像德方上级所谓的"善于倾听"和"积极意义上的直接"。所以,"积极意义上的直接"才是这一维度信任积极互动的最重要元素。第二,德方"三思而后行"的行事风格得到了中方员工的认可。中方员工认为"三思而后行"是一种踏实不冒进的工作方式,然而他们同时认为,人不可能有百分之百的预见性,不可能将所有发生在未来的风险都在行动之前考虑清楚。"三思而后行"虽然强调要反复思考,但思考的目的是"行",所以踏实不冒进要以目标为导向。所以结合中德双方的观点来看,"具有行动力的踏实作风"才是双方都可以接受的工作方式,是工作方式维度信任积极互动中的第二大积极元素。第三,"肢体语言"的沟通技巧出现在中方的他我形象和德方的他者形象之中,可以形成文化趋同,从而成为该维度信任积极互动的第三大形象元素。第四,其余形象元素之间并没有形成偏离或者冲突;同时从上下级的接受程度来看也不存在违背彼此价值规范或者传统文化的可能性。因此它们是可以共存的积极形象元素。

表4-2 工作方式互动中的积极形象元素一览

步骤	步骤内容	形象元素					
1	德方自我定位并预支信任	直接	善于倾听	幽默	合作式的沟通	三思而后行	
2	中方解析上级的信任行为	有话直说				踏实不冒进	第一时间回应我
3	中方自我定位	直截了当	换位思考			以目标为导向	
4	中方反思自我并回馈信任	直接	善意的谎言				胡噜胳膊以示安慰
5	德方解析下级信任行为	直接					通过拥抱拉近距离
6	德方反思自我并发出信任	积极意义上的直接	积极意义上的直接				

图4-4描述了德中上下级在工作方式维度信任积极互动的全过程以及每一个环节的具体内容。从图4-4中可以看出，工作方式可以具体表现在交流的四大层面，如"直接"的沟通方式属于言语层面的交流，"肢体语言"属于非言语层面的交流（"胡噜胳膊""拥抱"），倾听式的沟通方式主要通过活轮转换中的"沉默"实现，因此属于附着言语，而"第一时间做出回应"强调了交流时间因素重要性，因此它属于超言语层面的内容。

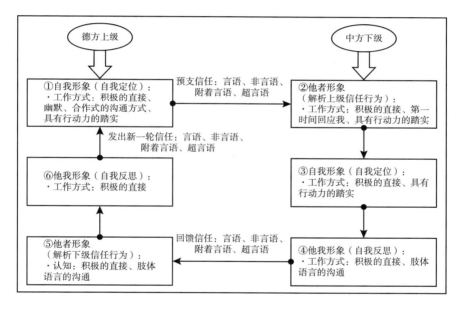

图4-4　工作方式维度的信任积极互动

第四节　性格维度的积极互动

研究数据显示，中德双方达成一致、共同认为，性格相投能够实现信任构建中的质的飞跃。因为性格相投是一种情感上的默契和好感，减少双方隔阂，减少误解和冲突，从而将信任化繁为简。

一　德方自我定位并预支信任

（一）“真实”

在性格维度的积极信任互动中，德方上级对自己的第一定位就是“保持真实”“展现真实的自己”：“我努力做到做真实的自己，保持真实。……我努力做到不隐藏自己，不伪装自己，做简单的自己。我想在下属面前展现真实的自己，然后才能构建信任。这样我觉得很好。”（德₉）

上述受访者将“真实”理解为“不隐藏”“不伪装”。另有德方受访者表示：“我真实、简单，从不撒谎，这个有利于生成信任。”（德₁₄）因此，在德方上级眼中的“真实”还包括“不撒谎”。“真实”可以保证交际中的透明，降低信任风险。所以，在性格维度方面，德方上级的第一大自我形象定位就是“真实”。

（二）“喜欢批评”

德国上级认为，自己的批评意识强，要求严格。这种“喜欢批评”的性格首先表现在严于律己：“总体上来讲，德国人都很严格，喜欢批评。当然，首先是对自己很严格。这可能是德国人能生产出最好的机械的原因，因为德国人极其细致认真。他们需要通过自我批评来提高自己。如果德国人对自己严格，那么肯定对别人也会要求严格。”（德₁₀）

上述这名德国上级表示会通过自我批评来实现自我完善。在此基础上，这种严谨的工作性格也会表现在与下属的合作中。他同时认为德国人“喜欢批评”的性格与“细致认真”的行事风格相关，因为批评可以将工作中的问题透明化，推动工作进程，有利于信任的积极互动。

二　中方解析上级的信任行为：直率

中方下属对德方领导性格的第一感知是直率。中方下属主要从上级对下属的批评中感受到了德方直率的性格：“我觉得信任就是，你要相信他，首先他个性上不能是那种藏着掖着的。我觉得，直率的人可能会让你在某一时刻的自信心下降或者心情比较沮丧，因为他可能直接指出了你的一些问题，但我觉得这还是一种基于公平、平等的工作状态。"（中₁）

受访者中₁认为，虽然直接批评会让下级暂时产生"自信心下降"或者"心情沮丧"的可能，但是从理性来看，这种直接批评是一种"公平、平等"的工作方式。这也是德国人直率的个性使然："因为他本身是一个比较直率的人吧。他的阅历也比较丰富，他走的国家也比较多，生活经验多，性格也不错。他的性格还是比较直率的。"（中₁₄）

在受访者中₁₄眼中，直率属于积极的性格。尤其在对中德领导风格进行对比之后，德国人的直率尤为凸显："因为我觉得从中国人和德国人性格角度来讲，德国人是比较直率的，中国的领导……顾虑比较多，说话比较谨慎，就我目前工作的情况来看，我觉得跟德国人合作起来更容易，跟中国人相处的话可能需要考虑得更多。"（中₁）

上述中国员工对德国领导直率性格的感知建立在对比中德领导的基础上。他认为，领导直率的性格导致产生直接的领导风格，这种直接的管理方式可以简化上下级合作，减轻下属的工作压力。另有受访者坦言，德国上级直率得"呆板""古板"："德国人性格直率，你一旦和他接触时间长了以后，你会不由自主地去喜欢他，德国人很呆板，很古板，但是，……他做事情，一板一眼地做每一件事情，这对于中国人来说可能很可乐。"（中₇）

因为"直率"，德国上级在行事中会"一板一眼"。时间长了，中国员工会觉得德国上级古板得"可乐"，会不由自主地喜欢上这种性格，正如受访者中₉所言："因为他们直率，所以我挺喜欢跟德国人打交道的。"（中₉）

总的来说，中方下属对德国领导性格的感知与上级的自我定位基本一致。

三　中方自我定位：直率

与此同时，中方员工认为自己在信任的积极互动过程中表现出了"直率"的积极性格，如有受访者认为自己"很直接"："这只是我个人性格的原因。比如说，有时候我反而很直接，如果我有什么不满的话，我会直接说，甚至对我们领导也是这样。因为我是一个直率的人。"（中13）

这种直接的性格首先表现为对领导直接表达"不满"。其次，中方员工直接的性格还表现为"透明"，正如中方员工中12认为，在性格上保持透明是和德国领导构建信任的关键："我对领导的态度是，我尽量把我干什么，我将要干什么，我过去干了什么，我尽量告诉他，让他完全掌握，尽可能掌握我，我工作上甚至我性格上，我对他尽可能不留任何秘密，让他放心，让他随时随刻有能够抓住我的感觉，控制我的感觉，那么当你这样做的话，对他来说，他会对你许下某种承诺。"（中12）

这种透明的性格具体表现为"不留任何秘密"，其目的在于，让领导"放心"，这样有助于领导主动抛出信任。

四　中方反思自我并回馈信任："性格合拍"

在自我定位之后，中方员工会进行反思并对领导的期待进行揣测："一上来我们就觉得非常信任对方，可能就是性格上合拍，或者我跟他很多地方一样。他也信任我，他有什么事都跟我讲，当然我有什么事不一定跟他讲，但是他知道我是怎么想的，这可能因为我们性格合拍。"（中12）

上述内容显示，受访者中12认为，因为"性格合拍"，所以德国领导信任他。"性格合拍"带来默契，促进相互理解。此外，性格合拍还体现在共同的兴趣爱好上："我特别喜欢看球赛，然后对德国那些球队、欧洲的球队，恨不得哪个队穿什么衣服都知道，然后跟老板聊起来就非常有共同语言。老板认为，我和他有共同的兴趣，性格很像。"

（中₈）

上述访谈数据中的上下级都是足球迷，兴趣相投，这一点也反映了性格合拍。必须强调的是，这里的兴趣相投与私人生活领域话题相关。因此，私人领域的话题可以促进工作领域的信任关系的发展。

通过对比分析中方员工的自我形象和他我形象可以发现，在中方员工眼中，性格合拍很重要。受德方直率性格的影响，中方员工认为，可以在德方领导面前毫无压力地、轻松地展示自己直接的一面，由此产生性格合拍的效应。在自我定位和自我反思的基础上，中方员工认为可以迈出信任回馈这一步。

五　德方解析下级的信任行为

同样，德方上级也体会到了性格合拍对信任构建的积极意义。从领导的视角出发，具有批评意识的下属是值得信任的下属，因为在德国人眼中，批评是一种具有积极意义的行为。

（一）"鼻子相配"

有一句德国俗语"鼻子相配"（Die Nase passt.）的意思是性格合拍。本研究显示，德方上级认为值得信任的员工和自己"气味相投"："因为，有的时候，德国人会说'鼻子相配'。有时候人会有一种察觉、一种感觉，会说：'他不错。'那么，鼻子就配上了，也就是气味得相投，这个中国员工就和我投脾气。因为我们一起共事，感觉是相似的，也有过相似的经历。"（德₁）

所谓的"鼻子相配"主要源自双方共事时产生的相似感觉和共同经历。

（二）批评意识强

具体来说，在德国上级眼中，这种"气味相投"主要表现为下属"有批评意识"："他很值得信任，他在某些问题上是很严格的，很有批评意识。"（德₁₁）

德国领导看重下属的批评意识和批评能力。他们认为，这是一种严格认真的性格，同时这种批评意识对事不对人："对，批评意识很强，但不是说她老批评别人。因为大家都知道，她人缘很好。她有自己的性格，有想法就说出来。所以我喜欢她。"（德$_{13}$）

这种批评性格和德国领导"投脾气"，可以让领导产生对下属的好感。

六 德方反思自我并发出信任："喜欢批评"

在对下属的积极性格进行评价之后，德方上级会对中方员工的心理进行揣测，如有德方领导坦言："我认为，在中国员工的眼中，我很喜欢批评。我很简单、直接，有什么说什么。这样的话，工作起来很透明。我觉得这样很好。我的中国同事觉得这样也很好。"（德$_9$）

这名德国外派人员认为，中国员工眼中的德国领导"很爱批评""简单""直接"。这种性格利于合作，让德中上下级的共事过程变得透明，因此中方下属欣赏德国人"喜欢批评"的直率性格。这种积极的他我形象带动了德方上级新一轮的信任投资。

表4-3展示了性格互动中所有积极的形象元素。首先，德方自我形象中的"真实"、中方他者形象中的"直率"以及中方自我形象中的"直率"可以协调一致，所以"直率"是双方都认可的积极性格。其次，在德方的自我形象、他我形象和他者形象中都出现了"批评"这个形象元素，在德方眼中，"喜欢批评"体现了直率的性格，而且他们很欣赏有批评能力和批评意识的中方员工。因此，在德方上级看来，"喜欢批评"是一种有利于信任积极互动的性格。但是在中方员工看来，直率也可以表现为"表扬意识"。因此，有技巧的、"对事不对人"的批评可以促进德中上下级信任的积极互动。实际上，"批评"是上下级关系中的敏感词。一般来说，上级拒绝与下属进行有关批评

的对话，因为上级如果没有把握好批评的"度"，很容易破坏上下级关系。因此，上级总是期待员工能够进行自我批评。这样的话，上级能够把批评转嫁给下属，所以领导喜欢有自我批评意识的员工。[①] 在德中上下级信任的积极互动中，"对事不对人"的批评值得提倡。此外，从中方的他我形象和德方的他者形象中可以看出，双方都认为"性格合拍"很重要；同时中方员工认为，"性格合拍"可以源于"兴趣相投"。

表 4 - 3　性格互动中的积极形象元素一览

步骤	步骤内容	形象元素		
1	德方自我定位并预支信任		真实	喜欢批评
2	中方解析上级的信任行为	直率		
3	中方自我定位	直率		
4	中方反思自我并回馈信任			性格合拍
5	德方解析下级信任行为		批评意识强	"鼻子相配"
6	德方反思自我并发出信任			喜欢批评

通过对表 4 - 3 中所有形象元素之间的趋同性和兼容性进行探析，我们总结出德中上下级在性格维度的积极互动过程（参见图 4 - 5）。

图 4 - 5 展示了德中上下级在性格维度的信任积极互动。首先，双方都认为性格合拍对性格维度的信任积极互动至关重要。其次，直率的性格得到了中德双方的肯定，是促进性格维度积极互动的主要性格。再次，在德方上级看来，对事不对人的批评同样具有积极意义。最后，通过对相关研究数据的分析可以发现，性格维度的信任积极互动维度主要体现为言语层面的跨文化交流。

[①] Osterloh，Margit und Antoinette Weibel，*Investition Vertrauen：Prozesse der Vertrauensentwicklung in Organisationen*，Wiesbaden：Gabler，2006，S. 151.

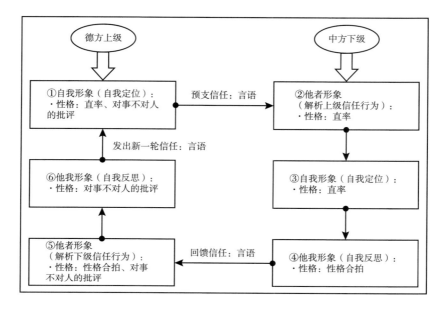

图 4-5　性格维度的信任积极互动

第五节　人品维度的积极互动

人品即人的品格。品格"是一种美德，是一种社会大众所认可的价值规范，是人类优良的特质，更是一种发自内心的良善觉知"。品格是一个人的道德素质，强调的是人内在的、道德伦理方面的修养。[1] 因此，考察一个人的诚信度，人品是首要的参考因素。

一　德方自我定位并预支信任："可靠"

在中文的口语中，凡是涉及对人的评价时必定会出现"人品"这

---

① 黄运平、胡琳琳、张文凯：《知识、能力、品格与素质的关系及对人才培养的启示》，《湖南师范大学教育科学学报》2012 年第 2 期，第 74 页。

个词，比如，"某某某人品好"或者"人品不好"等。然而，在德文中不存在完全等值意义的一个词，但这不表示德国人不看重人品。德语中的"可靠的"（verlässlich）、"诚实的"（ehrlich）都是描述正面人品的形容词。

德方上级对自己人品的定位为"可靠"，正如受访者"德$_{14}$"的陈述："我也努力做到可靠。"（德$_{14}$）可靠是值得依靠和信赖，一个可靠的领导必定是下属可以信任的领导。此外，研究数据表明，可靠主要表现为以下两方面的内容。

第一，"诚实"。德方上级认为："我很诚实、很真实。"（德$_2$）"诚实"就是不撒谎、不欺骗，是做人的第一原则。一个诚实的人，一定是可靠的人，也必定是值得信任的人。

第二，考察一个人是否诚实，关键要看其行为。对此，德方上级认为保守秘密是最重要的信任行为之一："他们相信我，是因为他们和我说的事情我不会再告诉第三个人，我不会再向外人传递这个信息。"（德$_{12}$）

保守秘密不仅是考察人品的重要因素，也是上级赢得员工信任的重要环节。

二　中方解析上级的信任行为

在德中上下级信任的积极互动中，中方员工充分肯定德方上级的人品："他人品各个方面都挺好的，所以值得信任。"（中$_5$）对人品的考察主要基于人际交往。研究数据表明，中方下级对德国外派管理人员人品的积极评价主要有"善良"和"一碗水端平"。

（一）"善良"

首先，德国领导是"善良"的："我觉得首先他是善良的人，愿意与人打交道的人，助人为乐的人，愿意把别人的事情当作自己的事情来看待的人，这些其实不是性格，是品格。"（中$_4$）

这名中方员工认为，他的德国领导是"善良的"，具体表现为"助人为乐"。此外，在中国员工眼中，德国领导的善良还表现在："对，他的第一个 Annahme（假设）就是 die Menschen sind gut（人性本善），当然我们不是说基督教那种。"（中₄）

从一个人对其他人"人性本善"的基本假设也可以推断出他本人"善良"的品格。

（二）"一碗水端平"

其次，德方上级的人品还表现为"一碗水端平"："我也承认他的人品，他是很正直、很公正的一个人，能够做到一碗水端平。"（中₁₀）这一点评价对领导十分重要。因为一个领导所要面对的下属数量至少为两名，也就是说，在不是一对一的关系中，领导能够"一碗水端平"是激励员工的重要指标。在上下级关系中，领导是企业的"代言人"，掌握着资源配置和奖惩的权力；下属权利与义务表现为工作、服从和认可领导权威。要促使二者平衡，领导坚持公平、公正地运用权力是关键，适时适当地给予下属奖励，进而能获得下属的信任。① 因此，在下属眼中，能做到"一碗水端平"的领导就是一个"公正"的领导："我的老板很公正，奖惩分明，这样可以促进员工工作的积极性。只要你干活了，活干好了，他都是心知肚明的。所以，一个公正的领导很重要。"（中₁₄）

三 中方自我定位

在对德国领导的人品进行了正面评价之后，中方员工也会对自己的人品进行定位。同样，中国员工非常重视自己的人品，人品的好坏不仅关乎声誉，更与个人的诚信紧密相连。中国人习惯将信任区分为对他人能力的信任与对他人人品的信任。对于日常生活中一次性的或者风险小

---

① 尤强林、赵泽洪：《心理契约理论与上下级信任关系的构建》，《领导科学》2010 年第 22 期，第 52 页。

的事件，能力信任比较重要；对于长期合作中风险较大的或者涉及私人领域的事件，人品信任则比较重要。也就是说，在风险较小的情况下，中国人会依据声誉和能力来决定是否信任；在风险较大的长期合作中，信任双方的关系状况起到首要作用。[①] 因此，对于中国员工而言，人品维度的信任互动远远超过能力维度的信任互动，它是决定一个人信任度的关键因素。

（一）"与人为善"

首先，中方对自我人品的定位是"与人为善"。在中方员工眼中，德方上级是"善良"的，而且以"人性本善"的价值观来判断员工。由于信任是双向的，在面对善良的德方上级之时，中方员工也必须"与人为善"："我觉得更多的是与人为善，我先不去猜疑别人，说不定有一天事实证明了：我相信的人是不值得我信任的，那我再改变我的想法。这是从双向的角度来谈信任，但是从单向的角度来讲，我先给予信任，那之后也许我会得到信任的回报；也许我得不到，得不到的情况下我怎么做就是下一步的事了。无论如何，人首先得有一个信任的基本态度。"（中₄）

从这名中方员工的陈述可以看出，主动相信对方，"不去猜疑别人"，即首先做到"与人为善"是在向信任对象展现自己人品，发出信任信号。

（二）"责任心"

其次，中国员工通过承担责任来展示自己的人品。也就是说，一定要做有"责任心"的人："从我的角度讲，如果我做得比较好，不管是跟德国人还是跟中国人，这些都是一样的，比如说要有责任心，这些我都能做到，这样就可以证明你的工作能力，或者你不会推卸责任，这样的话就有了合作基础。"（中₁₃）

[①] 宋源：《团队信任、团队互动行为与团队创新——传统面对面团队与虚拟团队的比较研究》，上海社会科学院出版社，2010，第47页。

责任心是人品的一个重要内容。通过观察一个人能不能承担责任，而不是把责任推卸给别人，可以来判断其人品的好坏。正如另一名中方员工所言："要熟悉业务，要能够承担责任，因为我对我自己就是这样要求的。"（中₆）

（三）"以心换心"

最后，中国员工的人品还可以体现为"以心换心"："就像中国古人所言，'以心换心'吧。因为，就我个人而言，在工作最开始阶段，我就一定要如何如何，还非得要对方如何如何，比如为个人多争取一些利益啊，我始终就没有过这种想法，时间一长，对方都能感受得到这种单纯。第二，双方多理解对方，理解对方有什么困难，有什么不容易的地方，尽量多为对方创造一些方便的条件，有些事情多想在前面，包括和其他德国同事的交流，一起玩啊。如果单纯从职责这方面来说已经足够了，但是有的时候，你把他们当成自己的朋友，像一家人一样，很多时候考虑到前面，这样的话，他肯定会感激你，作为回报的话，肯定在很多方面他也会替你着想。大家都是以诚相待吧。"（中₁₄）

这名中国员工用"以心换心"来表达自己愿意交出真心的诚意。这种诚意体现了中国员工保持真我、不怀疑、不欺骗的高尚人品。

四 中方反思自我并回馈信任："可靠"

与此同时，中方员工会对自己的人品在德方上级心中的形象进行推测。有受访者表示："他们相信我的人品，知道我不会违反公司条例，不会欺骗他们，这是第一。"（中₁₀）这名中方员工通过自己的信任行为，如"不违反公司条例"、"不欺骗"领导等来推断领导对自己人品的肯定。

此外，还有中方员工认为，他的老板认为他"很可靠"："他们觉得我很可靠，我保证不隐瞒信息。当然也不会泄露公司机密。"（中₇）他所指的"可靠"就是"不隐瞒信息"，同时"不泄露机密"。这两点也是领导考察下属人品的重要指标。

总的来说，研究数据所显示的中方员工有关"人品"的积极他我形象主要是"可靠"，具体表现为"不违反"、"不欺骗"、"不隐瞒"和"不泄露"等的行为准则。

五　德方解析下级的信任行为："保险柜"

首先，德方上级认为，好的人品就是"老实"和"可靠"。同时他们认为，中国员工是老实的、可靠的，正如"德$_1$"所言："他很老实，很可靠。"（德$_1$）另外，还有德方受访者认为："当然中国人也是这样，我认为，也就是比较可靠。"（德$_7$）因此，可靠与否是德方上级考察信任对象人品的重要指标。

更有德方上级将自己的中国员工比喻成"保险柜"，这进一步证明了他们对中国员工人品的肯定："我的助手和我已经共事十多年了，我称他为保险柜。我可以让他在我家过夜。这里的一些人，我可以百分百信任。"（德$_{10}$）

对人品的肯定可以带来"百分百的信任"，同时这种建立在人品基础上的信任超越了工作的界限，可以让工作中的上下级关系变成工作之外的朋友关系。

六　德方反思自我并发出信任："像德国机器一样可靠"

在形成对中国员工的他者形象之后，德方上级同样会对自己在中方员工心中的品格形象进行猜测："我认为，这个也创造了信任，对于中国人来说，德国人就像德国机器一样那么可靠。这个创造了工作中的信任。"（德$_7$）

这名德方受访者认为，在中国员工心中，他们就像"德国机器"一样可靠，正如德国外派管理人员德$_{14}$所言："他们认为我很可靠。他们可以信任我。"（德$_{14}$）也就是说，可靠一定值得信赖。一直以来，德国机器是"高质量"的代名词，德国上级将自己比作"德国机器"是为了证明自己的品格。

从表4-4可以看出，第一，"可靠"这个形象元素出现在德方自我形象、中方他我形象、德方他者形象以及他我形象①之中，如中方员工自我定位中的"以心换心"也是"可靠"的一种表现。因此，"可靠"是双方都认为最重要的"人品"，它带动了人品维度信任的积极互动。第二，从中方下级的视角出发，"善良"也是考量人品的重要因素。同时，研究数据表明，中方员工肯定彼此"善良"的品格。第三，在中方下级看来，上级的公正（"一碗水端平"）和下属的"责任心"相互匹配，能够形成上下级信任的积极互动。总之，表4-4中所有的形象元素都呈现出兼容的可能性。

表4-4　人品互动中的积极形象元素一览

步骤	步骤内容	形象元素		
1	德方自我定位并预支信任	可靠		
2	中方解析上级的信任行为		善良	一碗水端平
3	中方自我定位	以心换心	与人为善	责任心
4	中方反思自我并回馈信任	可靠		
5	德方解析下级信任行为	保险柜		
6	德方反思自我并发出信任	像德国机器一样可靠		

图4-6展示了人品维度信任积极互动的六大步骤。此外，从图4-6中的形象元素还可以看出，在人品维度的互动中，信任主体主要通过观察信任对象的言行是否一致来判断信任对象是否值得信任。"言"指向言语交流，而"行"主要体现了非言语交流，所以实现人品维度的信任积极互动主要依赖于言语层面和非言语层面的交流。

---

① 把中方员工比喻成"保险柜"，其实就是认为中方员工很可靠。

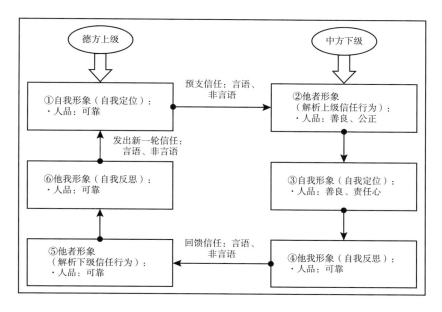

图 4 - 6　人品维度的信任积极互动

第六节　帮助与被帮助维度的积极互动

在上下级这对特殊的信任关系中，两者之间存在明显的权力距离。这种权力距离由双方拥有的社会资源的差距决定。作为弱势一方的中方下属在遇到困难以及无法解决问题的时候，非常渴望上级的帮助、关心以及支持。因此，在这对权力不平等的信任关系中，帮助与被帮助维度中的信任互动主要表现为上级给予帮助与下属渴求帮助之间的互动，也就是主动提供帮助和积极接受帮助之间的互动。因此，这一维度的互动只涉及德方自我形象与中方他者形象之间的互动。

一　德方自我定位并预支信任:雪中送炭

拥有更多社会资源的上级有能力也有责任帮助处于弱势地位的下

属。对于这一点，德方上级洞若观火，因为这种"雪中送炭"式的帮助和关心其实是一种高回报的信任投资。因此，德方上级认为："我的贡献在于，我总是给人一种感觉，如果谁需要帮助的话，那我就会出现。"（德$_{12}$）

上述访谈数据说明德国上级随时准备去帮助下属。在人际互动中，帮助是一种社会互动的有力形式，它远远超越了发展和维持亲密关系。[①] 因此，作为人际互动形式的帮助可以拉近人际距离。同理，在上下级关系中，上级对下属的帮助可以拉近上下级距离，同时也体现了上级对下属的尊重。德国领导对中国下属的帮助还体现在"当问题出现的时候"："当问题出现的时候，那么我就可以帮助他们，我会持续地支持他们，我会用我母语的优势，把问题按照德国人的思路和德国的同事讲明白。"（德$_{12}$）

作为外派管理人员的德国上级处于德国总部与中国分公司之间，起到协调双方事务的作用。当中国员工遇到棘手问题的时候，他们只能求助于德国外派人员，因为只有德国外派人员才能用德国人的思维并用他们的母语将问题解释清楚。

从以上两段研究数据可以看出，德方上级在帮助下属这个问题上持有积极的态度，随时做好准备去帮助下属解决困难和处理问题。德方上级的帮助以解决问题和处理问题为导向，是"雪中送炭"般的帮助。

二　中方解析上级的信任行为：给予支持与帮助

面对德方上级给予的帮助，中方员工很"感动"："我认为最让我感动的是，当需要他们沟通某些工作的时候，德国方面的上层领导可以给予帮助。"（中$_3$）

---

① Jacobs，Bruce J.：《中国政治联盟特殊关系的初步模式：台湾乡镇中的人情和关系》，载黄光国、胡先缙等著《人情与面子：中国人的权力游戏》，中国人民大学出版社，2010，第187页。

上述中方员工所提及的帮助涉及工作事务。当员工没有能力处理某些事务的时候，领导必须站出来给予帮助。这种涉及工作的帮助还表现在处理员工错误的情况："处理一个员工犯了一些错误的情况，我觉得大多数的德国人会再给你一次或更多的机会，不断地去帮助你，如果你再犯错，再帮你，无休无止地给你更多的机会。"（中₃）

这种帮助体现在领导不断地给予下属改正错误的机会，并且帮助员工改正错误。这种方式的帮助其实是一种激励策略，鼓励员工不断进步的策略。

同时，德国上级对中方下属的帮助还涉及私人领域的帮助。以下这名中方员工描述了一名德方领导对她的整个事业生涯规划进行帮助的故事："因为我觉得产生信任还有一个缘由就是他帮助过我，比如说，我之前有一个老板，因为我当时是刚毕业没多久，然后去了那个地方，当时只是用德语来'吃饭'。他跟我说：'你不能这样'，他就说：'一直用语言，在公司里面，我觉得竞争力很低。'他这么跟我说：'你还有没有什么其他的喜欢的、觉得可以从事的行业？'我说：'财务吧，因为我觉得我比较细心，对数字也比较敏感。'他就说：'那好，那我觉得你应该趁现在学一学。'我就接受了他这个建议。然后我就去学会计，然后学到了一定程度以后，他在公司里也给我找机会做实操，就是实际的操作。然后，三年左右吧，他就跟我说：'我觉得其实你可以找到更好的工作。'他说：'现在你懂德语，懂会计，你应该找一个没有这么清闲的地方，更加能够锻炼自己。'我觉得，从一个老板的角度来讲，他鼓励自己的员工，比如他会说，'我觉得你应该怎样做会更好'，而不是说，'你是我的员工，你愿意踏踏实实在这工作，我还不用找其他的人，我何乐而不为啊？'他是基于为你着想，从你的角度来考虑问题，想着怎么样对你才是更好的。他给了我这些建议，所以我到现在还是很感谢他，我们还是有联系，然后我觉得这个就是信任的基础吧。"（中₁）

在这个故事中，德方领导能从下属角度出发，帮助下属分析她的职业规划并鼓励员工去学习新的知识来提高自己。这种帮助不是从领导或者公司的利益出发，而完全是从下属的利益出发。在这名中方员工看来，领导是在真心实意地帮助她。因此，中方下属对这种帮助一直怀有感激之情。这种"高人指点"式的帮助成为上下级信任的基础。即使双方不再是上下级关系还仍然保持联系，将工作信任关系发展成了私人领域的信任关系。

因此，在下属看来，领导对下属的帮助能够实现双方在信任互动中质的飞跃，因为它是一种感情投资，任何形式的帮助都会让中国员工产生感激之情，同时下属对上级会有一种人情上的亏欠感，在这种人情纽带的作用之下，下属会想方设法地尽其所能来回报上级。①

综上所述，帮助与被帮助维度的信任互动主要体现在德方自我形象和中方的他者形象之间。这组互动在一定程度上反映了上下级之间的不平等关系，是一种强势权力角色与弱势权力角色的互动，是一种"施恩—报恩"的信任互动。德国上级以"施恩"的形式向中国员工发出信任，这种信任投资的回报率是翻倍的，尤其当这种"施恩"表现为一种可以解中方员工燃眉之急的、"雪中送炭"式的帮助的时候。这一点源于中国人自小接受的"受人点滴之恩，当涌泉相报"的感恩教育。

从图4-7中可以看出，帮助与被帮助维度的信任积极互动只体现在互动的第一步和第二步中，其中涉及语言与非语言交流层面的内容：通过相关研究数据可以判断出，德中上下级之间的帮助与被帮助既可以是言语上的"支持"、"鼓励"和"出谋划策"，也可以是落实在行动中的"雪中送炭"。

---

① 黄光国：《人情与面子：中国人的权力游戏》，载黄光国、胡先缙等著《人情与面子：中国人的权力游戏》，中国人民大学出版社，2010，第25页。

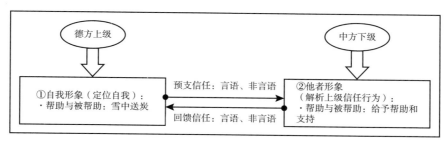

图 4 – 7　帮助与被帮助维度的信任积极互动

第七节　文化维度的积极互动

德国外派管理人员与中方员工信任构建过程中的文化互动体现在双方将彼此的角色从工作中的上下级转换为德国人与中国人之间的关系，其中涉及对彼此文化的认知、评价等方面的内容。

一　德方自我定位并预支信任：跨文化中间人

在文化维度的互动中，德国外派管理人员的自我定位主要包括"中间人"、"学习中文"、"学习中国文化"以及"尊重中国文化"四方面的内容。

（一）"中间人"

首先，德国外派管理人员认为，自己在德国总部与中方办事处之间扮演着"中间人"的角色，以协调德国总部与驻华办事处之间的各种事务："我扮演的角色就是一个来自德国的中间人，处于总部与这里的办事处之间的协调人，在德国总部面前我是充当着捍卫者的角色。"（德₁）

这个"中间人"角色的一大作用是捍卫德国总部的利益。然而，过分捍卫总部的利益会造成中方利益的损失。因此，公正的"中间人"也必须维护中国员工的利益。只有如此，才能发挥好"中间人"平衡中德双方利益的"桥梁作用"："为了弄清楚中德区别，我和很多德国人，还有中国人都探讨过这个问题。对我这样在中国待了这么长时间的人来说，我觉得我起到了一个桥梁的作用。"（德$_6$）

在文化互动维度，受访者"德$_6$"的自我定位是中德之间的"桥梁"，这个比喻更加形象地描述了"中间人"的第二大作用，即负责联通德国总部和驻华机构之间的跨文化交流，同时协调好中德双方的利益。

（二）"学习中文"

当然，德方上级也意识到了，一味地捍卫德国总部的利益，而忽略了中国本土的情况以及中方员工的利益，会起到适得其反的效果。所以，为了与中国员工更好地沟通，德国外派管理人员认为，应该"学习中文"："我觉得学中文很好。"（德$_4$）他认为，"学习中文"具有积极意义，正如另一名德方上级所言："学习中文帮助很大。"（德$_5$）

此外，还有具有一定中文基础的德方受访者表示："我必须提高我的中文，在信任构建中，语言起到一定作用。"（德$_1$）

从以上研究数据可以看出，德国外派管理人员在"学习中文"这一点上的共识以及积极态度，因为，语言相通对信任构建起到积极作用。

（三）学习中国文化

在"学习中文"的基础上，对中国文化的学习也是必要的。光学习中文，并不代表对中国文化有深层次的了解。因此，在"学习中文"的同时，还要"学习中国文化"，例如受访者德$_5$的描述："还要了解中国文化，不局限于长城和天安门。"（德$_5$）因此了解中国文化不等于只了解中国的名胜古迹，还要了解中国人的行为方式，正如德方领导德$_7$的陈述："我必须学习一下如何顾及中方的行为方式。"（德$_7$）

同时，还有受访者建议，在私人时间与中方员工发展人际关系是了解中国文化的有效途径："我在上海工作的时候，我和中国员工经常在下班以后打保龄球，这样能消除工作压力。我们也经常一起庆祝，这样的话，才能更好地了解中国文化，我们才能很好地合作。"（德₁）

此外，德方上级对自己在"学习中国文化"方面的总体评价为："我认为，我懂中国文化。但是我觉得，我可以做得更好。"（德₁）这名德国上级在学习中国文化方面持积极态度并表示对中国文化有一定的了解，但仍需更加了解。

（四）尊重中国文化

只有了解，才能尊重。只有学习了中国文化，德国外派管理人员才能理解中国人不同于德国人的思维方式和行为方式。因此，德方上级认为，必须要"尊重中国文化"。在本研究的访谈数据中，德方上级对中国文化的尊重表现在以下两个方面。

首先，面子在中国文化中代表着个人的社会声誉。任何时候，个人都必须依赖外在环境来获取面子。① 在德中上下级关系中，重视面子的中国员工需要通过上级的肯定来获取面子，对此德国上级深谙于心："比如，如果一个德国人没有给一个中国人面子的话，那么他也不再愿意和这个中国人继续保持联系或者进行谈判。在这种情况下，德国人不能总是按照德国的方式行事。这样不好。作为一个外派人员，我总是认为德国人在中国是生活在一个隔离的文化或社会中，他们的朋友圈仅限于德国人，总是保持距离，他们在自己的世界里生活。那么，他们就不会在这里待很久，也永远无法懂得真正的中国文化。"（德₂）

以上这名德方受访者认为，如果不懂得面子文化，就无法真正了解中国人的沟通以及行事方式，就很难在中国开展工作。同时，他表示，在中国工作不能将自己的交际圈局限于德国人的范围，应该多与中国人接触，才能缩短德方上级与中方员工之间的文化距离。

其次，不能将问题都归咎于中国员工："当然，给员工很舒服的感

---

① 黄光国：《儒家社会中的道德与面子》，载黄光国、胡先缙等著《人情与面子：中国人的权力游戏》，中国人民大学出版社，2010，第75页。

觉，这很重要。我觉得非常糟糕的是，两个德国人在一起嘀咕说：'这是中国人的问题。'其实，大多数情况下，这都不是中国人的问题，而是一个工作团队的共同问题，是人性的问题或者专业问题。我认为，最大的问题就是，德国上司总是把问题归咎到中国人身上。其实，很多问题在德国也会出现。但是，当他来到中国之后，他就会说：'这些中国人！中国人总是有自己的想法，他们会做这个、做那个。'我相信，绝对会有人这样说。"（德₄）

从上述研究数据可以看出，在德中上下级的共事过程中，德国领导不应该将问题或者错误都归咎到中国员工身上，不应该夸大中国人和德国人的区别。

二 中方解析上级的信任行为

在德中上下级信任构建的文化互动中，中方员工对德国外派管理人员的评价有：第一，中国员工对德国以及德国外派人员的积极评价；第二，德国领导积极地学习中文；第三，德国领导努力了解中国文化；第四，德国领导尊重中国文化。

（一）积极的德国印象

首先，中方员工对德国以及德国人一直持有积极的评价。在中国人眼中，德国属于"发达国家"，有许多先进之处值得中国学习："毕竟这是一个发达国家，他们能够带到中国很多先进的东西，包括经济技术等。"（中₆）

中国人不仅积极地评价德国，还对德国人以及德意志民族表示"佩服"："他是个德国人，我佩服他，他符合我们想象中和传说中的德意志民族。"（中₆）

此外，还有中国员工认为，德国外派人员有别于普通的德国人，属于"优秀"的德国人："到中国来的德国人，特别是外派来的，他们分外派来的和自己来的，他们是不一样的。当然，外派人员在他们民族中

算是比较优秀的。"（中₁₃）

总之，在中国员工眼中，德国是"发达"的、"先进"的，德意志民族和德国外派领导都是"优秀"的。

（二）"学中文"

其次，中国员工认为，德国领导学习中文热情很高："我的德国老板现在还在学中文，有时候还会和我说中文。"（中₁₁）同时，还有中国员工坦言："这儿有多少中国人在学德语，就有多少德国人在学中文，这就是这个公司的文化。"（中₁₀）因此，在中国员工的眼中，德国外派管理人员对学习中文抱有极大的热情。

（三）学习中国文化

再次，还有中方员工认为，在中国工作的德国管理者有必要学习中国文化："德国人必须了解中国文化，才能知道中国员工到底是怎么想的。"（中₇）同时，研究数据表明，中国员工将德国外派人员分成了解中国文化和不了解中国文化两大类："除此之外，我觉得得因人而异，就是说那些对中国文化比较了解的德国人在中国跟中国的员工建立信任关系、建立沟通会容易一些。还有一种就是不了解，拿他的行为准则或者标准来衡量中国的市场或者中国员工，那信任关系建立起来就比较难一些。所以，来中国工作的德国人一定要学习中国文化。"（中₈）

受访者中₈坦言，对中国文化的认知有利于德中上下级建立信任关系，因为如果德方上级对中国文化一知半解，他们始终会将德国文化价值当作评价中方员工的唯一标准，从而妨碍双方的信任构建。

（四）尊重中国文化

最后，中方员工肯定了德方对中国文化的尊重，其主要表现为以下两点内容。

第一，平等对待中国员工："……我们提到了平等，对吧？就是说，因为德国的生活环境，包括工作环境，比中国要好得多，但是他不会因为这个在中国趾高气扬，这个可能是一个因素……"（中₈）

在这名中国员工眼中，虽然德国发达程度高于中国，但是德国领导并没有因此产生优越感，从而"趾高气扬"，反而能够平等地对待中国员工，平等促进信任的构建。

第二，袒护中国员工："当时我们上面还有一'大头儿'，那是一'中国通'，双方吵架的时候，永远都是中国人对，不管中方对不对，都是中国人对。"（中₆）

上述访谈数据中的德国上级被中国员工视作"中国通"。基于这一点，他经常袒护中国人。这种袒护已经超越了对中国文化认知的界限，是一种出于感情的维护，也就是说，这名德国外派人员对中国文化的尊敬是出于对中国文化的热爱。

三 中方自我定位：跨文化中间人

与德方上级一样，在文化互动维度中方员工对自我的定位为"跨文化中间人"。然而，与德方上级相关理解的不同在于：中方员工认为，一个跨文化中间人除了要尊重和学习异文化之外，还要对本文化充满信心。

（一）"中间人"

中国员工认为，自己在德国领导和中国市场之间发挥着"桥梁作用"，扮演着"中间人"的角色："中国人只是起到一个桥梁的作用，中间人的作用。"（中₇）

这个"中间人"的具体作用体现在以下这名中方员工的描述中："当我们在工作中遇到一些信任的相关问题，德国同事和德国领导就会对中国人和一些中国的做法有看法，那你要起到一个积极的作用，更多是疏通跨文化交流的障碍，就去讲讲有可能的一些背景、关系，消除这种不信任，这是我能起的作用。"（中₄）

中₄这名受访者在中德跨文化交流中发挥着积极的"中间人"作用，通过扫除两方在跨文化交流中的障碍来消除双方的不信任。

（二）学习德国文化

首先，中国员工认为，德国人身上有许多优点值得自己学习，如"一方面是中国人认为德国人有很多可以学习的优点……"（中₂）该数证明了，中国人在异文化面前总是抱着谦虚的学习态度。

其次，由于跨文化信任构建中的许多误解源于文化差异，因此"用德国人的表达方式"去和德国上级沟通，可以减少误解："因为我比其他人更加了解德国人，我会学着用德国人的表达方式，所以他对我的误解很少，但是相比其他同事，他对别人的误解大多是文化差异的问题。"（中₂）

（三）尊重德国文化

首先，对外族友好是中华民族的优良传统，所以中国人会尊重包括德国人在内的外国友人："中国人对外国人一般都比较友好。"（中₂）

其次，中国人通过表达热情来展示对包括德国人在内的外国友人的尊重："说到中国人的积极作用，首先应该是尊敬吧。你对一件事或一个人表示尊敬的时候就会表现出极大的热情。因为德国人是外国人，所以中国人表现出尊敬。"（中₉）

（四）对本民族充满自信

访谈数据显示，称赞、学习并尊重异文化不等于一味地顺从异文化。作为代表中国文化的中方员工，必须摆正自己的文化心态，在学习德国文化的同时要对本民族文化充满自信。对此，中方员工认为："中国强大了，别人才不会小瞧中国人。"（中₆）

这名中国员工肯定了中国的强大是外族尊重中国和中国文化的重要前提条件。同时中方员工也感受到了如今的中国让德国人刮目相看的事实："中国人基本上持有友好的态度，再加上中国这几十年的改革开放，中国并不像他们所想象的那么贫穷，中国人的富有也让他们惊讶，中国社会与他所感受到的宣传相比，完全是另一个颠覆性的形象，这一点也会让他们很喜欢中国。"（中₇）

当代中国的强大以及当代中国社会的进步远远超越了德国人的预期，颠覆了德国人对中国人原有的他者形象。这样的认知让与德国上级一起共事的中方下级逐渐增强了文化自信。

四　中方反思自我并回馈信任

在中国员工进行自我定位的同时，他们也会反思中国文化在德方上级心中的形象。他们的反思具体表现为以下三大内容。

（一）外语好

首先，中方员工认为自己外语好，因为会说外语是外企员工的基本素质之一："我的德国老板觉得中国员工的外语都很好，我的德语很好。"（中₂）

在德国上级眼中，中国员工能够用熟练的英语或者德语与德方上级交流可以减轻德国上级的工作负担："我和我的德国老板用英文交流。他经常夸我英文好。为了能和他更好地沟通，我还报班学过德语。"（中₃）

从上述访谈记录还可以看出，这名员工对自己的英语技能很有自信，而且努力学习第二外语——德语。

因此，中国员工的"外语好"是德方上级公认的，它为中国员工在与德方上级的信任构建中做出了重要贡献。

（二）了解德国文化

其次，在中方员工看来，德国上级认可中方下属对德国文化的了解："他还觉得，我去过德国，对德国文化有一定的了解，所以他很放心把事情交给我。"（中₂）

这名中方员工认为，对德国文化的认知是德国领导信任自己的原因之一。因为文化认知可以缩短德中上下级之间的文化距离。同时，还有中国员工表示："他选我做他助手，是因为我在德国上过大学，对德国人的思维方式，还有办事风格有一定的了解。这样交流起来比较简

单。"（中₇）

受访者中₇认为，德国求学的经历是德国上级选用中方员工的重要标准，因为在对象国长时间的文化体验是了解对象国文化的最佳方式。这一点构成了双方信任的基础。

（三）正视中国的发展

最后，中国经济的发展让中国员工民族增强了文化自信，也让本来对中国持有"落后"等偏见的德国上级刮目相看："德国人也能看到中国的发展和中国人的进步，而且发展和进步的速度绝对是他们意想不到的。"（中₁）

在中方员工眼中，德国人肯定"中国的发展和中国人的进步"，这种肯定以及德国上级对中国文化的积极印象促成了信任。这种肯定也增强了中国员工对本国文化的信心。同时，中国员工还表示："德国人也会发现，现在中国也不像以前那样了，发展很快，不像他们来中国之前所想象的那样落后，所以他们也会比较尊重中国员工。"（中₅）

中国的发展改变了德方上级对中国"落后"的刻板印象，这一改变会促成他们对中国员工的尊重。

总之，在上述积极的自我反思（如"外语好"、"了解德国文化"以及"正视中国的发展"）的基础上，中方员工向德方上级发出了信任。

五　德方解析下级的信任行为

在德方上级解析中方下级信任行为中，他们发现中国员工表现出极大的文化自信以及文化开放心态。

（一）德语好

首先，德方认为，中国员工德语好，如受访者德₅所言："中国人的贡献就是语言。"（德₅）其原因在于："所有的人都会德语，因此交流就会变简单，或者英语，因为我的中文还可以，但是还没有达到在工作

中用中文交流的水平。"（德₂）

在语言上，中国员工做出了巨大的贡献，因为在德国上级眼中，中国员工精通英、德两门外语，让跨文化交流变得"简单"。

（二）了解德国文化

其次，中国员工对德国文化的深入了解也让德国上级赞不绝口："重要的是，所有的中国同事都去过德国或者欧洲，经历过当地的文化。"（德₁）游历目的国或者体验目的国的生活是了解目的国文化的最佳方式。这种跨文化经历有利于中德跨文化工作的开展。

另外，有德方受访者坦言，中国员工不仅"通晓德国文化"并且"德语都很好"。这一点可以在一定程度上减小自己的工作难度："我知道这里的中国同事们都很优秀，因为他们通晓德国文化，因为他们都去过德国，因此有很好的基础去克服沟通中的文化差异或者困难……而且，所有人都说德语，这一点也非常重要，因为我们的工作语言就是德语，因此从我的角度来考虑，我要轻松一些，因为我的母语是德语，从我的角度来说，我去理解事务的困难度要小一些，当然，也因为我的中国同事德语都很好。"（德₁₂）

因此，中国员工精通德语并通晓德国文化可以减少上下级交流中的困难和误解，有助于形成双方之间良性的信任互动。

（三）跨文化妥协精神

再次，德国上级表示，中国员工处于德国领导与中国合作方之间，发挥着协调人的作用，努力在中德的立场之间做出妥协，为共同合作开辟道路："就是说，他们创造了一种合作的氛围。中方对我们的文化理解很深，因为他们的领导是带有德国观点的德国人，从德国那边的总部过来的各种规定规范着大家的行为。我们的中国同事处于德国同事与中国合作方之间努力地做出妥协，寻找共同合作的道路。"（德₁₂）

中方员工做出的妥协基于对德国文化的理解和尊重，因此是一种跨文化妥协，其目的是促成中德双方的合作。

（四）"文化培训师"

最后，德方上级将中国员工比喻成"文化培训师"，它充分证明了德方上级对中国员工的高度评价："在德国，人们会说，他们忍受着我。他们做到了与我一起工作。我有一名助理，我经常问他，为什么会这样或者那样，他总是给我解释。基本上，他就像我的教练、培训师。所以，我最好的中国同事都是我的培训师。"（德₁₀）

这名德方上级肯定了中国员工对自己的宽容和大度，因此，他将中国员工比喻成"培训师"。这种认可态度不仅拉近了上下级之间的距离，同时还促成了双方角色的互换，即员工成了领导的老师。这一点也从侧面反映了德国上级学习中国文化的虚心态度。

六　德方反思自我并发出信任

在解析中国员工信任行为的同时，德方上级也会反思自我，揣测自己在中国员工眼中的信任形象，促使德方上级形成文化互动维度的他我形象。

（一）"桥梁作用"

首先，德方表示，中国员工也会感受到他们在工作中起到的"桥梁作用"："当然我在中国待了很长时间，因此他们希望我能将他们的想法和希望传递给德方。实际上，我确实起到了桥梁的作用。他们信任我，而且知道，即使我不问他们，我也会将他们的想法反映给德国同事。这一点在我们公司特别重要。"（德₁₀）

通过上述研究数据可以看出，这名德方上级所扮演的"中间人"角色不偏不倚。尽管是德国人，他还是会站在中方的立场上帮助中国员工传递"想法和希望"。这一点创造了信任。同样，也有德方受访者表明："我有这样一种感觉，在中国同事眼中，在某些情况下，我其实是处于我的老板和中国同事之间的。我的意思是，我和中国同事们需要谈论一些问题，那么就产生了信任，因为我和他们就此可以达成一致，尤其是当他们不知道如何与德方沟通的时候，那么我就可以帮助他们，我会持续地支持他们，当问题出现的时候，我会用我母语的优势把问题按照德国人的思路讲明白。"（德₁₂）

这名受访者在发挥"中间人"角色的过程中会"帮助"和"支持"中方员工，以求达成中德双方的一致，因此积极的"中间人"可以创造信任。

（二）更加适应中国生活

其次，德国受访者认为，中国员工眼中的德国上级对中国文化了解得不够，对在中国的生活适应程度不够："中国人也许觉得，德国人应该更加适应在中国的生活，或者说，应该学习中国的语言和文化。"（德₁₃）

这种"不够"其实反映了一种积极的反思，它可以鼓励德国外派人员更好地适应中国的生活，更深入地了解中国的语言和文化。

表4-5总结了上述德中上下级在文化维度的信任积极互动。第一，信任双方在中德合作之间都扮演着跨文化中间人的角色，其反映在德方自我形象、他者形象①和他我形象以及中方的自我形象中，对"中间人"这个角色双方能够达成共识，即作为中间人要摆正文化心态，不偏不倚，为中德文化交流发挥桥梁作用。因此，正视跨文化中间人角色是文化维度信任积极互动的第一大因素。第二，"学习②与尊重彼此文化"③分别出现在中德双方的三大形象中，形成了充分的趋同关系。因此"学习并尊重彼此文化"是德中上下级文化互动的首要形象元素。第三，"学习中文"在德方的自我形象和中方的他者形象之间形成良好互动，也就是说，德方上级认为"学习中文"对德中上下级信任互动

---

① "文化培训师"其实也是跨文化中间人的一种。

② 了解与学习异文化在这里的本质都是一样的。

③ 中方他我形象"正视中国的发展"反映了中方员工希望德方上级尊重中国文化的诉求；德方他者形象中的"跨文化妥协精神"也体现了对对方文化的尊重；同时，德方他我形象中的"更加适应中国生活"建立在了解和尊重中国文化的基础之上。

有积极作用，这一点得到了中方下属的肯定；此外，"外语好（英语、德语好）"在中方他我形象和德方的他者形象之间形成良好互动，中国下属对自己的外语水平充满自信，与此同时，德方上级高度肯定中国员工的外语水平。语言是文化不可或缺的一部分，也是了解文化的基础。所以，"学习和掌握彼此语言"是文化维度积极互动的第二大因素。然而，必须强调的是，德方上级表达的努力"学习中文"与中方员工展现的"外语好（德语好）"之间存在双方对彼此语言认知程度的极大差距。这也表明了，双方对彼此文化了解程度的不对称。第四，其余形象元素虽然没有实现积极互动，但是也未与以上三大因素产生偏离或者冲突。此外，通过对比中国他者形象中的"对德国的积极形象"和德国他我形象中的"更适应中国生活"说明了，在中国员工心里存在一种"文化不平衡"或者"文化落差"。因为中国员工对德国文化持有积极态度；同时他们认为，德国上级对中国文化了解不够，对在中国的生活适应得不够；换言之，在中方员工眼中，德国上级对中国文化持有相对负面印象。这一点同样说明了双方在彼此文化认知、文化好感方面的落差。这一点也促使在中国员工自我形象和他我形象中呈现出"对本民族充满自信"以及"正视中国的发展"两大元素。它们恰好反映了中国员工希望德方上级进一步了解中国文化并正视中国发展以及中国人优点的诉求和期望；同时还可以让中国员工端正文化心态，有助于构建德中上下级之间平等的文化互动。

表 4 - 5　文化互动中的积极形象元素一览

步骤	步骤内容	形象元素				
1	德方自我定位并预支信任	中间人	学习中文	学习中国文化	尊重中国文化		
2	中方解析上级的信任行为		学习中文	学习中国文化	尊重中国文化	积极的德国印象	
3	中方自我定位	中间人		学习德国文化	尊重德国文化		对本民族充满自信

续表

步骤	步骤内容	形象元素				
4	中方反思自我并回馈信任	外语好	了解德国文化	正视中国的发展		
5	德方解析下级信任行为	文化培训师	德语好	了解德国文化	跨文化妥协精神	
6	德方反思自我并发出信任	桥梁作用		更加适应中国生活		

　　总的来说，在所有相关的形象元素中，其中一些元素可以形成趋同关系，其他形象元素可以形成兼容关系。也就是说，以上呈现的所有文化互动维度的形象元素都是可以共存的；通过对具有趋同性的形象元素进行合并，可以得出德中上下级在文化维度互动的内容（参见图4－8）。

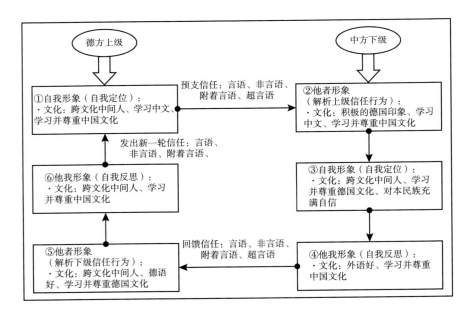

图4－8　文化维度的信任积极互动

从图 4 - 8 可以看出，虽然形象元素可以实现德中上下级在文化维度的积极互动，但这种互动是不对称的，其原因在于中德双方对彼此文化的认知、尊重程度不对称。此外，若将文化看作人际信任互动的环境，那么文化维度的互动属于跨文化交流超言语层面的内容，但是文化符号也可以通过其他三大层面的交流内容来传递。因此，文化维度的信任积极互动可以体现为跨文化交流四个层面的内容。

小　结

本章呈现了德中上下级在七个维度的信任积极互动，即工作能力、工作态度、工作方式、个人性格、人品、帮助与被帮助以及文化。

首先，因为上下级关系属于工作关系，工作能力、工作态度以及工作方式这三方面归属于业务维度的互动。

其次，个人性格、人品和帮助与被帮助这三个维度的互动已从单纯的工作关系中跳出来，有些互动环节已经涉及非工作关系，即私人关系的内容。在私人关系的互动中，容易产生真情型的信任关系。彭泗清认为，感情层面的信任发展将经历从以虚情为基础的信任发展到以真情为基础的信任。以虚情为基础的信任建立在无交往的既有关系之上，如工作关系，它是一种"应有之情"（assumed affect）的信任。而真情型信任建立在信任双方的情感性交往关系之上，其目的是加深信任双方的感情。彭泗清将信任中加深感情的可能归因于性格相投、情感相融和一体感的产生。性格相投可以是共同爱好使然；情感相融指的是思想情感层面的沟通；一体感的产生旨在真诚关心与帮助。[1] 德中上下级信任互动中的情感相融可以是双方对彼此人品的认可。相互帮助和关心有助于形成一体感的信任，因为通过这种方式可以建立并加强信任双方的感情，

---

[1]　彭泗清：《关系与信任：中国人人际信任的一项本土研究》，载《中国社会学年鉴（1995～1998）》，社会科学文献出版社，2000，第 294～295 页。

而这种感情纽带必定巩固双方的信任基础。因此，个人性格、人品以及帮助与被帮助这三种个人维度的互动可以促使真情型信任的生成，可以使德中上下级这种典型的工作关系变为被真情纽带连接的私人关系。可以说，从业务维度的信任互动上升为个人维度的信任互动其实就是信任从虚情型发展为真情型的表现。

最后，与业务和个人维度的互动相比，文化维度的信任互动体现了德中上下级之间的跨文化合作关系。然而，从研究结果可以得出结论，德中上下级在文化维度的互动是不对称的。这种不对称主要表现为中方员工对德国文化的认知程度以及好感程度远远高于德国上级对中国文化的认知程度和好感程度。因此，对于文化维度的积极信任互动来说，中方员工的贡献远远大于德方上级。

总的来说，通过分析相关研究数据，德中上下级信任积极互动的整个过程以及每一个步骤所涉及的重要形象元素呈现如下（参见图4-9）。综观每一个维度的积极互动元素，文化的作用不局限于文化维度的互动，其他六个维度的积极互动也受到中德文化的影响，其中有些因素可以说是跨文化聚合作用的结果，如"积极意义上的直接"。此外，跨文化中间人不仅是文化维度积极互动的首要因素，它贯穿了德中上下级信任积极互动的整个过程，是跨文化上下级信任积极互动的首要因素，因为作为跨文化中间人的德中上下级要做到协调好本文化与异文化之间的关系，不偏不倚，摆正文化心态，努力为中德跨文化合作做贡献。基于这一点，如果中德双方能够在德中上下级合作中充分发挥跨文化中间人的作用，那么德中上下级之间的信任积极互动必定成为一种必然。

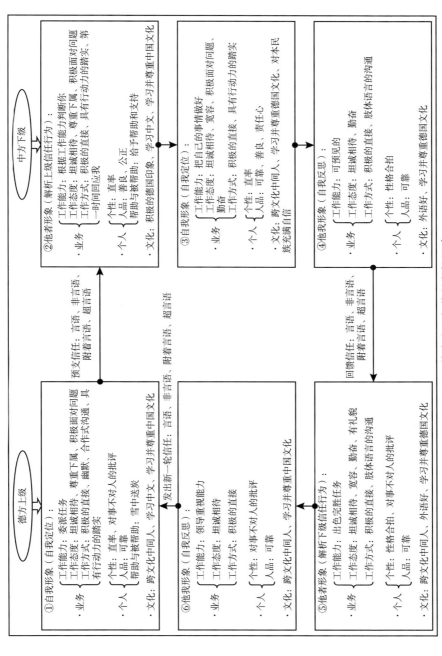

图4-9　德中上下级信任积极互动

191

第五章

德中上下级信任的消极互动

第四章描述了德中上下级信任的积极互动。本章将从德中上下级的三大形象互动出发讨论信任消极互动的内容。对消极互动的研究也将遵循德中上下级信任互动路线图（参见图4-1），以考察在每个互动步骤中出现导致信任消极互动的可能性因素。同时，研究结果显示，德中上下级信任的消极互动也表现为工作能力、工作态度、工作方式、性格、人品、帮助与被帮助、文化七个维度的内容。

第一节　工作能力维度的消极互动

与积极互动一样，消极互动也是德方上级以"委派任务"预支信任为起点的，但是对工作能力维度的消极互动的研究会从互动的第三步（中方自我定位）开始（参见图4-1）。研究数据中未发现与第一步和第二步相关的消极形象元素，其原因在于：作为信任互动第一维度的工作能力是德中上下级构建信任的起点和其他维度互动的基础，如果在工作能力维度互动的第一步（德方预支信任）和第二步（中方解析上级的信任行为）就表现为消极，如德方上级不向下级委派任务或者中方下级对上级分配的任务不予理会，那么双方的交流就无法实现，更遑论信任构建。

一　中方自我定位："不相信自己的能力"

在中方员工对德方领导的信任行为进行解析之后，会对自己的工作

能力进行评价和定位，如："我们有的时候，做事情不太有自信，不相信自己的能力。"（中₂）

这名中方员工对自己的工作能力没有信心，其具体表现在缺乏创新能力："我觉得中国人做事很踏实，就是执行力很强，但是没有创新的想法。"（中₅）

上述访谈数据表明，中国员工对自我工作能力维度的消极评价为缺乏创新精神。自古以来，中国是农业社会，农耕文化与游牧文化比较起来，不容许过分冒险和创新，必须遵循传统方式来播种、收获。因此，中国人的价值观念注重过去与传统，避免自我创造与过分冒险。① 所以，中国员工习惯于循规蹈矩地执行指令，而不擅长冒险和创新。

中方员工通过对自己的工作能力进行分析得到的负面结果："不相信自己的能力"，需要进一步通过思考他我形象，即推断领导对自己工作能力的评价来验证。

二　中方反思自我：领导怀疑我的能力

首先，中方员工在自我定位"不相信自己的能力"的基础上揣测德方上级的心理："还有德国人对中国人的能力，对大部分中国人的能力不是特别肯定。当然有的人确实很能干，大家也都能看得到。但是对于其他普通职员，他不见得就这么相信、肯定他们的能力。"（中₁₃）

这名中国员工认为，德国人不肯定大部分中国员工的工作能力。对此，也有中国员工表示，德国领导有必要改变这种偏见："德国人需要改进的，我觉得还是要相信中方雇员的忠诚和能力。因为很多的不信任来自他们对你能力的怀疑。"（中₉）

受访者中₉表示，德中上下级之间的不信任源于德国上级对中国下属工作能力的不信任，其主要原因在于："有的时候领导不是很满意我的工作能

---

① 曾文星：《从人格发展看中国人性格》，载李亦园、杨国枢编《中国人的性格》，中国人民大学出版社，2012，第205页。

力，因为他们经常很直接地批评我，虽然我确实没做好，可是有的时候抹不开面子，实在受不了。这让我对自己的能力更加没有信心了。"（中₅）

因为德方上级总是"很直接地批评"下属，致使下属认为自己缺乏工作能力，即使这种批评在德方看来是对事不对人的，但是过于直接的批评会伤及中方员工的面子，这样一来使原本对自己的工作能力就缺乏信心的中方员工更加不自信了。

因此，在中方员工对德方领导的批评进行揣测后会形成他我形象——"领导怀疑我的能力"。

三 解析下级的行为：不自信

首先，德方领导认为，中国员工依赖性太强："我认为，他们依赖性有点强。其实我也是这样，如果我老板对我的工作不满意的话，我也会有同样的感觉，感觉很不安。我认为，这就是一个问题。我们都希望得到积极的反馈，希望所有人都有可以信任我的感觉。"（德₄）

这种依赖性源于领导对员工工作不满意造成的员工心理上的不安和恐惧。然而，所有人都希望给予信任对象一种值得信任的感觉。所以，作为下属的中方员工害怕领导对自己工作不满意而破坏信任，导致员工依赖领导，其目的是从德方上级那里得到积极的信任反馈。从本质上来讲，这种"依赖性"是不自信的表现。

此外，另一名德方领导在访谈中描述了他对某一名中国员工产生不信任的过程："讲一个可笑的故事。有一个财会部门的女同事，她根本就不会算账。她给工作带来很大的麻烦。有一次，我在财会室看到，她根本就不会算账。然后，我就按照中国的规矩，先去问财会部门的主任。然后他告诉我，我应该怎么做，然后我就按照他说的去做，我就把那张有错的账单拿给那个女同事看。然后，她就说：'不对，这个错了。'可是后来她又说：'不，我没这么说过。'可是，她确实和我这么说过。因为她什么都不会，所以她撒了谎。就这样过了好几个月，实在难以想象。这是工作上的事，对我来说其实信任已经荡然无存了。然后

我就思考了很久，如果没有会计的话，我如何工作才好。也许我应该问问别人，因为我觉得这个会计不可信。"（德5）

这个案例中的中国员工之所以失去了德方上级的信任，原因有两点：第一，工作能力不够；第二，对领导撒谎，不承认自己的错误。就第二点而言，这名中国员工第一次在领导面前亲口承认过错误，之后又矢口否认。其原因很大程度源于中国的面子文化：第一次承认错误的时候，很有可能当场只有这名德方上级和所提及的中方员工两人；而第二次否认错误可能是因为当场还有其他人。这名德方上级以中方员工前后说辞不一为理由得出这名中方员工"撒谎"的结论，它可以直接导致信任的终结以及不信任。此外，案例中的中方员工没有胆量承认错误也可以归因于缺乏对自己工作能力的自信心。

因此，不管是对领导依赖心太强，还是没有胆量承认错误，都与"对自己不自信"密切相关。

四　德方反思自我：不给中国员工更多改错的机会

与此同时，德国领导会对中国员工"不自信"的原因进行反思，其中有德方受访者表示："也许有的中国员工认为，我不会给他们像给德国下属那么多改错的机会。比如说，我分配给某个下属一个任务——写个邀请函。他写的邀请函里面有错误。那么，我会很直接地说，里面有很多错误。当然，如果是一个德国员工出了错，我也会这么说。但唯一的区别可能就是，面对中国员工我可能不会一直批评下去。比如，我让一个中国员工用 Excel 做个财务报表，如果里面有几个数字算错了，那么我可能就放弃了，我不会再让他继续做下去了。但是，面对德国员工，我可能会让他们接着改。"（德3）

从上述研究数据可以看出，虽然德方上级力求在批评下属的工作失误时保持公正，不区分中国人和德国人，但是，这名德方受访者坦言，他不会一直批评中国员工，会采取"放弃"的态度面对中方员工的错误，不给中国员工"像给德国下属那么多改错的机会"。相比之下，他会给德国员工更多改正的机会。面对德方上级的这种"区别对待",中方下级愈发会对自己的工作能力不自信。

随着德方上级他我形象的形成,又开始了新一轮的信任消极互动,原本因为工作关系预先存在的信任基础就会呈现螺旋式下降的动态变化,直至信任的中断或终结。总的来说,德中上下级在工作能力维度的消极互动主要表现在以下四个步骤:第三步"中方的自我定位'不相信自己的工作能力'"、第四步"中方的自我反思'领导怀疑我的能力'"、第五步"德方对下级行为的解析'不自信'"以及第六步"德方的自我反思'不给中国员工更多改错的机会'"。其中导致消极互动的主要原因是中方员工对自己的工作能力不自信;与此同时,德方上级不给予中国员工更多展示能力的机会,致使中方员工陷入了越来越不自信的状态中。不自信导致中国员工对领导的依赖以及在面对批评时的脆弱心理,从而造成德国领导为了避免批评而不给予中国员工更多改错和发展能力的机会。长此以往,双方陷入不信任的消极互动之中(参见图 5 – 1)。

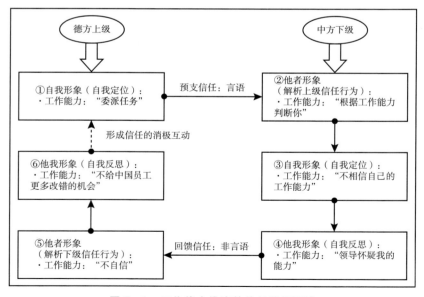

图 5 – 1 工作能力维度的信任消极互动

第二节　工作态度维度的消极互动

工作态度维度的信任消极互动也始于德方上级对自我的消极定位。本节将呈现德中上下级在这个维度所产生消极互动的可能性。

一　德方自我定位并预支信任："只关注负面的东西"

德方上级认为，自己在与中方下级的共事中，往往只关注事务中消极的一面："德国人就是这样，他们只关注工作中或生活中负面的东西。我想，中国人就不一样。他们总是表达积极的东西，不是吗？"（德₁₃）

这名德国外派管理人员表示，与中国员工相比，德方领导总是把注意力放在工作中和生活中负面的内容。同时，他表达了德国人与中国人完全相反的处世观。具体来讲，在华工作的德国外派人员内心负面的倾向性表现为："德国人不太适应中国的生活，他们应该更宽容一些，当然，不是说对所有的事情都要宽容。德国人内心的负面倾向很强，比如他们会说：'所有都那么差，交通真糟糕。'比如说，一个德国人初来乍到，那么他肯定会抱怨地铁里大家都在说别人坏话。然而，我们也应该看到积极的一面。"（德₁₃）

这种负面倾向性首先反映在德国外派管理人员对外派生活环境的抱怨上。同时，他们把各种对外派生活不适应的抱怨带到工作中，会带到德中上下级的关系中："比如大家常常会说，'这个实在太糟糕了'，'这事儿办砸了，数都对不上'等等。确实是这样，德国人很爱抱怨，比如'天气太差了'，'在中国工作太累了，饭菜也不合口'。中国员工总是说'对、对、对'，其实有的时候是'不对'的意思。在某些程度上，全部是胡说。……德国人总是抱怨。"（德₁）

如上述受访者所言，德国人不仅抱怨生活，对工作和共事的中国员工有诸多不满，认为中国员工态度不真诚、说话不直接。同时，他也承认这些抱怨并非事实，在很大程度上其实只是情绪上的一种泄愤。因此，德国人认为应该"稍安勿躁"、学会平静："德国人应该少安毋躁，只要有德国人在，那么他们总会抱怨这个那个，抱怨所有事。"（德₁₃）

此外，有德方领导意识到了自己喜欢批评、抱怨的工作习惯并尝试着去分析背后的原因："至少，我试着去理解双方，去促进中德双方的互相理解。我有时也会去观察、去理解失败的事情。一方面，德国人因为语言的缘故，会很坦诚地对事情进行批评、抱怨；另一方面，我会试着去分析事情的背景和原因。和中国员工交流时，我会试着去告诉他们德国人做事情的原因。"（德₆）

这名德方领导将自己在工作中经常抱怨和批评的行为归为德语特有的语言表达方式，并表示自己批评和抱怨的态度是诚恳的。换言之，德国人认为批评和抱怨是坦诚的表现；然而，在中国人眼中并非如此。

二　中方解析上级的信任行为

德方上级在工作中总是心存抱怨，只关注工作中的负面内容，导致中方员工产生消极怠工的现象。对此，中方员工眼将德国领导消极的工作态度解释为"德国人变懒了"和"不坦诚"。

（一）"德国人变懒了"

首先，他们认为德国人"变懒了"："现在我看德国人的时候，我的德国老板，比如说，德国人变懒了。懒的话，必然慢慢就笨了，然后没有责任心了。不像过去，一件事情来了，老板能当天处理就处理了，但如今大多数情况下德国人不会立即处理了，也可能拖着，也可能就忘了。还比如说他答应好的事，然后就不了了之了，当你催促了之后，他可能也会再做，这种情况就多了，也可能以前就有，我不知道。"（中₁₂）

这名中方员工认为，德国领导"变懒了"，经常会拖着要处理的事情，员工经常去"催促"德国上级。和过于勤奋的中国员工相比，德国人显得更加懒惰。这种变化并非发生在某一名德国领导的身上，而反映了时代的变化："我觉得大部分德国人不勤奋。……也可能是这一代的原因吧。我想主要是这个原因，因为以前老的德国人我都见过，都很勤奋，你问他什么问题，他一般是当天或者是第二天答复。当然那个时候通信不发达，但是他总会在最短的时间内给你一个答复。现在的德国人，总的来说多半不会给你答复的。"（中₁₂）

这名受访者将"德国人变懒了"归因于时代。正如他所言，老一代的德国领导很勤奋，总是及时给予下属答复，然而当代的德国人并非如此，所以"德国人变懒了"。同时，"德国人变懒了"还表现为"不准时"："我从来没觉得德国人特别准时，我跟德国人约会，一般来说，我相对准时一点。我也没有期待德国人有多么准时。"（中₁₂）

"准时"是中国人对德国人典型的积极刻板印象，然而这名中方受访者却从未感受到德国人的"准时"，这一点也可以说明"德国人变懒了"。

此外，有中方员工将这种变化归因于不同时代的德国人生活环境上的巨大差异："老一代德国人也很勤奋，二战后期那些，跟我们的父辈类似，那么越往后越不行……就是说他在生活中没有任何压力，从小他就没有任何压力，从小他就不需要通过努力去获得什么，他为什么要勤奋呢？对吧，他不想干的事情就不干嘛，谁又能把他怎么样呢？那老一代的人从小就吃苦，甚至是在战争环境里长大的，看着炮弹飞长大的，那他们的那种危机感肯定是完全不一样的，而且已经形成习惯了。"（中₈）

以上这段访谈数据对不同时代的德国人截然不同的工作态度进行了剖析：当代德国人生活无后顾之忧，因此安于现状；而上一代德国人成长于动荡不安的战争岁月，饱经磨难，唯有勤奋才能改变命运。

（二）不坦诚

其次，中国人认为德国人并非他们所标榜的那么坦诚："对于德国人而言，我喜欢尽量把我这一边的信息告诉他，告诉他我是怎么想的，期望得到什么样的结果，哪些东西对我来说是不希望看到的。但是，反过来，我遇到的大多数德国老板不是这样的，他没有同等地把德国那边的事情告诉我，他可能有商业上的考虑，但是我觉得也不一定。他不愿意多说，他可能想尽量听你多说，实际上他们还没有达到目的，我多数情况下是加强沟通，让他多了解我，让他知道我下一步、每一步怎么走，让他放心。但反过来他不让我放心的话，那我可能就会留一手，这是很自然的，那我就会心存疑虑。"（中₁₂）

上述中方员工描述了自己与德方领导在坦诚方面的不对等互动，这种消极互动会带来恶性循环：当原本很坦诚的中国员工感觉自己没有被坦诚地对待之后，也会心存怀疑，逐渐变得不那么坦诚。长此以往，双方"不坦诚"的互动会愈演愈烈直至信任终止。

三　中方自我定位

在对德方上级的消极工作态度进行评价之后，中国员工也会进行自我批评。中国员工认为自己在工作态度方面的主要缺点是不够主动和不够坦诚。

（一）不够主动

首先，中国员工认为自己在与德方领导建立信任关系方面不够主动："因为我也没有刻意地想要建立多好的信任关系，就是说每件事大家都坐下来好好地谈，这样的话，觉得大家配合得还挺舒服。"（中₅）

这名员工认为，他不会刻意地去赢得领导的信任，同时坚信，只要上下级相互配合好，就自然会产生信任。同时，这种"不主动"还表现在和领导交流方面："一个是不主动沟通。……前一段来了一个德国人，如果你对欧洲杯、世界杯的这些球员啊、球队啊，如数家珍一样清楚，那就会很容易拉近这种距离，就是找共同话题，对吧？如果说你不知道，谈的就永远是工作或是其他一些琐碎的事情，那么沟通起来就会慢一些……"（中₈）

这名员工认为，中国员工不会主动和德国领导沟通。他们一般只和领导交流工作，而很少以业余爱好为切入点与德国领导交流共同兴趣，尽管这么做可以拉近彼此距离。此外，中国员工的不够主动还表现为："中国人不太喜欢去说，喜欢把话捂着。"（中₁₃）中国员工不太愿意和领导交流，或者说交流的时候不会尽其言。这一点容易造成交流上的不坦诚和不透明。因此，另有中方员工认为"中国同事可以更主动一些"："我觉得中国同事可以更主动一些，就是中国人不会去 fighting（反抗），如果是德国人觉得不合理的话，他们就会反抗，但是中国人就会比较被动。就像我刚刚举的例子那样，那个德国同事就是因为他想把本来是他们要集中做的工作分配到每个人身上。大家会觉得这样不合理，不是因为工作多了，而是因为效率会更低……然后就有德国同事觉得不合理，然后会反抗。"（中₅）

上述访谈数据显示，中国员工的"不够主动"还表现为不会主动"反抗"德方上级，即使领导的决策不合理，也不会在德国领导面前说"不"，因此中国员工在德中上下级信任互动中显得"比较被动"。尤其相比德国员工而言，中国人就显得更加"被动"，这一点可以归因于中国文化中较大的权力距离。

值得一提的是，研究数据还呈现了中国员工"不够主动"的原因。第一，缺乏"自信"。"不自信"带来"不主动"，最后导致不信任："我觉得，重要的一点是你愿不愿意与人进行 Kommunikation（交流）。中国人和德国人相互交流时他觉得把握不住，他没有自信。他不太了解对方，他不太知道如何把握这个东西，所以他有时会 unsicher（不确信），这种 unsicher 造成了不信任。"（中₄）

第二，冷处理的工作态度："中国人是比较内敛和客气的，真正激烈的冲突不会有，更多是'不说也不做'的冷处理方式。"（中₂）中国人倾向于对冲突进行"冷处理"，具体表现为沉默和不作为，这是一种典型的被动工作态度，同时它也反映了中国人内敛的性格。

第三，面子原则："我觉得，中国人不太善于主动讨论问题。因为他可能会想既然这是老板定好了的事情，即使错了也会走到底，他可能不会去违背上级的意思……在这一点上，德国人会主动一些。如果德国领导知道这件事情真的是他做错的话，如果下属告诉他'这个可能会有风险，我的建议是什么'的话，德国人一般不会认为这是对他威信的挑衅，他会觉得这是一个 suggestion（建议），他可以配合，也可以不配合。那我觉得，很多中国领导会觉得这是在违背我的命令。他的 concept（观念）里不是那么的 open（放得开）。他可能更在乎的是面子。所以中国员工为了面子，也不敢说什么了。"（中₁₁）

这名员工对德国领导与中国领导进行了对比并认为中国领导对面子更敏感，所以中国人"怕得罪领导"（中₁₁），因而不敢违背上级，不敢过于主动，不敢挑衅领导的权威。因为"中国人讲人情世故比较多"（中₁₁），也就是所谓的"情面"：它产生于中国文化，是中国人重要的行为规范和社会准则，在很大程度上指引着中国人的思维与行动路线。① 例如，在权威面前，弱势一方一定要维护强势一方的面子。

（二）"不够坦诚"

首先，"不够坦诚"表现为表里不一："沟通的时候应该 open（坦诚）。中国人可能不会很坦诚地告诉你他的想法，可能他说的是'一'，但心里想的是'二'。"（中₁₁）这种表里不一会带来交流的不透明，阻止信任的生成。

其次，"不够坦诚"体现在隐瞒实情："中国员工在和德国老板沟通的时候，不够坦诚，尤其是请假的时候，经常会拿家里人当幌子。比如，谁谁谁生病了，而通常不会实话实说。"（中₂）

这名中方受访者坦言，中国员工和德国上级交流时隐瞒实情。中国人惯以"家人生病"为由请假，而不会具体提及生病家人的姓名，长

---

① 翟学伟：《中国社会与关系》，中国社会科学出版社，2012，第 127 页。

此以往会带来德中上下级之间的极度不信任。

最后，中国员工的"不够坦诚"还表现为"不善于与人分享"："要有分享的态度……其实也不是他们刻意隐瞒，只是有时候他们想不到一块儿去，想不到要去分享，这一点德国人做得比我们要好……比如说，我这边能得到一些信息，但是其他同事可能得不到。可能这个信息我能用，我用了就好，想不到去 share（分享）给其他的同事，其他同事可能也需要这个。但是德国人呢，他如果得到一个信息的话，他会发一封邮件给所有的人，告诉大家如果觉得有用的话，就用好了……中国人想不到，不是故意去隐瞒，就是想不到这个其他人可能也有用。我觉得这个可能跟中国人团队精神不是那么强有关系。"（中₅）

这名中方受访者表示，与德国员工相比，中国员工的分享意识不够。这种工作态度容易给德方领导留下刻意隐瞒、不够坦诚的印象。同时，这名中国员工将中国人不会分享归因于中国人的团队意识不强。因此，中国人自我批评中的"不够坦诚"主要反映了沟通上的不透明和分享信息上的隐瞒。

四　中方反思自我并发出信任：不够坦诚

中方员工在发出信任之后会对德方领导的心理进行揣测，如"领导会如何评价我的工作态度呢？"从研究数据来看，相关消极他我形象主要是中国人"不够坦诚"，例如，有中方员工认为，在德国人眼里，中国人总是"笑着说不真诚的话"："因为文化差异，德国人会觉得是消极的，也会觉得中国人有距离感，觉得笑着说不真诚的话。"（中₂）

这种表里不一的印象会拉大中方员工与德方上级之间的距离。同时，这名受访者坦言，德国人对中国人经常"拿家里人当幌子"或"谎称家里人生病"请假心知肚明，会认为中国人"不诚实"："中国员工在和德国老板沟通的时候，不够坦诚，尤其是请假的时候，经常会拿家里人当幌子，通常不会实话实说。这一点让德国人比较气愤，他们认

为中国人很不诚实，而且谎称家里人生病这一点让他们想不通，觉得很不好，这个对信任破坏很大。"（中₂）

由此可见，在德国上级眼中，中国人的上述行为可被视作"不诚实"乃至撒谎，一旦被识破，信任荡然无存。

五 德方解析下级的信任行为

研究数据显示，德方上级对中方下属消极工作态度的解读与中方员工的自我定位完全一致。

（一）不够主动

德方上级对中方员工在信任互动中"不够主动""不够坦诚"深有体会。首先，德方上级认为，中方员工无论是在和领导沟通还是在工作中出现问题的时候，都显得不够主动："在德国，如果员工对领导有什么要求的话，那么他们会直接敲领导办公室的门去询问。中国人很少这样去做，因为当他们发现问题的时候，工作关系也就结束了，他们会辞职，因为他们从来不跟任何人说哪里出了问题，因此没有人知道问题在哪里。如果他们之前沟通问题的话，那么大家可以一起去寻找解决方案。而德国人会很清楚地表达：我想挣更多的钱，我想干新的活，或者我跟某某某有矛盾。但是，中国人很少明白这一点。"（德₇）

德₇认为，中国员工与德国员工之间存在巨大差异。相比中国员工，德国人会直接并主动向领导坦露心声；中方员工将出现问题视为上下级关系结束的信号。因此，德方上级永远无从得知产生问题的原因，无法了解中方员工的内心想法。同时，中国员工的"不主动"还表现在面对问题的态度："可能是一些文化特性的原因，他们很胆怯，他们总是等着领导自己去发现问题。也就是说，他们把问题推给领导，而领导必须特别狡猾，自己去发现问题。"（德₇）

在上述这名德方上级眼中，中国员工很少会主动去发现问题，总是把问题推给领导。这名德方上级将中国员工被动对待问题的态度归因于中国人"胆怯"的文化性格。他同时还坦言："我可以做的就是为沟通创造框架条件，但是沟通却取决于中国员工。"（德₇）换言之，中国员工缺乏沟通的主动性，尤其是就问题进行沟通的主动性。这一点导致了中德双方交流的不顺畅。

（二）不够坦诚

同样，中国人假借家里人生病来请假的事件已经成为德国上级眼中中国员工不坦诚的典型案例："德国人会说：'我不能去开会了，因为我大腿骨折了。'可是中国人就会说：'我不能来，因为我奶奶生病了。'或者不知道，他们总是试着把整件事情弄得……对，在德国，人们会实话实说，发生了什么，大家就会很清楚。人们说的是心里想的。但是在中国，有的时候，他们说的话不确切，所以大家经常不知道到底是怎么回事。"（德₇）

这名德方领导认为，中国人说话总是含糊其词、不"实话实说"。在请假这个事件中，中国员工总是将家人生病当作请假的正当理由，以博取德国人的同情。这种"不坦诚"还会发生在中国员工辞职这个事件中："总体上来说，我经历过这样的事情：中国同事如果不想工作的时候，他们不直接说，比如'我找到了一份更好的工作，我想休息了'。他们总会杜撰故事，而从不说'这份工作太差劲了'，而只会说'奶奶生病了'之类的。在德国，人们会说'我将去另一家薪水更高的公司就职'，很诚实。但中国人觉得自己的做法也很真诚，他们不想伤害其他人，如果他们说这份工作薪水很低的话，就会伤害老板。他们会说：'奶奶生病了。'这是对诚实的不同理解。德国人会认为，他对我不诚实，为此会很受伤，他为什么要说自己奶奶生病了，其实我清楚得很，他找到了新工作。而中国人心里的真实想法是：'我不想伤害你，因为你付给我的薪水太少了，所以我要离开。我找到了一份新工作。'实际上，二者是有区别的。人们应该通过离职访谈来了解如何制定规则并做到透明。其实，大家可以和我的人力资源部的同事说明离职原因，因为我需要了解你离开的原因。如果你只和我说'你奶奶生病了'，那么我什么都了解不到。如果你和我说'这里的氛围太差了，老板人太坏，空气太差'，那么我就了解了。所以，离职访谈在中国比在德国重要得多。"（德$_{10}$）

这名德国上级认为，中国员工如果想辞职或者跳槽的话，不会坦诚地说出真实的原因，而会"杜撰"各种借口。在上述案例中，中国员工会以"我奶奶生病了"这个借口来辞职。但是这种借口或者"杜撰"出来的故事发生的次数多了，德国领导自然会起疑心，他们会认为中国人不诚实。当然，德$_{10}$也能站在中方员工的立场考虑问题，认为他们是"不想伤害"德国领导的面子。因此，作为领导的德国外派人员有义务去了解中国员工辞职的真正原因。只有这样，才能真正构建德中上下级信任。

六　德方反思自我并发出信任："不够坦诚"

在对中方员工消极的工作态度，如"不够主动"和"不够坦诚"进行解读后，德方上级也会反思自己消极的工作态度。其中，有受访者描述道："我努力做到坦诚，和中国人坦诚地、透明地去交流。但是我有的时候太爱抱怨，有的时候太夸张。因为这个，中国员工会认为我不够坦诚，尤其是在说到中国、中国人或者中国文化的时候。"（德$_{13}$）

这名德方上级表示，在中国员工眼中，自己显得不够坦诚，其原因在于德国人"太爱抱怨"。

表5-1呈现的是有关工作态度维度的信任消极互动的所有形象元素。[①]

---

① 信任的积极互动主要取决于两个条件：第一，所有互动的形象元素必须是积极的；第二，形象元素之间能够形成趋同，至少是兼容。消极互动不同于积极互动，只要是处于同一层面的形象元素是消极的，就会破坏信任，从而产生消极互动。这一点可以归因于信任本身的脆弱性（潘慧珍：《心理契约与信任的互动发展过程研究》，浙江大学硕士学位论文，2007，第36~37页）。此外，若同一层面的消极信任形象元素能够实现自我形象、他者形象以及他我形象之间的互动，那就说明这个消极信任形象元素对信任有极大的破坏力，是形成消极互动的关键或者重要因素。因此，对于消极互动来说，消极信任形象之间可以呈现两种关联：第一，意义相同或一致的可以形成趋同关系；第二，意义不同或不一致的可以形成强烈反差关系或者是兼容关系，其中形成强烈反差关系的消极形象元素对信任的破坏作用是非常显著的。而形成兼容关系的消极形象元素虽然对信任的破坏不如趋同关系或者反差关系那么大，但是对于消极互动而言，消极意义的形象元素都会起作用。

从以上呈现的有关工作态度互动的六个步骤来看，产生消极互动的可能性会发生在互动的每一个环节。首先，最主要的原因就是"不坦诚"，这一形象元素分别出现在德方他我形象、他者形象以及中方的他者形象、自我形象以及他我形象中，换言之，不管是中方员工还是德方上级都认为自己和对方"不坦诚"，因此它是工作态度维度导致信任消极互动的关键因素。其次，"不主动"这个形象元素同时出现在中方自我形象以及德方的他者形象中。这表明，中方员工的"不主动"对信任的消极互动产生极大的破坏力。最后，虽然德方自我形象"只关注负面的东西"和中方他者形象"德国人变懒了"没有达成完全一致，但是二者可以形成互动。其原因是，德国上级在处事中的消极态度会导致消极怠工的现象，而这种"消极怠工"在中国员工眼中就转化成了"德国人变懒了"。

表 5-1　工作态度互动中的消极形象元素一览

步骤	步骤内容	形象元素			
1	德方自我定位并预支信任	只关注负面的东西			
2	中方解析上级的信任行为		德国人变懒了	不坦诚	
3	中方自我定位			不够坦诚	不够主动
4	中方反思自我并回馈信任			不够坦诚	
5	德方解析下级信任行为			不够坦诚	不够主动
6	德方反思自我并发出信任			不够坦诚	

从图 5-2 可以看出，工作态度维度的信任消极互动首先体现为言语层面的内容，如访谈数据中提到的德方的"抱怨""批评"，中方的"杜撰请假理由"等。同时，一个人"坦诚"或者"主动"与否也与言语沟通具有很大关联。此外，根据研究结果，这一维度的消极互动也可以表现为非言语层面的行为，如"懒惰""不主动"等。

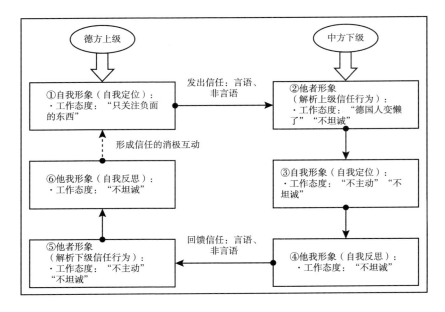

图 5 – 2　工作态度维度的信任消极互动

第三节　工作方式维度的消极互动

在工作方式维度的德中上下级信任消极互动主要表现在沟通方式以及处事方式两个方面。沟通方式的消极互动主要涉及直接与不直接的沟通方式，其中德方上级的直接批评是信任消极互动的主要原因，如"批评多、表扬少"[①]；同时在德方上级看来，中国员工"不走直线"的沟通方式也会破坏信任。在处事方式中，中方员工缺乏立即反馈信息的意识造成了德国领导得出在中国"比在德国更难得到反馈"的结论；同时德方领导认为，中国人过于"爱面子"的处事方式严重妨碍了德中上下级的信任构建。

---

① 这里将批评视作工作方式的一部分。而在信任积极互动中，"喜欢批评"和"批评意识强"被视作个人性格的内容。原因在于，这里的批评偏向于一种工作行为或者工作中的交流内容和方式；而"喜欢批评"和"批评意识强"是对个人性格的一种描述。

一　德方自我定位并发出信任：批评多、表扬少

首先，德国上级认为自己在中国员工面前"太直接"。"太直接"会破坏德中上下级信任关系，如德方受访者所言："德国人太直接，会影响信任。"（德7）

德方上级口中的"太直接"主要是指德方上级对中方下属的直接批评："人们可以批评任何一件事情。但是，必须先说好的，再说不好的，最后再说好的，我认为这样很完美。我就是这样做的。德国人必须学习这个。我认为，中国人从一开始就很明白，他们是成年人，他们先需要一些表扬，所以要先说一些好听的，然后才能批评他们。德国人必须明白这一点，比如说，我在研讨课上学习过如何批评，然后我就思考，这是一个很好的技巧。我就按照这样去做。"（德13）

这名德方受访者坦言了德方领导对批评技巧的忽略。他认为，批评固然重要，但是批评技巧更重要，在中国员工面前要学会先表扬、后批评。

然而，研究数据显示，在德中上下级的共事中，德国领导的沟通方式呈现出"批评多、表扬少"的特征。首先，有德方受访者表示："这种批评我觉得没事啊，说出负面的东西，并不代表别人就不会喜欢我。"（德13）在德国人眼中，批评就是实事求是地"说出负面的东西"，是一种客观的描述，并非带有感情色彩的主观评价，因此他们认为被批评者不会因为受到批评而厌恶批评者。这一点可以追溯到德国"对事不对人"的文化标准。在工作中，德国人以事为导向、就事论事，不会顾及人际情感，因为德国人将"对事不对人"视作专业的工作方式。[①] 所以，德国上级不认为就事论事的批评是一件坏事。与此同

[①] Schroll-Machl, Sylvia, „Deutschland. Kulturunterschiede: Ergebnisse der Kulturstandardforschung", in Thomas, Alexander, Eva-Ulrike Kinast und Sylvia Schroll-Machl (Hrsg.), *Handbuch Interkulturelle Kommunikation und Kooperation: Band 2: Länder, Kulturen und interkulturelle Berufstätigkeit*, Göttingen: Vandenhoeck & Ruprecht, 2003 und 2005, S. 74.

时，还有德方受访者表示："对，我认为，太少太少了。我总觉得，自己很少去表扬他们……我总是忘了，我总是理所应当地想，所有人都应该好好工作。"（德₄）

这名德国上级承认自己对中国员工的表扬太少了，在德国人看来，一个人把分内的事情做好是他应该履行的责任，正如一句德语谚语所说："不被批评就等于被表扬了。"（Nicht geschimpft ist genug gelobt.）德国人不习惯表扬的特征可以用德国文化标准中的"自律"来解释：德国人对自己承担的责任、义务以及社会角色具有极强的认同感。履行义务和责任就等于可信和可靠。① 由此可见，出色地完成工作任务是员工的职责所在，不需要通过表扬来证实。

在工作方式的消极信任互动中，德方上级意识到了"批评多、表扬少"产生消极互动的可能性。因为过多的批评与指责文化相关，指责文化是信任缺失的关键原因，如果领导因为员工犯错而经常指责的话，会降低员工发表意见或承担风险的勇气。②

二 中方解析上级的信任行为:太冲、太直接

在中方下级对德方上级信任行为进行解析的过程中，会对上级消极的工作态度有所感知。在工作方式维度，德国上级给中国员工所留下的最大消极印象莫过于"太冲、太直接"。

诚然，在积极互动中，中方员工认为，德方上级直接的沟通方式有利于信任的生成。但是"过于直接"会破坏信任："他们说话非常地直接，虽然可能陈述的是事实，但是如果不了解的话，很容易让人生

---

① Schroll-Machl, Sylvia, „Deutschland. Kulturunterschiede: Ergebnisse der Kulturstandardforschung", in Thomas, Alexander, Eva-Ulrike Kinast und Sylvia Schroll-Machl (Hrsg.), *Handbuch Interkulturelle Kommunikation und Kooperation: Band 2: Länder, Kulturen und interkulturelle Berufstätigkeit*, Göttingen: Vandenhoeck & Ruprecht, 2003 und 2005, S. 77 – 78.

② 〔美〕瓦特·汉弗里、詹姆斯·欧弗:《领导力、团队精神和信任——有竞争力软件团队的管理原则、方法和实践》，王海鹏、王昊译，机械工业出版社，2012，第43页。

气。"（中₃）这名中方员工认为，即使德方上级在与中方下属沟通中"陈述的是事实"，但是如果人们对德国人"直接"的性格不甚了解的话，就会"生气"。所以，中方员工对德国上级的沟通方式的总体感觉是"非常直接、非常冲"。（中₃）

如果这种直接的沟通方式过了头，就变成了"冲"，这样的话，特别容易"得罪人"："有一个德国领导个人能力和业务能力都是第一名，而且成天尽心工作，但是他的人际关系非常差，表现在他的说话方式上，太冲，非常得罪人。"（中₃）

上述研究数据显示，尽管中方员工对这名德方领导的业务能力做出了正面评价，但是"太冲"的说话方式会影响中国员工对他的评价。同时这种"直接"主要表现为直接的"批评"："德国人过于直接的表达，尤其是批评，有的时候让人下不来台，当时会觉得受不了。"（中₄）这名受访者表示，德国人过于直接的批评会"让人下不来台"，会让中国人没面子。面子是在人际互动中形成与发展的，因此一个人只能从互动对象那里获得或者丢失自己的面子。① 因此，在德国上级与中方下级的批评与被批评的互动之中，中国人会感觉丢了面子。

另外，有中方受访者认为，德国人可以毫无顾忌地直接谈论"问题"，是因为他们不像中国人那么能"忍"："可能德国人没有那么能忍，unterdrücken（忍受）。有什么问题矛盾都直接 ansprechen（谈）。你有什么 Bedenken（顾虑），对领导有什么想法、解不开的心结，都可以直接跟领导去说。"（中₄）

因为德国人没有中国人的隐忍性格，所以他们不会刻意压抑自己的真实情绪，包括负面情绪。这一点可以用方斯·特朗皮纳斯（Fons

---

① 燕良轼、姚树桥、谢家树、凌宇：《论中国人的面子心理》，《湖南师范大学教育科学学报》2007 年第 6 期，第 120 页。

Trompenaars）文化维度中的"中性文化 vs. 情绪文化"来解释。[①]德国文化属于典型的情绪文化，因此德国上级习惯于在中方员工面前袒露自己的坏情绪，这种直接表达负面情绪的习惯会伤害中国员工的面子，从而破坏既有的信任关系。综上所述，德国领导"太冲、太直接"的沟通方式会让中国员工丢面子，导致信任的消极互动。

三　中方自我定位：没有反馈意识

在工作方式维度的消极信任互动过程中，中国员工会对自己的工作方式进行自我批评，如"中国员工没有学会经常反馈信息的工作方式"。（中₆）对此，下面这名中国员工总结了多年在德国企业工作的感受："英文有个词是 feedback（反馈），也跟信任有关系，就是说你要让别人相信你的工作能力，或者你要让别人关心你，那任何一件事情你都要认真回复，比如一封邮件。如果你回了邮件，他不会感激你，但最起码你在他心中的信任程度提高了。还有就是对领导也好，同事也好，下属也好，不管你对于一件事的看法如何，一定要做出你的 feedback（反馈）。有些人觉得没必要，可以不发表评论。但是我觉得最好要表达一下'好'，或者'okay（好的）'，比如评论员工你可以用一些很好的词，比如说'good（好）''well done（做得好）'，或者'收到，have a nice day!（祝愉快!）'。即使不加评价，有时候必须反馈一下。在不需要你做任何评论的时候，要让别人觉得你知晓了这件事，并对他做的这件事给予肯定。肯定有好几种，一种是我接到了；还有一种是我接到了，我觉得你做得还不错；还有就是我接到了，我会处理。员工也是。如果我让你做一件事，你也要反馈。因为领导不是在第一线工作，他需要很多更新的信息。就是说你做的项目，哪怕没有进展，或者音信全

---

① 作为方斯·特朗皮纳斯七大文化维度理论之一的"中性 vs. 情绪"文化维度重点关注个人在公共场合中是选择刻意抑制情感还是自然流露情感（Trompenaars, Fons, *Handbuch Globales Managen: Wie man kulturelle Unterschiede im Geschäftsleben versteht*, Düsseldorf: Eco, 1993, S. 22）。

无，那你至少要有一句话，不要让领导三天两头地 remind（提醒）你，让领导来问你这个项目怎么样了。中国员工不是经常做这种事，但是如果员工做了的话，其实是建立员工与上司之间信任的最好方法。"（中₉）

上述访谈数据表明了中国员工普遍没有立即反馈领导发来信息的意识。对于领导分配下来的任务，不管有没有进展，不管进展如何，都应该随时进行反馈和报告，而不要给德方领导留下"音信全无"的感觉。中国员工之所以没有"第一时间进行回应"，是因为中国员工总是希望在任务彻底完成之后再回复领导。然而，在德方领导看来，一种形式化的言语反馈，如"好的""已收到"之类，非常必要；但中方员工却期望在"完成任务"之后再对领导进行实质性的答复，用实际行动来回馈领导。德国领导所期望的是能够随时把握下属的工作进展，因此非常看重下属及时的反馈，然而中方员工希望把任务尽可能做到最好，让领导满意。在分配任务和完成任务之间存在一定的时间差，这样一来给德方领导留下了"没有反馈意识"的印象。

四　中方反思自我并回馈信任："不走直线"

在对工作方式进行自我批判之后，中国员工同时会反思自我，去揣测德国领导对自己会做出怎样的批评。研究数据显示，相关批评主要集中于中国人不够直接的沟通方式上。中国人认为："在德国人看来，中国人在表达观点的时候'不走直线'，这些不会让你们之间的关系有良好的发展。"（中₉）因此，中国人"不走直线"的沟通方式会影响德中上下级的信任构建。同时，还有中方受访者认为，中国人"太绕弯子"的沟通方式会让德国领导"一头雾水"："德国人肯定认为，中国人说话太爱绕弯子，做事情的时候也是这样。不愿意和领导直接谈论问题，其目的是避免冲突。同时，不管任务能不能完成，中国人一般不会说'不'，害怕领导不相信自己的能力。所以，在德国人眼中，中国人总

是说'好、好、好'。他们也不知道是真'好'还是假'好',最后被弄得一头雾水。"（中10）

中国人不直接的沟通方式表现为"不愿意和领导直接谈论问题",目的是避免冲突。中国人永远只说"好",从不说"不",这种"不走直线"的交流方式让德国领导不知所措。

此外,中国人"不走直线"的交流方式会造成中德跨文化交流误解:"比如说,一些人说话比较委婉,他可能会说过两天再办,其实他不想干或者根本不可能干,但是德国人听了可能会觉得他真的过两天会干,就在那等着,到了最后,德国人才明白原来这件事是不可能办的。然后德国人会说,那你早让我知道就行了呗,不办就行了嘛。也会有这种情况。"（中13）

上述数据中提及的"过两天再办"在中国文化的语境中在很大程度上可以解释为"可能不办了",它表达了一种委婉的拒绝,但是德国人会误读为"两天后等答复"。长此以往,德国人会有一种被欺骗的感觉。

五　德方解析下级的信任行为

德方上级对中国员工工作方式的消极评价涉及信息反馈和面子维护两方面的内容。

（一）比在德国得到反馈难

首先,德方上级认为,从中国员工那里得到反馈比在德国难得多,因为中国人习惯于"间接地做出反馈":"极端的例子我都经历过。比如,我进入一个团队的时候,期望大家都非常积极,结果事与愿违。我也曾经历过相反的情况。但是我的经验告诉我,在这里,人们总是间接地做出反馈。如果出了什么问题,我总是有这样的感觉:在中国,领导得到反馈要比在德国难得多。"（德9）

来自低语境文化的德方领导并不能完全接收到中方员工发出的间接

反馈信号，所以德方领导认为从中国员工那里"得到反馈要比在德国难得多"。加之中国员工消极处理问题的态度，会让反馈难上加难。让德国上级产生这样的感觉的原因有二，其一是中国人"不直接"的沟通方式："我认为，在我看来，中国人的不直接是一个很大的阻碍因素，因为这样我就无法解决问题，因为问题没有得到沟通。我无法解决问题，因为我不知道这些问题在哪里，所以对于我而言，工作中的专业能力倒不是最大的障碍。大家应该畅所欲言，如果出现问题的时候，没有人说出来，那么我就无法解决它。这是个糟糕的阻碍因素。"（德₇）

这名德方受访者将中国员工"不直接"的沟通方式视作德中上下级交流的一大"阻碍因素"。中国人的不直接导致在共事过程中彼此无法"畅所欲言"，导致许多问题得不到解决。第二大阻碍因素是中国人在陌生人面前的"谨慎"态度。如果中德双方共事时间尚短，那么德国领导很难从中方员工那里得到积极的反馈："但是我认为，在德国，人们会坦诚地去交换意见或者给出积极的反馈，尽管大家不认识。然而，在中国，同事之间对于坦诚去交流持谨慎态度，尤其是当大家不熟的时候。在中国的做事方式就是先认识，等大家熟了再表达批评和做出积极的反馈。"（德₉）

中国人遵循的是"先对人再对事"的工作方式，即先处理人际关系，再处理工作事务，因为良好的私人关系是相互坦诚的保障。这一点与德国人"对事不对人"工作原则背道而驰。

（二）"爱面子"

其次，在德方看来，中国人"爱面子"的工作方式是双方信任互动的消极元素之一。研究数据显示，中国人"爱面子"主要表现为以下三点。

第一，"希望被表扬"。如受访者德₄所言："中国员工总是希望得到上司的表扬，当然每个人都想得到表扬。这是关键。人人都希望被表扬。"（德₄）受面子文化的影响，中国员工总是希望得到德国领导的表扬。面对不善表扬的德国领导，中国员工对"被表扬"的需求就会更强烈。

第二，"不会单独做决定"。出于爱面子的缘故，中国员工不会一个人做决定，一个人承担责任。"因为有的时候这和爱面子或者丢面子相关，比如说做决定的事情，中国员工会单独做决定吗？他们经常是集体一起决定。因为，如果决定一旦失败了，那么责任可以归咎到整个集体上。但是，德国就不一样：'好，我和你谈一谈。我们一起对此负责。如果失败了，责任我们都有份。'"（德₁）

德国领导认为，中国人害怕承担决策失败带来的"丢面子"风险。中国人的集体主义观念可以减轻责任带来的压力。所以，人们习惯于把错误风险归咎于相关"集体"。

第三，"从不说'不知道'"。承认自己"不知道"等于丢面子："中国人从不或者很少说：'不知道'。在一个熟悉的工作环境中也是这样。但是，我要说，这只是个时间问题。比如说，我问一个同事，哪里可以买到复印机。他其实不知道，但是会说：'前面有一个超市。'那里其实根本没有复印机，我是知道的。但是，他还是会这样说，他不会说：'我不知道。'因为对于他来说，会丢面子，如果他说不知道的话。……这和沟通方式不同有关。这很棘手，同时也很多余，很浪费时间。我认为，他们直接说实话就行。"（德₅）

在德国领导眼中，中国员工为了维护面子从不说"不知道"。在德国上级看来，中国人的面子观不仅浪费时间，还会引起不必要的误会。

此外，中国人总是说"是"，也是为了维护面子，为了维护交流对方的面子，因为"不给别人面子就等于不给自己留面子"是中国人重要的面子法则，如受访者德₂所言："首先就是面子，说什么样的话总是要注意。所谓的'是'不一定就是'是'。"（德₂）

六　德方反思自我并发出信任:批评太直接、表扬太少

在德中上下级的互动中，德方领导也会对自己的工作方式进行反

思，在反思中他们也会揣测中方员工的心理。首先，他们认为："中国人认为，我有的时候太直接了，尤其是批评的时候。"（德₂）换言之，德国领导意识到了自己过于直接的批评方式会伤及中国员工的面子。

其次，他们坦言，在中国员工眼中，德国上级表扬得太少了："我总是忘了去表扬他们。我想，对于中国员工而言，表扬是一个很好的激励下属的方式。但是我表扬得太少了，我的中国下属会这么认为。"（德₄）

通过以上两段采访数据可以将德方的自我反思总结为"批评太直接、表扬太少"。

表5-2概括了德中上下级工作方式维度中消极信任互动的所有相关元素。从表5-2可以发现，信任互动的中断或者破裂可以发生在德中上下级形象互动中的任何一个步骤，双方都认为德方领导的过于直接是导致工作维度信任消极互动的主要因素，尤其是上级对下级批评得太多、太直接；同时，中方员工自我批评"没有反馈意识"和德方上级他者形象"比在德国得到反馈难"形成一致。这表明，双方认为中国员工反馈不积极的工作方式也会导致信任的消极互动。此外，中国员工经常"不走直线"的交际风格与德方"过于直接"的沟通方式形成强烈的反差，这一点可以引发工作维度信任互动的螺旋式下降。此外，德方上级眼中的中国人"爱面子"行为会影响该维度德中上下级互动的所有阶段，因为"爱面子"可以是中国人"不走直线"的主要原因，也是中国员工无法忍受德方上级"太冲、太直接"的反应，尤其是"直接批评"的原因，更是中国员工渴望得到更多表扬的原因。同时，中国员工不习惯及时向领导进行形式化的工作反馈，主要出于希望在完成工作后再给领导一个完满答复的初衷。这也在一定程度上与中国人的"爱面子"相关。所以，中国人的"面子文化"对于德中上下级信任互动来说并非一个积极因素。

表 5-2　工作方式互动中的消极形象元素一览

步骤	步骤内容	形象元素			
1	德方自我定位并预支信任	批评多、表扬少			
2	中方解析上级的信任行为		太冲、太直接		
3	中方自我定位			没有反馈意识	
4	中方反思自我并回馈信任	"不走直线"			
5	德方解析下级信任行为			比在德国得到反馈难	爱面子
6	德方反思自我并发出信任	批评太直接、表扬少			

按照文化趋同的原则对上述相关形象元素进行整合之后，可以得出工作方式维度的消极信任互动的流程图（参见图5-3）。由于图5-3呈现的相关形象元素主要涉及中德双方的沟通方式和表达方式，所以这一维度的信任消极互动主要通过言语层面的交流来实现。

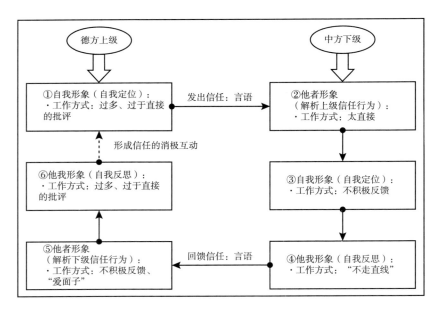

图 5-3　工作方式维度的信任消极互动

第四节 性格维度的消极互动

从性格维度的互动开始，德中上下级之间的信任互动已经从认知层面上升到了感情层面。但是，中德双方在互动中所表现出的性格特征也会反映在工作能力、工作态度以及工作方式中。因此，在这个维度的信任消极互动与上述互动内容会有重叠之处。

一 德方自我定位并发出信任

（一）"太死板"

首先，有德方受访者认为："我们德国人太死板、太较真。"（德9）尤其与行事相对灵活、不愿意墨守成规的中国人相比，德国人"死板"和"较真"的性格变得更加鲜明。这也是德方上级在工作中爱抱怨、爱批评的原因。

（二）好为人师

其次，德国人骨子里有一种"好为人师"的气质。对此，德国受访者十分认同："德国有一句名言叫作'全世界都依靠德意志气质来疗伤（Am deutschen Wesen mag die Welt genesen）'，很美，因为这句话很好地诠释了德国人好为人师的性格，就是说，我们总是想着如何教导别人。"（德8）

这种性格与德国人自视优越以及强烈的民族自尊心相关。在德中上下级的关系中，作为上级的德国外派管理人员出于其社会角色的优势，"好为人师"的性格就更加引人注目了。

二 中方解析上级的信任行为

研究数据显示，中方员工对德方上级在这一维度信任互动所表现的负面性格主要评价有"死板""粗鲁""高傲""好为人师"。

（一）"死板"

首先，在规则面前，中国人相对于德国人更加灵活，不会恪守复杂僵化的规则。因此，中方员工认为德方上级十分"死板"："德国人做事太僵化了，也可能他们几百年、几千年以来都是这么死板地做事。给你举个很简单的例子，比如说你是一个会计，你现在手里有 5 万块钱，不管是从哪收来的。现在我们要发工资，这工资也是 5 万块钱，那你是上银行取呢，还是先拿这钱花呢？中国人肯定是先把这 5 万块钱发了，这其实是一件很简单的事，但对于德国人来说不符合程序，他拿着 5 万块钱去银行存，存了之后再取 5 万块钱，这已经很可笑了，很呆板。又比如，他要更换一个零件，书上写着更换这个零件需要 1 个小时 45 分钟，那他绝不在 1 个小时 30 分钟以内完成这个事情，如果完成了他就认为他少做了什么程序，但其实如果操作熟练的话可能 1 个小时就完成了，所以说德国人做事比较呆板。"（中₇）

从上述研究数据可以看出，德国人在行事中恪守复杂的办事程序和规则，因此在中国员工眼中他们是"死板的"。这种死板还反映在他们固执的性格中："他们很固执，很难说服他们。"（中₂）同时，德方上级的"死板"可以用德国人简单的二分法思维模式来解释，如受访者中₂所言："德国人很简单，看问题分为'是'或'不是'，只有信任和不信任，没有中间环节。"（中₂）也就是说，德国人在思考问题的时候倾向于"不是……就是"这种结构化的思维模式；中国人却擅长于"不仅……而且"这种过程式的思维模式。①

此外，在中国人眼中，德国人的"脑袋是方的"："中国人觉得他们思想比较死板，'脑袋是方的'，他们的思维和我们的完全不一样。在十多年前这一点更为突出，因为德国有很多的法律，而当时中国很多的东西是没有条条框框的，完全是'上有政策下有对策'的状况。所

---

① Bolten, Jürgen, *Interkulturelle Kompetenz*, Erfurt: Landeszentrale für Politische Bildung, 2007, S. 17.

以很多事情都不相通。"（中₃）

这名中方受访者认为，在法律面前，德国人"脑袋是方的"，相比之下，中国人"脑袋是圆的"。中德文化的这一大区别可以用特朗皮纳斯文化维度中的"普遍主义 vs. 特殊主义"来解释。[①]

（二）"粗鲁"

其次，中国员工认为德方上级在表达负面观点和负面情绪时显得"粗鲁"："德国人很直接地表达自己的观点，泄愤，有的时候会显得粗鲁，不太有礼貌。"（中₇）由于德国上级总是过于直接地"泄愤"，在性格相对内敛和谦卑的中国员工面前，德国领导这种过于简单的"泄愤"就变成了"粗鲁"和"不太有礼貌"。对此，下面这名中方受访者进行了举例说明："我身边就有一个领导，他人很好，心地很好，但他说话就是比较冲。所以，就显得很粗鲁。但长时间观察的话你会发现他是一个好人，他从小可能就是这种习惯，跟他调到一个'频道'上了可能就不会太在意了，刚开始的时候可能会比较难受，就是说，如果开始我不是被迫跟他分到一个项目里，我永远不会跟他走得很近。"（中₅）

上述中方员工所描述的这名德方领导因为说话"比较冲"，给中方员工留下了"粗鲁"的印象。但他同时坦言，如果中方员工能够深入了解德方上级，那么就能体会、理解并适应德国人"冲"和"粗鲁"的沟通方式，甚至还会认为他们"心地很好"。

（三）"高傲"

同时，中方员工认为德国人很高傲："说话的方式像那种居高临

[①] 在特朗皮纳斯的七大文化维度理论中，第一大文化维度就是"普遍主义 vs. 特殊主义"。普遍主义文化中的个体在任何情况下都严格遵守各种法律规定，并恪守"法律面前人人平等"的信条；相比之下，特殊主义文化中的个体把人际关系看得比法律条文重要；在特殊情况下，人们会放弃对法律条文的严格遵守，而以一种灵活的态度来看待社会中的法律规定。根据特朗皮纳斯的研究结果，在对这一文化维度的考察中，中国属于典型的特殊主义文化，而德国属于典型的普遍主义文化（Trompenaars, Fons, *Handbuch Globales Managen：Wie man kulturelle Unterschiede im Geschäftsleben versteht*, Düsseldorf: Eco, 1993, S. 49 – 63）。

下、盛气凌人的样子，有不少这样的德国人。"（中₈）这名中方受访者描述，许多德国领导在和中国员工交流的时候表现出"居高临下、盛气凌人"的态度。这种态度源于德国人"傲慢"的性格："很傲慢的人，反正你也不喜欢他，他也不喜欢你。但这些人工作能力还是蛮强的，做事能力还是蛮强的。那么工作上的一些事情交给他，怎么说呢？分什么事，比如说让他去德国那边搞定什么事情，那你是可以信任他的，对吧？但是到中国来你就要打个问号了，因为他的傲慢会导致很多客户或者是一些中国人防范他，有很多事他也办不成……"（中₈）

这名中方员工表示，德国人的"傲慢"无关工作能力，但是会引起中国员工的反感，引起中国员工"对他的防范"，从而破坏德中上下级的信任关系。此外，中方员工还认为，德国人在中国员工面前表现出的"傲慢"体现了一种民族优越感，其实也反映了一种文化虚荣心："不能侵犯德国人的优越感，就是他在中国人面前很骄傲。比如说，作为中国人，您不可能去批评一个德国人，他会不高兴的。那是一种文化虚伪，当然这种虚伪并不仅仅存在于德国。"（中₁₂）

对此，中方员工希望德方领导能够适当地"把鼻子放下来"："他们能'把鼻子放下来'一点就好多了。这个也没有办法。从形象上，人家本来就比咱们高，块头儿比咱们大，看着我们很矮小。"（中₆）

中国员工对德国领导"傲慢"的印象还可以归因于他们"高大"的形象，所以中国员工希望他们能"把鼻子放下来一点"。

（四）好为人师

最后，中国员工对德国上级"好为人师"的性格也感同身受："虽然就事论事，但是他已有了自己的判断，而且他们 like to be a teacher to teach everything（在任何事情上都好为人师）。"（中₂）

受中国文化中谦卑精神的影响，中国员工在德国上级面前会显得缺乏自信。正因如此，德方上级"好为人师"的性格在中国员工面前会发挥得更加淋漓尽致。

三　中方自我定位："不自信"

中国员工对自己性格的负面评价主要表现为"不自信"，如受访者中₂所言："中国人骨子里很自卑，不自信，尤其在盛气凌人的德国人面前。"（中₂）这名受访者坦言，在"盛气凌人的德国人"的威严下，中国员工的"自卑"会更为突出。对此，中国员工表示："中国人要自信。"（中₇）这种"要自信"主要表现为："对自己的工作要有自信。"（中₇）只有中国员工对自己以及自己的工作能力充满自信，德国领导才能信任中国员工的工作能力。

四　中方反思自我并回馈信任："精明得过了头"

在中方员工进行自我定位之后，他们会对德国领导有关自己性格的负面评价进行揣测。研究数据显示，中国员工认为，在德国上级眼中，中国员工精明得过了头："当然中国人有一点，他们叫作，比如说你很clever（聪明），就是当你的精明程度超乎他们想象的时候……在他们印象里中国是不发达的，中国人做事情应该不如他们，其实不是这样的。当然这种精明其实并不是他们对你的表扬，而是觉得你表面上乖、听话，但其实有心眼、有主意、狡猾。"（中₉）

这种"精明"不是对中国员工的称赞，而是暗示中国员工"有心眼、有主意、狡猾"，无法掌控。德方上级认为中国员工的精明程度超乎了他们的预想，原因有二：第一，德国外派管理人员对中国固有的负面刻板印象使然，如"不发达"；第二，中国人很少与德国领导交流。尤其当中国员工在毫无预告的情况下突然向德方上级递上辞职信的那一刻，这种"精明"会让德国人错愕不已。

五　德方解析下级的信任行为

同样，德方上级也会对中国员工的性格进行解析，从中得出的负面评价主要包括"胆怯"和"好攀比"两大内容。

223

（一）"胆怯"

首先，德方领导认为："中国人有些胆怯。"（德₇）中国员工在德方上司面前表现出来的"胆怯"主要是对领导的敬畏，尤其是当领导生气的时候："我认为，中国同事也是各不相同的。就我而言，我认为，对于许多中国同事来说，他们有一些恐惧，当我，比如说生气的时候，他们就会很不安，我觉得。那么，他们就不敢经受考验了，我认为。"（德₄）

这名德方受访者坦言，中国员工在领导面前表现出来的"恐惧"和"不安"证明了他们"不敢经受考验"。此外，中国员工的"胆怯"还表现为"经不起批评"："中方这边的一个重要阻碍因素就是经不起批评。"（德₅）因此，在德方上级眼中，中国员工因为"胆怯"而"经不起批评"，最终阻碍双方信任的良性互动。

（二）"爱攀比"

其次，德国领导认为，中国员工之间特别"爱攀比"，攀比薪水的多少。"跟我们德国人相比，中国人之间很爱攀比。比如，哪个同事挣得比我多或者少，我都无所谓。或者说，我对我的薪水很满意。我身边就发生过类似的事情，我手下的两名员工为此吵架，其中一人和我说另外一人的坏话，说另一人工作不努力。我想，这种事在德国人当中不那么经常发生，比如我跑到我领导那里去说，说你有这样那样的问题，就是我不会把自己和你比。我只会说自己工作的事情。如果一个同事干的活和我一样，我绝对不会去想他挣得比我少还是比我多。这对我来说无所谓，因为对我来说，重要的是工作。但是，我认为，中国员工之间比较爱相互攀比。私人领域也是。"（德₃）

这名德方上级还表示，他的中方下属因为攀比在他面前"打小报告"来诋毁同事，这样一来"好攀比"这个负面性格上升到人品维度，在领导面前"打小报告"是员工的职业禁忌，也是破坏上下级信任的重要因素。同时，这名德方受访者表示无法理解中国员工相互攀比的行为："我有一种感觉，当我观察中国员工互动时，他们之间也不理解对方。这个我不能理解，让我很惊讶。我认为，这破坏了工作氛围，因为其实他们不是竞争关系，因为每个人都有稳定的岗位。这个和德国的情况太不一样了。他们挣得也一样多。所以我不理解竞争在哪里。只有当他们一起谋求一个职位时，才会产生竞争。"（德₃）

这名德方上级认为，中国员工之间不存在竞争关系，所以不应该存在攀比的可能性。同时，他认为这种相互攀比的行为非常破坏工作氛围，影响信任的积极互动。

六　德方反思自我并发出信任

德国领导当然也会对自己的负面性格进行反思。当他们站在中国员工的立场上想问题的时候，会发现自己在性格上也存在缺点。

（一）"高傲"

首先，受访者德₂坦言，如果换位思考的话，德国人在中国员工眼中是"高傲"的："我很难自然而然地站在中国人的立场上想问题，因为我是德国人。但是，至于我是如何想的，什么是棘手的问题，那其实就是，我之前说过的，高傲，某些德国人所表现出来的傲气。如此的傲气，这样的话，构建出来的信任是一种病态的信任。我认为，这个非常不好。"（德₂）

这名德方受访者认为，"高傲"的德国上级与中国员工之间的信任互动一定是不平等的，甚至是"病态"的。

（二）"死板"

其次，经过换位思考，德国上级认为在中国员工眼中，他们是"死板"的："过于仔细，也就是死板，这经常让中国人很头疼，就像中国人经常挂在嘴边的'没有问题'一样。"（德₅）德国人的"死板"，或者说"过于仔细"着实让中国员工难以忍受。

表5-3总结了所有与性格维度消极信任互动相关的形象元素。其

中，德国人"死板"的性格分别出现在德方自我形象、他我形象以及中方他者形象中；德国人的"高傲"分别出现在德方他我形象与中方的他者形象中；德国人的"好为人师"分别表现在德方自我形象与中方的他者形象之中。这充分说明了，德国人的"死板"、"高傲"以及"好为人师"导致了德中上下级的信任消极互动。同时，中国员工自我形象中的"不自信"和德方上级他者形象中的"胆怯"本质上是一样的，因此二者之间也可以形成消极的信任互动。此外，其他形象元素，如德方上级的"粗鲁"、中方下级的"精明得过了头"和"爱攀比"也会引发这一维度的消极互动。

表 5 - 3　性格互动中的消极形象元素一览

步骤	步骤内容	形象元素					
1	德方自我定位并预支信任	太死板	好为人师				
2	中方解析上级的信任行为	死板	好为人师	粗鲁	高傲		
3	中方自我定位					不自信	
4	中方反思自我并回馈信任						精明得过了头
5	德方解析下级信任行为					胆怯	爱攀比
6	德方反思自我并发出信任	死板			高傲		

很明显，图 5 - 4 中所展示的性格维度的消极互动元素主要包括言、行两个方面，因为一个人的性格总是通过说话、做事被感知，同时研究数据并没有明确涉及附着言语和超言语层面的相关内容，所以性格维度的信任消极互动主要通过言语与非言语交流实现。

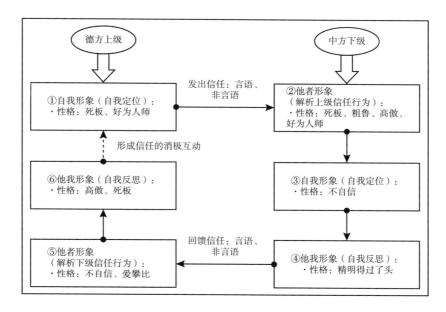

图 5 - 4　性格维度的信任消极互动

第五节　人品维度的消极互动

研究数据显示，德中上下级在人品维度的消极信任互动主要涉及中方他者形象、自我形象和他我形象以及德方他者形象四个步骤互动。也就是说，德方的自我形象与他我形象中并没有涉及德方对自己人品的负面评价。

一　中方解析上级的信任行为

中国员工对德方上级信任行为的解析会涉及对德方上级的人品评价，其中有积极的，也有消极的。

（一）不透明

首要的消极评价是"不透明"，如"现在德国人透明的不多"

（中$_{12}$）。这名中方员工一针见血地指出了德国上级的"不透明"，这里的"不透明"可以被理解为隐瞒或者欺骗。诚然，这两层含义都指向负面人品。同时，受访者中$_3$表示："他们认为自己总是很直接，但是其实他们也会隐瞒，出于保护他们利益的考虑，不会站在中方或者中国雇员的立场上说话或者行事。"（中$_3$）

在中国员工眼中，"太直接"的德国人也有"不透明"的时候，比如在中德两方出现利益冲突的时候。

（二）"自私"

同时有中方受访者对比了不同时代的德国人并得出当代德国人"自私"的结论："过去的德国人，在一起工作很愉快，现在的德国人不一样了。……因为二战以后，德国作为战败国，老一代德国人吃过很多苦，他们很多的观念和观点与现在的中国人很相似，如他们的家庭观念，或者经济观念、家庭的储蓄观，和中国人很相似。现在的新生代，就是年轻的德国人，相处起来，有的时候不是很愉快。因为他们基本上自私一些。……在工作上，他们为自己着想得多一些，在经济上他们也是为自己着想得多一些，就是以自我为中心。"（中$_7$）

由于新老两代德国人成长环境大相径庭，他们的价值观和性格也会截然不同。因此，在这名中方员工眼中，新一代德国领导"自私一些"，总是"以自我为中心"。

二　中方自我定位

（一）"不安分"

首先，与"安分"的德国员工相比，中国员工显得"不够安分"，这一点主要表现为经常"跳槽"："中国人的思路还是比较多的，点子多，这导致了中国人的不安分。在德企中，德国人很少跳槽，一干就干一二十年，干一辈子的也有。而中国人一两年辞职的很多，只要稍不如意，加上中国人抵御诱惑的能力稍低，其实还是因为中国人竞争太激烈了。我觉得这是社会制度的问题，比如我们的养老保险制度，还有如何控制失业率、失业保障等等。也可能因为中国人对德国企业文化了解不够，让他们觉得没有那么舒服。"（中₁）

根据受访者中₁的陈述，在德国企业工作的中国员工频繁"跳槽"，这一点反映了他们的"不安分"。同时，从上述数据中可以归纳出中国员工频繁"跳槽"的两大原因：第一，中国人才市场"竞争太激烈"；第二，中国员工对德国企业文化不甚了解，导致他们无法真正融入德国企业，因为缺乏归属感，所以"跳槽"。这名受访者还表示："企业文化是外国人很讲究的东西，但是到了中国，未必执行得那么好。本土的企业文化到了另一个国家就会变形。另外，中国人也不太看重西方企业文化这种东西，所以对企业的忠诚度就没有那么高。"（中₁）

上述研究数据阐明了一个观点，即作为舶来物的企业文化在中国没有实现本土化，因此中国员工不能接受或完全理解德国的企业文化，很难对德国企业产生归属感和忠诚感。这一点也促成了中国员工的"不安分"。此外，还有中方员工从制度维度剖析了中国员工的"不安分"："第一，在德国员工的流动性没那么大，在国内非常大，有些地方的有些公司达到30%，一年有30%的员工辞职走了，这是多么可怕的一件事，对于一个公司来讲。这在德国很难想象，因为德国的社会保障制度、工会制度使雇用和解雇一个员工没那么容易，可能这是制度的问题。"（中₄）

因此，在德国，上下级信任是制度化了的信任，在制度保障下形成了员工对上级、对企业的忠诚，所以在德国，员工频繁辞职鲜有发生。① 在中国，由于相关法律制度尚待健全，雇员的权益得不到有效保护，雇员难以对某个企业产生忠诚感，进而造成了中国员工频繁"跳槽"。

---

① 参见本书第一章第三节中"德国上下级信任文化对比"的相关内容。

（二）"相互拆台"

其次，中国员工喜欢"相互拆台"，导致中国员工内部的恶性竞争："中国人之间不要相互拆台，这是很重要的。你可能德语好一点，别的中国同事德语不好，在这种情况下，你就不要说人家的坏话。或者你做错了事，因为人家会认为你这五六个人都是做同样工种的，但是只有你能跟德国人沟通，其他人不能跟德国人沟通，那么你做的错事就变成了这五六个人一起做的，这等于德国人对其他中国员工的印象也不好了，还有可能因为你沟通能力强一点儿，你跟德国人编点瞎话，这就更不好了。这样的话会被自己人排斥，这是很糟糕的。"（中$_6$）

这名中方受访者表示，中国员工的"互相拆台"表现为在领导面前隐瞒或者撒谎，以将个人的过错归咎于整个集体，导致德方上级对团队中的所有中国员工都产生负面印象。

经过上述分析，可以将中国员工对自我人品的负面评价总结为"不安分"和"相互拆台"两点。研究数据还显示，这两点负面评价与中国人才市场的激烈竞争密切相关。

三　中方反思自我并回馈信任："不可靠"

在对自我的人品进行批评之后，中国员工也会揣测德方是如何评价自己的人品的。其中，有关中国员工负面人品的反思主要集中在"不可靠"这一点上："我觉得，他们会想德国人比中国人可靠，我觉得他们应该会这样想。当然可能会有个体的区别，他们会觉得某些人可靠，某些人不可靠，他们也不会觉得所有的德国人都可靠，或者说中国人都不可靠。但是总的来说，他们会觉得德国人相对来说比中国人更可靠。"（中$_{13}$）

这名受访者坦言，在德国上级眼中，中国人没有德国人那么可靠。中国员工产生这种他我印象的主要原因与中国人"经常跳槽"相关："他们会认为，尤其是这些年中国的员工是不稳定的，经常跳槽，然后

甚至有些人会认为中国员工的诚信是有问题的。"（中₈）

中国员工"经常跳槽"的不稳定行为会影响德国上级对中方下属诚信的评价。首先，"频繁跳槽"已经成为在德国企业工作的中方员工的一种集体行为；其次，中国员工处理辞职的程序不够合理："第一是这个中国人属于那种甩手掌柜类型的，我不高兴了我就不干了，这属于职业道德品行的问题，这没什么可说的；另外的一种可能是这个公司真正做了一件特别伤害他的事情，他就愤愤地走了。我和我的领导曾经经历过有的同事突然辞职的事件，作为中国人我非常理解这个同事辞职的原因，但是领导不理解为什么会写一张纸就走人，这就是对同样事情的理解方式不一样，外国人就事论事，不针对人，吵架不意味着不信任。但是中国人会觉得伤面子。这点小事都质疑我，那我就没有和你合作的必要了。所以中国人会转身写辞职信走人，甚至不会说为什么辞职。中国人很少会在辞职前和老板陈述理由，比如'老板不再信任我了'，很少有人用外国人的方式告诉老板为什么走。"（中₂）

就"辞职"这个事件而言，中国人经常当"甩手掌柜"，"写一张纸就走人"。这种行事方式导致了德方上级对中国员工的负面人品判断，即中国员工没有诚信。此外，上述研究数据分析了中国员工突然辞职的两种情况：第一，不负责任地、毫无缘由地突然辞职，这一点涉及职业道德；第二，领导说了伤害员工的话或者做了伤害员工的事，伤害了他们的"面子"。这一点涉及文化差异。然而，不管出于何种原因，"写一张纸走人"的辞职行为让德国上级一头雾水，随之德中上下级信任骤然终止。

四　德方解析下级的信任行为：不诚实

德中上下级在工作态度维度的信任消极互动已经涉及了中国员工的负面人品，如中国员工总是通过谎称自己或家人生病来请假或者辞职。这种行为在德方上级眼中如同撒谎，是不诚实的表现。对此，受访者德₅发表了如下观点:"我举一个例子。我雇了一个人,然后他辞职了。那么辞职有两种情况。有的在最后一天辞职,那么这种人是有问题的,因为他没有提前告知。当然,也有员工提前会打个招呼说:'我可能要走。'那么,我能提前找到人补位。这种事情在德国、法国或者美国以及中国都会发生。我觉得这个没有什么区别。对我来说这是'信任'的问题。第一种人是不信任我的。如果他信任我的话,那么他会提前告诉我。一个人辞职会有很多原因,如这里有很多问题,或者可能是家庭问题,或者跟职业规划相关。这个我能理解。但我不能理解的就是不诚实。我信任的是,不只是今天在这里工作的人,而且是明天也在这里工作的人。"(德₅)

这名德方受访者认为在辞职这个问题上分两种情况:不提前告知、突然辞职和提前告知再辞职。前一种情况涉及员工的人品问题,即"不诚实",反映了中国员工对德方上级的"不信任"。

此外,还有其他德方上级认为,中国人"二话不说、马上走人"的辞职方式是一种"遗憾":"在德国上下级之间会进行一次谈话,话题会涉及公司的运营情况、发展机会等。在中国,如果员工对工作不满意的话,二话不说,马上走人。如果他们突然跑到我办公室来,放上一封信,说:'我辞职,现在就走人。'大家为什么不坐在一起聊一聊,谈谈'到底怎么了?我们能做些什么。'我觉得这样的确是个遗憾,因为中国员工错过了很多机会。但是,我也找不到解决这个问题的答案。我认为,这也许是中国教育的问题,或者他们怕伤害德国老板的面子,就这样拿着辞职信跟老板说:'我不满意这份工作。'或者说:'我找了份新工作,这是我的辞职信,我要走了。'以牙还牙,德国老板也会说:'好,那我找个更好的。'"(德₁)

这名受访者表示德中上下级之间缺乏沟通,双方从来没有就辞职的原因进行过深入交流。他猜测中方员工或许是出于"怕伤害德国上级的面子",才用这种方式回避问题。然而,这种突如其来的辞职方式让德方上级措手不及，因此他们会一气之下立即同意中方员工的辞职。上下级信任关系就此终止。遗憾的是，以这种方式结束上下级信任关系会让德方上级永远无法得知中方员工辞职的真正原因，也会让中方员工错过许多解决问题的其他可能性。

总之，中国员工"二话不说、马上走人"的辞职方式确实是一种不诚实的表现，是一种不值得信任的表现。加之中国人惯以家人生病来请假或者辞职的托词加深了中国员工在德国上级心中不诚实的消极印象。

表 5 - 4　人品互动中的消极形象元素一览

步骤	步骤内容	形象元素			
1	德方自我定位并预支信任				
2	中方解析上级的信任行为	不透明	自私		
3	中方自我定位			不安分	相互拆台
4	中方反思自我并回馈信任			不可靠	
5	德方解析下级信任行为	不诚实			
6	德方反思自我并发出信任				

从表 5 - 4 可以看出，德国上级并没有对自己的性格进行自我批评。这一消极互动主要集中在对中国人负面性格的批评上，其中，中方对德国人"不透明"的评价以及德方对中国员工"不诚实"的评价刚好取得一致，两者可以形成对称的消极互动。此外，中国人自我定位中的"不安分"以及自我反思中的"不可靠"在本质上是完全相同的，虽然二者只出现在中方的相关形象中。此外，中方他者形象中的"自私"和中方自我形象中的"互相拆台"也可以导致信任的消极互动。然而，这四种形象之间的互动没有涉及德方人品的负面评价，也就是说，这一维度的消极信任互动是围绕中方员工人品的负面形象展开的，同时对人品的考察主要看信任双方言行是否一致，因此人品维度的消极互动主要体现在跨文化言语和非言语交流中。（参见图 5 - 5）

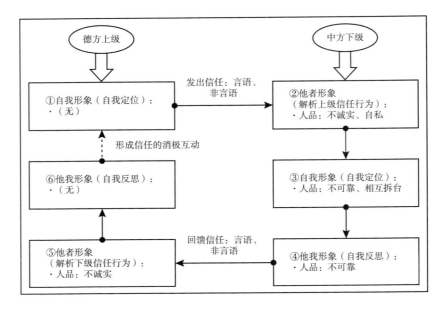

图 5 - 5　人品维度的信任消极互动

第六节　帮助与被帮助维度的消极互动

本书的研究数据显示，帮助与被帮助维度的消极互动主要表现为中国下属对德国领导所承诺的"帮助"的不信任。换言之，在本研究的德方受访者中，没有人提及有关这一维度的负面内容。在积极互动中，德方表示："我的贡献在于，我总是给人一种感觉，如果谁需要帮助的话，那我就会出现。"（德₁₂）对于下属提出的要求，德方上级表示一定会"雪中送炭"。

但是，对于这个承诺，有中方员工表示，不信任领导"给我画的饼"，不相信领导的承诺和帮助："我不信任的是他们给我画的饼，我不信任他们能够承诺给我什么，如果他跟我说明年你有这个机会，你会升到这样或者那样，在这一点上我不是那么相信他们，为什么呢？第一，他自己也不一定能控制得住，这不是他完全能够控制的。第二，他在管理这方面也需要调动员工的积极性，当然啦，他不会完全忽悠你，但是他也有忽悠的成分，这是人的本性，不过面对中国人时忽悠的可能性会更大。"（中₁₀）

上述中方员工坦言，德国领导虽然表示会随时挺身而出，对中方员工出手相助，但这个承诺在中方员工的眼中只是他们调动员工工作积极性的策略之一。因此，作为下属的中国人不能过于相信领导的"承诺"，相信他们给员工"画的饼"。这名受访者还表示，他可以在大多数情况下信任德国领导，但是涉及"工资"、"升迁"以及"职业规划"等与员工自身利益相关的话题时，德国领导不一定值得信任："没有任何人可以百分之百信任，也没有任何人你一点都不信任他，我的德国领导，我觉得绝大多数我都是信任他们的，只有一件事情我抱着怀疑的态度，就是在谈到我个人的工资、升迁或者整个职业规划的时候，我会打一个问号。"（中₁₀）

当员工真正需要领导帮助的时候，领导未必能像所承诺的那样，挺身而出，"雪中送炭"。中国员工对德方上级的这一负面评价与德方上级的自我承诺刚好相反，从而形成了德中上下级在这一维度的信任消极互动。图5-6显示，中方员工对德方上级所承诺的"雪中送炭"的不信任是引发这一维度消极互动的主要因素。由于"帮助与被帮助"涉及承诺帮助与通过行动落实帮助两方面的内容，所以这一维度的互动主要依赖跨文化交流层面的言语层面以及非言语层面的元素完成。

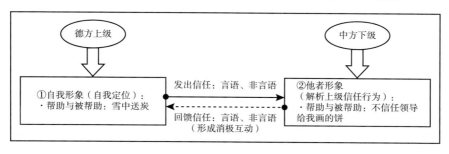

图5-6　帮助与被帮助维度的信任消极互动

第七节　文化维度的消极互动

文化维度的信任消极互动涉及文化偏见、刻板印象以及民族中心主义等因素的负面影响。

一　德方自我定位并发出信任："德式道路是唯一正确的"

首先，德国人认为德式道路是"唯一正确的"："德国人的无知，认为德式道路是唯一正确的、重要的。那么，这样就会关上很多扇门。"（德₂）对此，德国上级表示批判，认为这种想法反映了"德国人的无知"。这一点在一定程度上反映了德国人强烈的民族中心主义。同时，这种认为"德式道路"是唯一正确的观点主要表现为以下两方面的内容。

首先，德国领导总是下意识地把工作中出现的问题归咎于中国员工："当然，给员工很舒服的感觉，这很重要。我觉得非常糟糕的就是，两个德国人在一起嘀咕说：'这是中国人的问题。'其实，大多数情况下，这都不是中国人的问题，而是一个工作团队的共同问题，是人性的问题或者专业问题。我认为，最大的问题就是，德国上司总是把问题归咎到中国人身上。其实，在德国也会出现类似的问题。但是，当他来到中国之后，他就会说：'这些中国人！中国人总是有自己的想法，他们会做这个、那个。'"（德₄）

这名受访者表示，工作中的问题没有文化特性，是跨文化工作团队的"共同问题"，德方外派人员没有必要夸大文化差异，没有必要刻意区分中德双方，把问题不假思索地归咎于中方员工，这从侧面也反映了大部分德国人民族中心主义的思想。另一名德方受访者发表了类似的观点："当出现问题时，有些德国人会议论，这肯定是中国人干的。我认为99%的论断是那些从来都不反思的人做出的。

他们只是用外国人的眼光来判断中国人，简单地认为是他们的错误。"（德₄）

面对问题时，德方上级不能唐突地与中国员工划清界限，不能简单地认为，德国人的都是对的，中国人一定是错的。反思文化差异固然重要，但是刻意夸大文化差异只会适得其反，应该用文化平等心态面对和解决问题。

其次，德国上级直言，更愿意与德国员工共事，更信任德国人："我有一种感觉，纯粹是我个人的感受或者猜想，我和德国人共事的时候，我会更快地理解他们的想法。"（德₁₂）

毋庸置疑，德国人更懂德国人。诚然，同一文化的成员拥有更多的文化共性，在价值规范、思维方式等方面容易达成共识。因为文化对某一特定集体中个体的行为具有指导意义，使个体行为具有同一性，尤其在面对其他集体成员时，这种文化同一性会凸显。然而，在所有错综复杂的文化中，不仅个体的种类繁多，而且个体间充满多样性、异质性、分歧和矛盾。① 因此文化内部的差异说明文化内交流并不是理所应当就比跨文化交流简单、顺畅。"相反，随着跨文化交流逐渐加深，人们会发觉交流复杂性和多样性远比预估的统一规范性要多得多，这样一来，人们进行跨文化互动的意识就更强烈。"② 因为，人们在进行文化内交流时，往往会因为既定的文化认同夸大文化同一性，反而忽略了文化内个体之间的差异性。假设当人们面对异文化中千差万别的个体时，也能像包容文化内其他成员表现出来的个体差异一样，尊重并包容文化差异，从而尊重异文化中的个体，那么跨文化信任关系的生成就并非难

---

① Rathje, Stefanie, *Unternehmenskultur als Interkultur. Entwicklung und Gestaltung interkultureller Unternehmenskultur am Beispiel deutscher Unternehmen in Thailand*, Sternenfels: Verlag Wissenschaft & Praxis, 2004, S. 55.

② Bolten, Jürgen, "Grenzen der Internationalisierungsfähigkeit-Interkulturelles Handeln aus interaktionstheoretischer Perspektive", in Bolten, Jürgen und Peter Oberender (Hrsg.), *Cross Culture-Interkulturelles Handeln in Wirtschaft*, 2. Auflage, Sternenfels und Berlin: Verlag Wissenschaft & Praxis, 1999, S. 35.

事。这样一来，中国人也可以更懂德国人，或者说德国人也可以更懂中国人。

最后，他们的民族优越感还表现为对中国的偏见和抱怨："在中国一切都是杂乱无章的，中国人不认真，无知等等。你可以晚上去酒吧坐上两个小时就都知道了。你会听到老外的抱怨和偏见，一切都那么糟糕。"（德5）

民族优越感不仅表现为歌颂本民族，还表现为排斥和诋毁异民族。在华工作的德方外派人员对中国和中国人充满了偏见和抱怨，满眼皆是"脏、乱、差"，而对中国的"真、善、美"视而不见。

二 中方解析上级的信任行为

数据显示，中方员工主要从以下三个方面对德国上级的消极信任行为进行文化解读：第一，德国人的民族优越感；第二，德国人对中国文化一知半解；第三，不顾忌有关中国的敏感话题。

（一）强烈的民族优越感

德方上级在中方员工面前通过"对中华民族的歧视"透露自己强烈的民族优越感："德国人还是有一定的等级观念，尤其在德国企业。他们认为，中国人是他们雇来的员工，他们有些话中多少会透露出对中国人的蔑视，对中华民族的歧视是肯定有的。他们的民族优越感很强，认为自己作为德意志民族很高贵，但是要消除这种意识很难，因为是长期沿袭下来的优越感。如果能改善的话，会很好。因为，首先，他是带着隔阂地去信任你，他们不是完全信任中国人。所以，德国人应该稍微降低一些民族优越感和民族自尊心。"（中1）

受访者中1认为，德国人自视"高贵"，认为德意志民族是一个"伟大的民族"，因此他们可以歧视其他一切民族，正如另一名中方员工所言："我跟一个老德国人、一个政治家谈过这个问题，他告诉我，这是一个大民族、große Nation（伟大的民族）应有的特点。它会排斥

一切不属于它的事物，因为它本身太伟大了，历史太悠久了，它在这个社会环境、生存环境中有它的优势地位。"（中₁₂）

（二）"对中国文化一知半解"

德国人对中国文化的了解介于全然不知和完全理解的中间状态，这一点显然不利于中德人际信任的互动："其实很多德国人也是很愿意了解中国文化的，但是要看他有没有这个时间和精力。比如说一些派驻在中国的外国人，他们也是希望能够了解中国文化。但是我观察到了一种现象，当然这个东西也是没办法避免的，就是他们有的时候因为对中国文化一知半解，反而认为他们自己是'中国通'，这就起到了一个反作用。举个具体的例子，比如说对中国行贿、受贿现象的理解。其实我觉得任何国家都避免不了这种现象。但是有些老外就会认为这个很严重，这就要看他周围接触的是什么人，这些人给他灌输了什么思想，他就会有什么思想，同时他会拿这件事情去衡量所有的事情，这个我觉得只有时间才能解决。"（中₈）

这名中方员工表示，许多德国外派人员有了解中国文化的主动意愿。然而时间和精力不足，所以他们对中国文化的一知半解。在某些情况下，一知半解很有可能变成文化误读，从而阻碍中德信任构建。例如，上述访谈数据提及的"行贿、受贿"的社会现象，它存在于任何社会，然而当德方上级在中国亲历了类似事件之后，很明显地放大了中国社会中"行贿、受贿"的负面影响，并且用这种文化误读眼光去衡量中国文化中所有的人与事。所以说，对中国文化的一知半解毫无裨益。同时，德国人对中国文化的一知半解还表现为对中国人"谦逊"和"礼貌"的曲解："德国人最不能理解的就是中国人的谦逊和礼貌，各个层面的德国人，在国外的跨文化课程中学到的中国文化都过于片面，要了解真正的中国人就要去读历史书籍，这比上100节课都有效，而且课程内容很多是对中国的偏见和刻板印象。"（中₂）

根据这名受访者中₂的陈述，德国人对中国人"谦逊"和"礼貌"

的曲解源于德国的跨文化培训课堂。跨文化培训课堂有别于真实的跨文化交流，如果培训者自身对某一文化持有偏见、刻板印象，那么这些片面的认识会错误地引导被培训者，从而生成文化误解。因此，亲身经历某一文化是客观全面了解它的最佳方式。

此外，还有中方受访者对造成德国人一知半解的原因进行了剖析："他也会在某些地方接触到中国。当然在他们的媒体里面看到的中国，因为在华的（外国）记者报道中国的东西相对来说负面的多一些，因为他们也有他们的规定，如果这些记者要连续报道几天有关中国的积极新闻，他们的饭碗就别想要了。"（中₁₂）

这名受访者表示，文化曲解还源于媒体的误导。德国媒体的主观性、选择性和导向性，如德国驻华记者会刻意侧重报道"负面"的内容，致使德国外派管理人员在来华工作之前就已经形成了固定的、难以改变的偏见、刻板印象，甚至是文化误读和曲解："他们单方面认为所有媒体说的都是对的，我们说媒体也有导向性，也要赢利，所以一个德国人在这里，看到的只有片面的东西。这个片面不是全部。这样的理解已经有很大的差异，又因为外媒的误导，所以他们有一个很固定的思维方式，这不是我们这些能说德语的中国人能改变的。"（中₂）

（三）不顾忌有关中国的敏感话题

最后，还有中国员工表示，德国人不太会照顾中国人的民族情绪，会毫无顾忌地与中国员工谈论"敏感"话题："在中国，我觉得比较敏感的可能是一些政治问题，比如说德国人跟你谈台湾、西藏，对吧？德国人有的也跟我聊过，就是很熟了以后他就会聊，如果他是站在一种跟你沟通的角度来表明他自己的观点，并不表示他一定要怎么样，甚至是开着玩笑说的，这还可以接受，如果说他要是很过分地说的话，可能多数中国人是无法接受的，这跟我们受的教育也很有关系。如果一个日本人坐在你面前跟你说钓鱼岛就是我的，你会觉得很愤怒吧。"（中₈）

在华工作的德国外派人员总是试图从他们的世界观出发与中国员工

谈论一些有关中国内政的敏感话题，以求拉近与中国员工的距离。然而，这种行为会招致事与愿违的后果，因为这些敏感话题会触碰中国人的价值观底线，最终只会破坏信任关系。因此，在德中上下级的交流中，德方上级毫无顾忌地谈论有关中国的敏感话题会伤害中国员工的民族情感。

三　中方自我定位

在文化维度的信任消极互动中，中国人对自己的负面定位有：第一，"中国人单方面主动"；第二，"崇洋媚外"。

（一）中国人单方面主动

虽然本书一再强调，在上下级信任的互动中，一般由占据更多社会资源的德方上级迈开第一步。但是这并不意味着，在真实的互动中，德国上级必须一直都是主动方，而中方下级永远处于被动地位。根据研究数据，在德方上级与中方员工的信任互动中存在文化不对称的现象，即中国人对德国文化的了解程度远远高于德国人对中国文化的了解程度。因此就这一点而言，中国人总是表现出"单方面主动"："中国人都是主要的推动人，德国人有滞后性，中国人会努力付出，单方面去阐述他们能够接受的一些观点，然后达成一些共识。这些共识积累多了，会出现逐渐稳定的信任关系，甚至可以变成朋友。"（中$_2$）

这名中方受访者表示，德中上下级在文化维度的信任生成主要归功于中方员工。他同时表示："中国人单方面的投入很多，是在争取信任。中国人本身对德国人的评价很高，认为他们很专业、很理性，到中国的德国人层次很高。但实际上是有差异的，他们天生的优越感让他们并不是很开放，不可以轻易地相信中国人的优点。在国外工作很多年的中国人对德国的了解要比德国的中国通对中国了解的多得多。"（中$_2$）

在德中上下级信任构建中，德国人的优越感使他们不能以一种开放的文化心态去接受其他民族的优点。相比之下，中国人对德国人乃至德国文化的评价很高。因此，双方在文化维度的信任互动是不平等的、不对称的。中国人之所以单方面很主动，其原因主要是："中国的传统文化或者教育会追求一种平和的方式，希望大家在平和中相处，所以会主动一些，以促进互相了解，从而更好地开展工作。"（中₂）

中国人崇尚人际和谐至上，因此追求一种"平和"的相处之道，以维护人际关系，在傲慢的德国人面前表现得相对"主动一些"，以维护工作中良好的人际关系。

（二）"崇洋媚外"

与德方上级表现出的强烈的民族优越感，中国人对德国文化抱有"莫名的崇拜、屈服、服从、好感"："从中国人角度来讲，就是要在一个相对公平的环境中建立信任关系。因为有些人多少有一些趋炎附势，比如说有的人本来有很好的转型机会，他们就非要给跟了很长时间的德国老板做助理，好像对德国人有莫名的崇拜、屈服、服从、好感……多少有点崇洋媚外。中国人要摆正心态，不是说德国人说的就是对的，我们的同伴说的就是不对的。就比如说，现在有一个问题摆出来，德国人这样说，中国人那样说，如果再来一个中国人，那么他会偏向德国人，即便是在平级的关系中，因此中国人老有这种心理，就是外国人更高贵。这一点，在我工作的时候我都会尽量避免。我会以平等的眼光来看待信任关系。"（中₁）

由于中国落后于德国，所以某些在德国企业工作的中国员工会缺乏自信，同时对德国文化和德国上级有一种"莫名的崇拜、屈服、服从、好感"。这种"崇洋媚外"的文化心态具体表现为：凡是德国人说的都是对的，凡是中国人说的都是错的。在此基础上构建的信任关系是中国人一味屈从和妥协的结果，因而它是不平等的。这样只会让德国人印证并加深自己的民族优越感。

四　中方反思自我并回馈信任：落后的中国

中国员工推测，在德国上级的眼中中国是"落后"的："因为当时在他们的印象里中国还是挺落后的，而且德国人出差来中国也不是那么频繁。"（中₃）德国人对中国"落后"的印象与德国媒体对中国的宣传有直接关联："在德国人的印象里，中国还是很落后的，中国基本上跟清朝差不多，因为他们所看到的照片都是清朝、民国，或者是 20 世纪40 年代，最晚也是 70 年代，像水立方啊，其他的一些优美的照片啊，他根本看不到。"（中₇）

因此，德国人对中国的印象存在严重的滞后性。此外，由于既有的文化距离，尽管当前德国人对中国以及中国人日益了解，但是在他们眼中，中国充满神秘色彩和异域风情："我觉得这个应该放在一个历史变迁的过程中来看，而不能简单地看，而且不同的德国人所处的环境不一样，就整个德国来说，虽然他们现在对中国的了解越来越多，但还是就像我们看印度一样，（认为中国）是一个很神秘的国度。"（中₈）

五　德方解析下级的信任行为：中国的大环境困扰我

在文化维度的消极信任互动中，德方上级觉得"对于德国人而言，大环境因素的影响是最大阻碍因素。"（德₇）

受访者德₇表示，共同话题可以创造信任。然而，由于中德两国社会体制的差异，德中上下级之间不能随心所欲地畅谈政治话题。这造成了德中上下级之间的心理距离，也促成了德国人对中国人的各种偏见和误解。

六　德方反思自我并发出信任："外国人都是领导"

最后，德方上级还会揣测中方员工的心理。在文化维度的信任消极互动中，德国上级总有一种感觉，即中国人把所有的外国人都看成领导，正如德方受访者德₅的陈述："我认为，在他们眼中外国人都是领导。"（德₅）

德国外派人员之所有会有这种感觉，首先与中国员工的不自信相关；其次源于德国上级的民族优越感。在这两大因素的基础上形成的中德文化不平等互动导致了中国人把所有德国人都当成领导。

表 5-5 概括了以上描述的文化维度的信任消极互动。从表 5-5 可以看出，首先，德方自我形象中的"德国道路是唯一正确的"体现了德国上级的民族优越感，与中方他者形象中的"强烈民族优越感"形成趋同关系。同时中方员工自我形象中的"崇洋媚外"与德方他我形象中的"外国人都是领导"也形成趋同关系。而德方"强烈的民族优越感"与中方"崇洋媚外"形成互补关系，因此，它们是导致文化维度德中上下级信任消极互动的第一因素。其次，中方他者形象中的"不顾忌有关中国的敏感话题"与德方他者形象中的"中国的大环境困扰我"彼此形成强烈反差，能够促成双方的信任消极互动。因此，有关中国的敏感话题是促成文化维度消极互动的第二因素。最后，中方他者形象中的"对中国文化的一知半解"以及中方自我形象中的"中国人的单方面主动"之间存在因果关系，因此从中方视角出发，德国上级对中国文化的一知半解和中方下属对德国文化的开放心态之间呈现出不平等的文化互动，同时这两大形象元素也与德国人强烈的民族优越感和中国人不自信心理相关，因此二者也能导致文化维度的消极互动。最后，虽然中国员工他我形象中的"落后的中国"无法与其他形象元素形成趋同关系，但是存在一定的关联性，所以它也是促使文化维度信任消极互动的主要因素之一。

表 5-5　文化互动中的消极形象元素一览

步骤	步骤内容	形象元素					
1	德方自我定位并预支信任	德式道路是唯一正确的					
2	中方解析上级的信任行为	强烈的民族优越感	对中国文化一知半解	不顾忌有关中国的敏感话题			
3	中方自我定位			中国人单方面主动	崇洋媚外		

续表

步骤	步骤内容	形象元素					
4	中方反思自我并回馈信任					落后的中国	
5	德方解析下级信任行为						中国的大环境困扰我
6	德方反思自我并发出信任				外国人都是领导		

　　如文化维度的积极信任互动一样，图 5 - 7 中显示的德中上下级在文化维度的消极互动同样反映了文化互动的不对称性，因为德国上级的民族优越感与中方下级不自信心理恰好形成强烈反差。同时，这种不对称性反映了德方面对中国文化时封闭的文化心态以及中方面对德国文化时委曲求全的文化态度。此外，从上述形象元素来看，该维度的信任消极互动可以体现在跨文化交流的各个层面。

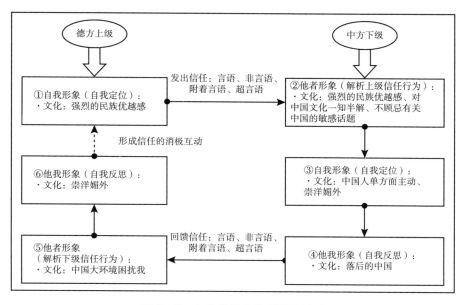

图 5 - 7　文化维度的信任消极互动

小 结

图 5-8 从 6 个维度呈现了德中上下级信任消极互动的全部内容：其中，工作维度的消极互动主要表现在中国下属的"不自信"（如"不相信自己的工作能力""领导怀疑我的能力"）以及德方上级"不给中国员工更多改错的机会"这两个方面；工作态度维度的消极互动分别体现在信任双方的三大形象之中，中德双方的"不坦诚"是产生工作态度维度消极互动的首要因素。此外，中方员工的"不主动"以及德方上级因为"只关注负面东西"而产生的消极工作态度（如"德国人变懒了"）也会促成这一维度的消极互动；在工作方式维度，德方上级"太冲、太直接"的沟通方式产生的"批评多、表扬少"在中德双方看来都会阻碍信任发展，同时中方员工的"没有反馈意识"以及"不走直线"的工作方式也会促使信任的消极发展。以上三个维度的消极互动属于信任双方业务维度的互动。此外，个人方面的信任消极互动包含了性格、人品以及帮助与被帮助三个维度的互动：其中德方上级的"死板"、"高傲"以及"好为人师"和中方下属的"不自信"组成了性格维度消极互动的主要内容；而人品维度的消极互动只涉及对中方员工人品的负面评价，因此中方员工"不诚实"以及"不可靠"是导致这一维度消极互动的主要因素；在帮助与被帮助维度，中方员工"不信任领导给我画的饼"促使了这一维度的消极互动。最后，在文化维度，德国人"强烈的民族优越感"是导致该维度信任消极互动的主要因素；同时，中方员工对本民族文化的不自信带来的"崇洋媚外"也会促成这个维度的消极互动，此外在有关中国敏感话题上产生的分歧也会破坏德中上下级信任互动。

在德中上下级信任的消极互动中，有两大关键性事件引人注目，即中国员工"拿家人生病当幌子"的请假方式或者"写一张纸走人"

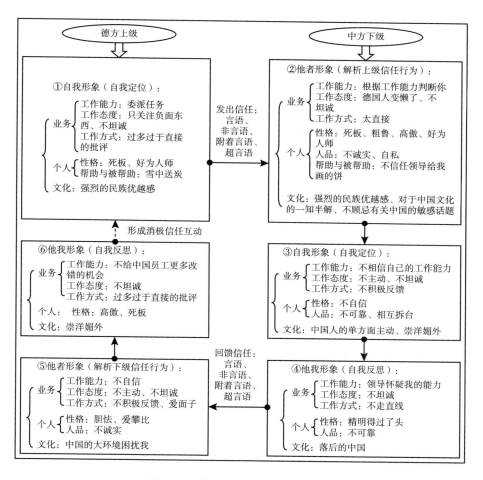

图 5 – 8　德中上下级信任消极互动

的辞职方式，它们是导致信任中断或者终结的导火索。首先，"拿家人生病当幌子"来请假在德方上级眼中是一种欺骗行为，直接导致信任的破裂；其次，"写一张纸走人"的辞职方式在德方上级看来也是一种不负责任的行为，是一种不信任领导的行为。"辞职"意味着信任关系的终结。然而，中国员工对这两大关键性事件的解释完全不同。"拿家人生病当幌子"请假的初衷是怕领导不准假，这与上下级之间的权力距离以及由此带来的对领导权威的畏惧有关。加之，在中国员工眼中，照顾生病的家人是最无可指摘的请假理由，所以中国员工惯用这种托词来获取领导的同意；其次，"写一张纸走人"的辞职方式可以避免与领导产生正面冲突，与中国的"面子文化"以及中国人"隐忍"的性格相关：当德国领导"太冲、太直接"的工作方式无意识地伤害了下属之后，下属不会与领导对峙，反而采取隐忍的态度，直至辞职。这种处理方式既可以维护领导面子，也是为了不伤害自己的面子。此外，在文化互动维度存在文化认知不对称的现象，主要根源于德国人过于强烈的民族优越感和中国人内心的不自信。同时，这两种极端的文化态度也与面子有一定的关联。因此，对面子的理解偏差以及由此产生的文化误解是导致德中上下级信任消极互动的首要因素。

　　以上两章分别从七个维度描述了德中上下级信任构建过程的积极互动和消极互动，即工作能力、工作态度、工作方式、性格、人品、帮助与被帮助和文化七大维度，其中工作能力、工作态度和工作方式属于业务方面的内容；性格、人品以及帮助与被帮助涉及个人领域的内容。由于本书研究的是上下级之间的信任互动，因此工作能力维度的信任互动主要表现为德方上级对中方下属工作能力的考察；而在帮助与被帮助维度的信任互动中，德方上级是"施恩者"，中方下属扮演的是"报恩者"的角色。从研究结果来看：第一，在引起双方信任互动的众多因素中，有些因素（如"坦诚""学习、理解并尊重对方文化"）是指向信任双方的，有些因素（如德方上级"强烈的民族优越感"、中方下级的"不自信"）是指向信任中的某一方的。也就是说，在某些方面，信任的积极或者消极互动是双方共同作用的结果；而在另一些方面，它是信任某一方作用的结果，因为二者在文化、工作角色以及权力地位上存在巨大差异。第二，虽然工作能力是上级考量下属的核心指标，但是研究结果显示，其他六大维度也呈现了大量造成德中上下级信任积极互动或消极互动的因素。可以说，工作能力固然重要，但是受到文化因素影响的工作态度、工作方式、个人性格、人品、帮助与被帮助以及文化维度本身对德中上下级信任构建产生的作用远远大于工作能力。

第六章
德中上下级信任互动的特点

第一节　信任互动的七大维度

本书分别从七大维度——工作能力、工作态度、工作方式、性格、人品、帮助与被帮助以及文化维度论述了德中上下级信任的积极与消极互动。其中，工作能力、工作态度和工作方式属于业务方面的内容，体现了德中上下级之间的工作关系，工作能力是信任互动的起点，因为领导对下属的原始信任表现为对其工作能力的信任。虽然伴随工作能力互动进行的态度互动和方式互动不是德中上下级信任互动的首要维度，但是它们的作用往往大于能力的互动；性格、人品以及帮助与被帮助隶属于个人维度的信任互动，个人维度的信任互动跨越了工作关系的界限，可以促使德中上下级信任从虚情型发展为真情型；在文化维度的互动中，中德双方将彼此看成相应文化中的一员，信任主体的偏见、定型看法以及民族中心主义思想会影响这一维度的信任互动。虽然可以分别从上述七个维度展开论述德中上下级信任互动，但是七个维度之间并不是相互孤立的，只能说每个维度的侧重点不同。例如"爱批评"属于性格维度的形象元素，而"太直接的批评"则属于工作方式维度的内容。再如，非文化维度的互动也会体现中德双方的文化特征，因为文化会影响个人的认知、感情和行为。

第二节　信任互动的四个层面

　　跨文化信任互动过程就是跨文化交流过程，因此德中上下级信任的互动也会体现在交流的四个层面中。从本书的研究结果来看，交流的每一层面都带动了信任的互动：首先，涉及言语层面的信任互动内容有"直接"或"不直接"的批评或表扬等沟通方式；其次，"委托任务""握手""拥抱""反馈信息""雪中送炭"等信任行为属于非言语层面的交流内容；再者，"倾听式的沟通方式"以及"沉默"属于附着言语层面的信任信号；最后，时间因素，如"第一时间回应我"以及文化因素，如影响德中上下级信任互动的中德文化属于超言语层面的内容。此外，研究结果显示，言语层面的书面交流也对德中上下级信任互动起到了积极作用，如德方领导在和中方下级进行邮件互动时，会用"感谢加具体员工姓名"代替群发式的"感谢你"的表达方式。这一书面言语交流的细节让员工倍受尊重，促进了工作态度维度的信任积极互动。综上所述，跨文化上下级信任互动可以表现为四个层面的互动，即言语、非言语、附着言语和超言语层面的信任互动。

第三节　信任互动的不对称性

　　据本书的研究结果，无论是积极互动还是消极互动，德中上下级之间的信任互动都体现了显著的不对称性。这种不对称性主要体现为权力不对称与文化不对称。

　　首先，权力不对称体现为工作能力以及帮助与被帮助维度的信任互动。诚然，在工作能力维度的德中上下级信任互动中，下属也会去评价上级的工作能力。但是，只有上级对下属能力的肯定才能实现最初的信任互动，因为在这一维度互动的关键环节有"领导考察能力"、"下属证明能力"和"领导肯定能力",而其中能实现信任飞跃的环节是上级对下属能力的肯定,因此工作能力维度的信任互动是不对称的。这种不对称源于德中上下级之间的权力距离。同时,上级对下属的帮助可以实现帮助与被帮助维度信任互动的质的飞跃。这种单向帮助也体现了处于强势地位的上级与处于弱势地位的下属之间的权力距离。因此,不管是单向的能力肯定还是单向帮助都源于德中上下级之间的权力距离,它进一步说明了上下级信任关系不是一种对偶关系,在很多情况下,有必要将信任关系剥离为向上信任与向下信任两个单向信任关系。①

其次,文化维度的不对称体现为中方员工对德国文化的认知和好感程度远远高于德方上级对中国文化的认知和好感程度。这一点导致了中方员工对德国领导以及对德国文化的包容。基于这一点形成的文化维度的积极互动其实是中方文化妥协的结果。因此,这种文化互动是不对称的,因为中国人妥协得过多,而德国人妥协得太少。其原因在于,与西方人相比,中国人在人前不炫己、不过分主张己见、力求谦虚,力求妥协、反对极端、主张中庸;此外,中国人不倾向于公开表露情感,力求克己。② 可以说,中国国民"力求妥协、反对极端"的国民性推动了德中上下级信任在文化维度的积极互动。

总之,不管是权力不对称还是文化不对称,它们都反映了德中上下级信任不同于其他人际信任的特殊性。

小　结

本章讨论了德中上下级信任互动的三大特点。第一,跨文化信任互动的七个维度,即工作能力、工作态度、工作方式、性格、人品、帮助

---

① 参见第一章第一节有关"企业组织内上下级信任"的内容。
② 曾文星:《从人格发展看中国人性格》,载李亦园、杨国枢编《中国人的性格》,中国人民大学出版社,2012,第206～207页。

与被帮助和文化维度；第二，互动的四大层面——言语、非言语、附着言语以及超言语层面的信任互动；第三，信任互动的不对称性，主要体现为权力不对称和文化不对称。权力不对称主要指工作能力维度中上级对下属的单向能力认可以及帮助与被帮助维度中的上级对下属的单向帮助。文化不对称描述了文化互动维度中中国员工和德国上级对异文化认知和情感投入程度的不对称以及德国上级的民族中心主义与中国下属的不自信心理之间形成的强烈反差。

第七章
德中上下级信任互动的原因

第一节 信任积极互动的主要原因

通过总结德中上下级信任积极互动的流程（参见图4－9），可以概括出对德中上下级信任积极互动产生决定性作用的七大原因，即跨文化中间人、坦诚、对能力肯定、帮助、积极意义上的直接、勤奋和包容。其中，跨文化中间人、坦诚是中德双方共同努力的结果；对下属能力的肯定、对下属的帮助以及积极意义上的直接体现了德方上级单方面的贡献；相比之下，中方单方面的贡献是勤奋和包容。

一 共同贡献

在德中上下级对信任积极互动的共同贡献中，跨文化中间人是文化维度积极互动的首要因素，而坦诚是工作态度维度积极互动的第一要素。

（一）跨文化中间人

研究数据显示，中德受访者都将自己视为在德中上下级信任互动中的跨文化中间人，认为自己在中德跨文化信任构建中发挥着桥梁作用。为了充分发挥这个"跨文化中间人"的作用，中德双方都必须在中德跨文化交流中摆正文化心态，做到不偏不倚，努力减少中德跨文化合作中的文化误解和曲解，以实现中德跨文化信任。然而，由于中德双方的文化背景以及出发点不同，二者对跨文化中间人的理解也不尽相同。德方上级认为，除了必须捍卫德国总部的利益之外，还要学习中文、中国文化以及尊重中国文化，而中方员工眼中的跨文化中间人必须为疏通中德跨文化交流中的障碍和误解做贡献，除了要学习和尊重德国文化外，还必须充满文化自信。因此，中德双方对各自文化持有的态度是不同的，德方上级把捍卫本国利益放在首位，而中方员工一直强调一定要对本民族文化充满信心。这一点从侧面反映了中德双方之间的强烈反差。

（二）坦诚

坦诚是构建信任的根本。一般来说，坦诚包含两层含义。第一，实话实说；第二，清晰地交流。在上级眼中，一个不告知全部信息的下属是有问题的下属，上级认为他们不是有意漏掉信息，就是颠倒是非黑白。[1]因此，这样的下属不值得信任。同样，一个不愿意与下属坦诚沟通的领导，会拉大上下级之间的距离并加深上下级之间的隔阂，不利于信任的生成。所以，对于上下级来说，坦诚是最基本的信任要素。坦诚可以提升上下级沟通的有效度，缺乏坦诚的沟通就不可能产生信任。

在跨文化工作场域中，信任主体在面对陌生的异文化之时保持坦诚的态度可以加快跨文化信任生成的速度，因为坦诚促使信任主体抛弃文化偏见和定型看法，为信任的积极互动奠定基础。[2]

在德中上下级信任的积极互动中，坦诚不仅仅表现为双方工作态度上的"坦诚相对"，如"保持真实"、"说话实实在在"和"坦率"。此外，可以透过"坦诚"的工作态度来判断一个人是否诚实，而关于一个人诚实与否的判断已经上升到人品维度。众所周知，人品的好坏是考

---

[1]　Covey, Stephen M. R., *Schnelligkeit durch Vertrauen: Die unterschätzte ökonomische Macht*, Offenbach: GABAL Verlag, 2009, S. 144 – 145.

[2]　Schweer, Martin. K. W., „Vertrauen und soziales Handeln: Eine differentialpsychologische Perspektive", in Jammal, Elias (Hrsg.), *Vertrauen im interkulturellen Kontext*, Wiesbaden: VS Verlag für Sozialwissenschaften, 2008, S. 23.

量其信任度的第一要素。因此，坦诚是信任构建的根本。另外，必须强调的是，在中文里，"信"和"诚"经常被组合为一个词语"诚信"，从这个组合可以看出坦诚对构建信任的重要作用。

二　德方贡献

德方上级对信任积极互动的主要贡献表现为对下属能力的肯定、对下属的帮助以及积极意义上的"直接"。前两点贡献都与德方上级的权力角色相关。作为管理者的德方外派人员十分重视下属的业务能力，因此肯定下属的能力能够让上级预支的信任推动积极的信任互动。此外，处于权力强势地位的上级有能力去帮扶处于困境中的下属，这种"雪中送炭"式的帮扶能够实现信任质的飞跃，同时也是将德中上下级信任关系从工作领域带入私人关系领域的关键因素。第三点贡献体现了跨文化聚合作用。众所周知，德国文化属于低语境文化，而中国文化则是高语境文化。积极意义上的直接既可以避免不直接导致的模棱两可，又可以避免过于直接引发的"丢面子"的后果。所以，德方上级所贡献的积极意义上的直接是中德跨文化互动的最优结果。

（一）　单向能力肯定

鉴于德中上下级信任关系的特殊性，上级对下属能力的肯定是实现双方信任积极互动的首要动力，因为德中上下级信任关系以上级向下属委托任务为起点，根据任务的完成情况，上级可以判断下属的工作能力。不可否认，在一个团队合作中，团队成员对彼此能力的肯定是信任构建的基础。然而上下级不同于平级的同事关系，领导对下属能力的肯定反映了上下级之间的权力距离。通常来说，一个领导会面对至少两名员工，因此领导可以通过工作能力来比较哪名员工更值得信任。相对而言，处于弱势的员工无法选择自己的领导。因此领导对下属能力的肯定更能决定上下级信任的积极互动。

（二）　单向帮助

基于德中上下级之间的权力距离，作为上级的德国外派管理人员能够在下属需要帮助的时候挺身而出，给予支持和帮助，从而加速信任的实现。特别是当这种帮助涉及私人领域的时候，上下级信任会从建立在利益关系之上的虚情型信任发展为建立在一体感基础上的真情型信任，从此这种信任被人情这一纽带联系着，变得越来越牢固。同时，私人帮助为工作关系发展为私人关系搭建了桥梁。建立在私人关系之上的信任是"自己人"的信任，仅次于血缘关系上的信任，它有别于"外人"的信任。另外，中国人深受"滴水之恩当涌泉相报"的观念的影响，因此中国员工会将上级给予帮助的行为看成一种"施恩"行为，并会以"报恩"的形式加倍回馈德方领导。总之，无论从权力距离角度来看，还是用"施恩"—"报恩"这一中国式逻辑来分析上级对下属的帮助，它都能带来上下级信任的质的飞跃。

（三）积极意义上的直接

德国文化是典型的低语境文化，尤其与高语境的中国文化相比，德国人的直接就更加突出。因此，德方上级的直接首先表现为交流方式上的直接：德国人交流时不拐弯抹角，重视对客观描述，因此将交流的内容放在第一位，换言之，他们倾向于直接、没有言外之意的交流方式。[①] 直接的交流方式保证了交流的清晰和透明，可以减少误解。对于德中上下级来说，直接的交流方式可以保证工作信息的透明，减少误解，提高工作效率。对此，中方员工深表赞同。因为德方领导的直接减轻了员工揣摩领导意图的负担，从而降低交流的复杂性。其次，德方上级的直接还体现为"勇于直面问题"的工作方式。德国人善于"把问题摆出来""小事化大、大事化更大"的、积极的处事风格，因为只有积极地去发现问题、勇于直面问题，才能解决问题，而只有解决问题，才能推动工作、创造成绩。此外，德国人的直接还表现为性格上的坦率和人品上的耿直。这些都是实现信任积极互动的正

---

① Schroll-Machl, Sylvia, *Die Deutschen-Wir Deutsche：Fremdwahrnehmung und Selbstsicht im Berufsleben*, Göttingen：Vandenhoeck & Ruprecht, 2002, S. 164.

面因素。

德国人直接的交流方式源于德国文化中追求真理的哲学思想。德国人秉承非黑即白、非此即彼的逻辑原则，真理只有一个，不可能同时存在两个完全对立的真理。在认识世界的过程中，德国人习惯将认识对象客观化，对事物的描述不掺杂主观意见。这种认识世界的客观化方式倾向于对客观事物进行演绎和分析。演绎的过程要求直接的表达方式，否则就会产生意义的含糊不清和理解偏差。①

需要强调的是，这里的直接是积极意义上的直接，指的是在陈述客观事实上的直接，不包括负面情绪的直接表达。如果在批评或者表达负面观点的时候采取过于直接的方式，会伤害中方员工的情感和面子，导致信任的消极互动。

三　中方贡献

相比之下，中方员工的主要贡献有勤奋和包容。勤奋是一种积极的工作态度，所谓"勤能补拙"，尽管德方上级将工作能力放在考察下属信任度的第一位，但是中国员工希望通过最大的努力来弥补工作能力上的不足。对上级的包容可以理解为中国员工对权力的敬畏，也可以理解为中国人对异文化的包容。

（一）勤奋

首先，勤奋是中国的传统美德之一。在"鞠躬尽瘁、死而后已"精神的影响下，中国人将勤能补拙、业精于勤当作工作信条。中国人信奉天道酬勤，认为勤奋工作的人定会得到上天的回报。② 因此，自古以来，中国人都以勤奋二字鞭策自己。

孟德斯鸠认为，立法者有两个目的：他们既要老百姓安静，又要老

---

① Schroll-Machl, Sylvia, *Die Deutschen-Wir Deutsche： Fremdwahrnehmung und Selbstsicht im Berufsleben*, Göttingen：Vandenhoeck & Ruprecht, 2002, S. 187 – 188.
② 王春英：《中国人是不是过于勤奋了》，《招商周刊》2007 年第 20 期，第 70 页。

百姓勤劳刻苦。[①] 因此，在权力和权威面前，普通民众必须通过勤奋来获得安身立命的合法性。同样，这种生存之道也可以体现在德中上下级的关系中。在德国上级这个权力角色面前，中国员工唯有勤奋工作才能保住自己的饭碗。

此外，从上级的立场出发，勤奋工作的员工是积极上进的员工，是可预见、可控制的员工。因此，勤奋的员工是值得信任的。

（二）包容

在德中上下级信任互动中，中方员工表现出极大的包容，这种包容为中德信任构建做出了巨大的贡献。这主要表现为对工作的包容、对德方上级以及德国文化的包容。对工作的包容包括中国人对工作压力、难度的忍耐力，对德方上级的包容包括对他们直接的批评和抱怨的包容，对德国文化的容忍即对中德文化差异的包容。

中方员工的包容首先归因于中国人平和的性格。这种平和的性格可以规避人际冲突，避免极端、激烈的处理问题的方式，因为中国人主张中庸之道，追逐人际关系的永久和谐。[②] 正如钱穆先生对中国人国民性格的归纳——淡泊、安静、隐藏、平常。[③] 这种平和的性格导致了中国人较强的忍耐力以及随遇而安的个性。无论工作压力和难度有多大，无论德国领导的批评和抱怨有多难接受，无论中德文化鸿沟有多深，中方员工都尝试着去包容、忍耐，甚至去学习和接受德国的工作方式以及德国文化。历史上，中国人忍耐的性格是在他们恶劣的生存环境和多灾多难的生活经历中形成的。在苦难面前中国人早就练得金刚不坏之身，可

---

① 周宁：《被别人表述：国民性批判的西方话语谱系》，《文艺理论与批评》2003 年第 5 期，第 43 页。

② 曾文星：《从人格发展看中国人性格》，载李亦园、杨国枢编《中国人的性格》，中国人民大学出版社，2012，第 205 页。

③ 杨懋春：《中国的家族主义与国民性格》，载李亦园、杨国枢编《中国人的性格》，中国人民大学出版社，2012，第 123 页。

以忍受各种苦难。① 另外，中国人认为"照中国人的长久生活经验，保证或维系家族的最有效方法是要有和平，没有战争"。而和平相处、避免战争的最好途径就是"大家都有淡泊的性格。如大家都淡于名利，淡于财货，淡于交朋结党，则在家族中会多有和平，在邻里社区中少有冲突伤害"。因此爱好和平、淡泊为怀的人，在行事方面表现为包容、不急躁，因为性情急躁会造成错误，招致损失。②

其次，中方员工的包容是对权威的包容，因为在德中上下级关系中，中方员工表现为权力弱者。唯有包容能避免上下级冲突，获得上级的认可和信任。所以中方员工的包容还可以归因于中国人的权威性格。传统中国社会的经济形态是农业，生存资源有限、家庭人口众多，导致对生活必需品的分配成为一个严重的问题，甚至会引起纠纷。为了防止分配上的纠纷，以农业为主的中国社会必须建立一种以等级为主的权威社会结构。这个社会结构一旦形成，每个人便会各安其位、各守其分，即使分配不平等也不会导致公然的纠纷，甚至人们认为不平等是理所当然的。这种权威式的社会结构造就了中国人的权威性格。在权威面前，中国人会无条件地服从。③ 所以，在德方上级面前，中方员工表现出无条件的包容。

第二节　信任消极互动的主要原因

从德中上下级信任消极互动总图（参见图 5 - 8）可以归纳出导致德中上下级信任消极互动的主要原因——面子问题、过于直白的情绪宣泄、强烈的民族中心主义、信心缺失和被动。其中面子问题与中德双方

① 周宁：《被别人表述：国民性批判的西方话语谱系》，《文艺理论与批评》2003 年第 5 期，第 50 页。
② 杨懋春：《中国的家族主义与国民性格》，载李亦园、杨国枢编《中国人的性格》，中国人民大学出版社，2012，第 123 页。
③ 杨国枢：《中国人的蜕变》，中国人民大学出版社，2012，第 234～237 页。

都有直接关联，过于直白的情绪宣泄和强烈的民族中心主义指向德方上级，而信任缺失和被动主要与中方员工相关。

一　人际互动中的"面子"

符号互动主义（Symbolischer Interaktionismus）以及阐释社会语言学（Interpretative Soziolinguistik）的理论前提是人们生活在一个由符号组成的世界中，其中语言是最主要的交流符号。人类社会可以被视作由不同个人所组成的团体，个体通过连续地参与社会活动而融入社会生活，从而创造社会意义并发展行为准则。所以，社会互动意义重大。在互动之中，社会成员必须共同协调彼此行为并对行为的阐释进行共同协商，以产生认同。在人际交往之中，每一位个体都努力地去形成并加强认同。认同形成的首要因素就是构建和维护面子。面子对于每个人来说都是有价值的，面子的价值需要不断地去投资、去证实，同时也存在丢面子的可能。基于面子，无论是自己的还是他人的，都有被伤害的可能，所以互动中的个体力求通过"面子工程"来为自己和他人获取面子。[①] 因此，在人际互动中，每个人都必须去维护面子来实现对集体的认同。具体来说，面子是社会中的个体在某一情境中所察觉到的"情境自我"或自我形象。在人际互动中，每一个个体在其心理社会图像或者心理场域中都会感知到其他参与者的面子。面子文化不是中国文化的特殊产物，西方文化也讲究面子。它主要是指个体生物性的脸面，是可以跨越各种不同社会情境而保持其一致性的个人荣誉。因此，西方人认为，在任何场合都应将维护自己的面子放在第一位。然而，在儒家文化传统影响之下，面子却有其特殊的意义。[②] 中国文化中的面子观更强

① Günthner, Susanne, *Diskursstrategien in der interkulturellen Kommunikation. Analysen deutsch-chinesischer Gespräche*, Tübingen: Niemeyer, 1993, S. 67.
② 黄光国：《华人社会中的脸面与沟通行为》，载黄光国、胡先缙等著《人情与面子：中国人的权力游戏》，中国人民大学出版社，2010，第 141～142 页。

调"给别人面子",在某种程度上,"给别人面子"比"维护自己的面子"要重要得多。[①] 因此,在人际互动中,中国人更加顾及别人的感受,时时刻刻注意给别人"留面子"。

面子是人际互动的基本原则之一,在中德跨文化交流中,德国人对中国人面子的敏感度不高,因此面子成为中德人际互动的重要议题之一。[②] 根据本书的研究结果,中国面子文化会导致德中上下级信任的消极互动,相关关键事件就是中国员工的辞职。研究结果显示,中国员工的辞职原因有二。其一,上下级之间最根本的利益冲突表现为员工希望"涨工资"与领导希望员工最好不要求"涨工资"之间的矛盾。当德方领导无法兑现给中国员工的承诺之时,员工只好选择跳槽。更确切地说,在德方领导无法兑现承诺那一刻,德方领导已经失信于中方员工,所以员工只好选择跳槽来结束信任关系,同时也为自己谋求新的职业寻找机会。当然,这种失信源于德方上级没有兑现承诺,因此员工在递交辞职信之时不会向领导说明辞职的原因,因为中国员工不想伤害领导的面子。他们的沉默让德方上级很困惑。当这种辞职方式已经不再是个别现象的时候,德方领导极度希望中方员工说明辞职的原因。与此同时,他们并不理解中方员工"撑死不打破情面"的缘由。所以,德方上级将中方员工"不辞而别"的行为解释为不配合、不坦诚。同时,中国员工流动性过大给德方上级留下了极为负面的印象——中方员工对企业忠诚度不高。从此,中方员工也失信于德方上级。长此以往,德中上下级信任形成了螺旋式下降的发展趋势。其二,德方上级过于直接的批评会让本来就缺乏自信的中方员工丢面子。加之,中国员工平和的性格致

---

① Liang, Yong und Stefan Kammhuber, „Kulturunterschiede: Ergebnisse der Kulturstandardforschung", in Thomas, Alexander, Eva-Ulrik Kinast und Sylvia Schroll-Machl (Hrsg.), *Handbuch Interkulturelle Kommunikation und Kooperation: Band 2: Länder, Kulturen und interkulturelle Berufstätigkeit*, Göttingen: Vandenhoeck & Ruprecht, 2003 und 2005, S. 178.

② Weidemann, Doris, *Interkulturelles Lernen. Erfahrungen mit dem chinesischen „ Gesicht "*, Bielefeld: transcript, 2004, S. 98.

使他们宁愿选择沉默来避免冲突或者表示反抗。然而，德方上级对中国面子文化的敏感度并不高，无法察觉中方员工保持沉默的真正意图。所以，他们并不觉得直接的批评会带来如此大的负面效应。因此，他们会继续通过"直接"来伤害中方员工的面子，直至触及中方员工容忍的底线，最后中方员工只好选择辞职来维护自己的面子。

综上所述，德方上级缺乏对中国面子文化的深入了解最终导致中方员工以辞职的方式结束德中上下级信任关系。

二　德方的负面作用

德方上级的负面作用主要表现为过于直白的情绪宣泄和强烈的民族中心主义。第一点与德国的低语境文化特征相关，也与德国对中国文化的不尊重相关；第二点体现了德国人根深蒂固的民族优越感和极端的民族情结。

（一）过于直白的情绪宣泄

诚然，直接的交流方式可以减少误解，提高工作效率，可以加快工作信任的发展速度。然而，过于直接的交流方式容易伤害到交流对象。① 因此，如果直接指的是积极意义上的直接，如不隐瞒的工作方式、直率的性格和耿直的人品，那么直接是可以促进信任的积极因素。当直接表现为"过于直接的批评"或者"只有批评没有表扬"，那么这种直接不仅会伤害中方员工的面子，还会打击他们的工作积极性。因此，消极的直接会破坏信任关系。此外，研究结果显示，德国上级很喜欢抱怨，抱怨在中国生活的不适以及中国的"落后"。在中方员工的眼中，这种直接的抱怨其实是对中国文化的不尊重，促使中国员工加深文化不自信心理，导致信任的消极互动。此外，从文化维度"中性 vs. 情绪化"角度来讲，来自中性文化的中方员工难以接受这种

---

① Schroll-Machl, Sylvia, *Die Deutschen-Wir Deutsche：Fremdwahrnehmung und Selbstsicht im Berufsleben*，Göttingen：Vandenhoeck & Ruprecht, 2002, S. 164.

过于直白的负面情绪宣泄方式。一旦它冲破了中方员工的承受底线，信任就会骤然破裂。

（二）强烈的民族中心主义

在中方员工和中国文化面前，德方上级表现出强烈的民族中心主义，它是一种强势文化的心态和文化优越感，在一定程度上受到文化偏见的影响，因为对异文化的偏见会产生贬低或排斥异文化而抬高本文化的现象。① 尤其是当异文化的经济和社会发展水平落后于本文化的时候，这种民族优越感会进一步膨胀，正如德国上级在中国员工面前所表现出来的文化优越感。加之，德国媒体对中国宣传的片面与曲解，导致德国人对中国印象严重滞后于当代中国的现实。

因此，德国人的民族优越感渗透在他们傲慢的个性中，正如歌德对德国国民性一针见血的剖析："德国爱国者是如此的傲慢，他坚信一切能依靠自己的力量；并且把别的国家取得的成就也僭称为自己的，因为据说这些国家不是德国的后代，至少也是德国的远亲。"② 在歌德的眼中，德国民族主义者对本民族文化是盲目自信的，同时德国诗人埃马努埃尔·盖贝尔（Emanuel Geibel）的一句名言"整个世界都依靠德意志气质来疗伤"道出了德国人拯救全世界的勃勃野心，此外约翰·费希特（Johann G. Fichte）也坦言过日耳曼民族优越于其他一切文明形式。③ 这些德国历史名人的描述反映了一个事实，即每一个德国人心里都住着一个伟大的、优于其他一切民族的德意志民族。当德国人将这种狂妄的民族自信心带到跨文化信任互动中，结果注定是不被信任，即使是信任也是一种病态的信任、一种不平等的信任。

---

① 王志强：《文化认知与跨文化理解——以中德跨文化交际为例》，《德国研究》2005 年第 3 期，第 75 页。
② 〔德〕艾米尔·路德维希：《德国人——一个民族的双重历史》，杨成绪、潘琪译，东方出版社，2006，第 249 页。
③ 〔德〕艾米尔·路德维希：《德国人——一个民族的双重历史》，杨成绪、潘琪译，东方出版社，2006，第 260 页。

三　中方的负面作用

在德方上级的权威压力下，在德国人强烈的民族优越感的压制下，从小在谦卑文化中成长的中国人会越发缺乏自信心，在信任互动中会显得越发被动。

（一）信心缺失

与德国人对本民族文化的盲目自信形成强烈对比的是中国人的妄自菲薄，尤其是在异文化面前的妄自菲薄。中国人的不自信表现为强烈的文化自卑。尤其在傲慢的德国上级面前，中国人的不自信暴露无遗。中国人不自信的国民性源于中国经济的落后。从近代史来看，中国人饱受战争的痛苦，辉煌的中华文化遭到西方列强的严重摧残，因此中国的近代史是一部屈辱史。中国国民的民族自信心受到强烈的打击。在遭受失败并饱尝忧患之余，中国国民难免会逐渐形成不自信心理。

（二）被动

首先，中方员工的被动源于其特殊的工作角色。在中方员工的眼中，他们与德方上级之间存在巨大的权力距离，德方上级是发号施令的决策者，因此，工作主动权被掌握在领导手中。相反，作为下属的中方员工只能被动地接受指令。因此，在德中上下级信任互动中，尤其是业务维度的互动，中国员工是被动的。

其次，这种被动与中国员工的过度包容相关。虽然中方员工对德方上级以及中德文化差异的包容可以促进德中上下级的积极互动，但如果中方员工总是通过沉默来表达包容的话，那么在德国上级面前就会显得过于被动。这种沉默的初衷是避免冲突，维持上下级关系的和谐。然而，德方上级不能理解这种通过沉默表达包容的良苦用心。在德国，容忍一直以来是一个不受欢迎的概念，容易让人联想到因为无助或者性格上的软弱而产生的对他人和其他观点的忍受，会迫使人们无条件地去体谅别人，从而让人产生情感上的抗拒感。①因此，德方上级认为，中国员工一味地包容是一种软弱无能的表现，反而会降低对中国员工的信任。加之，即使德方上级做出了伤害中国员工利益或者感情的事情，中国员工还是会通过沉默来表示反抗，这种沉默对信任构建十分不利。因为德国人会将中方员工沉默式的包容理解为默认，在这种主观意识构想出来的"默认"基础上，德方上级会进一步伤害中方员工，当这种伤害触碰到中方员工的底线后，中方员工只好选择沉默地离去，以"不辞而别"来终止德中上下级的关系，信任随之荡然无存。以上所陈述的信任消极互动其实体现了一种"跨文化的沉默螺旋"。②

最后，中国人在人际关系的起点一般会表现出被动，这是一种自我保护的举动。中国人对外人不信任有两种可能性。其一，起点上的不信任。陌生造成不敢盲目信任，这种情况会随着对对方能力、人品的了解而改变。其二，永远不信任，即人际信任局限于自己人的范围，对外人有一种无法逾越的鸿沟。不管其人品有多好、能力有多强，都会因为内外有别的观念把外人排除在信任之外。从理论上讲，只有第二种情况涉及低信任度。但是，在具体的人际交往中，德国人同样会具体情况具体分析，也存在亲疏远近的区别。当然，不同文化的人对人性看法的角度和逻辑是不同的，所以不同文化中人际关系的特质也会不同，所以存在"高初始信任度社会"与"低初始信任度社会"的区别。然而，在现实的人际互动中，实际的信任度取决于初始信任度与人际交往程度的双重作用。另外，在中国社会的人际关系网中，存在内外有别的交流准则，

---

① Wierlacher, Alois und Rainer Haarbusch, „Der internationale Arbeitskreis für Toleranzforschung: Gründungsgeschichte und Aufgabenstellung", in Wierlacher, Alois (Hrsg.), *Kulturthema Toleranz: Zur Grundlegung einer interdisziplinären und interkulturellen Toleranzforschung*, München: Iudicium, 1996, S. 683 – 692.

② 贾文键:《德国〈明镜〉周刊（2006—2007年）中的中国形象》,《国际论坛》2008年第4期，第66页。

虽然中国人对内外边界的界定相当模糊。[①] 换言之，虽然在信任起点上中国员工比德国上级更加谨慎，但是一旦信任对象从"外人"变成"自己人"，那么信任必定是建立在真情基础上的，是很难破坏的。

　　总之，中国人的被动以及德国人对被动的误解可以导致德中上下级信任的消极互动。

小　结

　　综上所述，德中上下级信任积极互动的主要原因有：中德双方在信任互动中发挥的跨文化中间人的作用以及坦诚的工作态度，德方上级对中方下级的能力肯定、帮助以及德方积极意义上的直接，中方的勤奋与包容，其中跨文化中间人是实现信任积极互动的首要原因。导致消极互动的主要原因有：人际互动中的面子问题、德方过于直白的情绪宣泄和强烈的民族中心主义、中方的信心缺失和被动。这些负面因素与德中上下级之间的面子互动相关，因为德方过于直白的情绪宣泄以及强烈民族中心主义会伤害中方下属的面子，而中方下属不够自信以及被动与中方维护面子的初衷相关。因此，在上述信任互动的负面因素中，面子是核心因素。

---

① 彭泗清：《信任的建立机制：关系运作与法制手段》，《社会学研究》1999 年第 2 期，第 55 页。

结　语

"当信任缺失之时，一切说辞都是无稽之谈。"

——弗朗茨·卡夫卡[1]

本书从跨文化交流的视角对德中上下级信任互动进行了探析。信任互动主要从积极和消极两个方面展开，积极互动和消极互动分别表现为七个维度的内容——工作能力、工作态度、工作方式、性格、人品、帮助与被帮助以及文化。研究结果分别呈现了每一个维度信任积极互动（参见图4-9）和消极互动（参见图5-8）的主要内容。两方面的内容刚好回答了本书提出的问题。[2] 以下将对本书的研究成果与创新、存在的问题以及相关研究展望进行总结。

第一节　研究成果与创新

本书的研究成果之一是以形象互动为突破口探讨了跨文化人际信任的互动。现有的跨文化信任文献主要关注基础理论、方法论以及针对具体跨文化情境的实证研究，而现有的第三类文献主要致力于考察跨文化信任构建的要素、跨文化信任行为模型以及跨文化信任的内涵。[3] 因

---

① Nöllke, Matthias, *Vertrauen: Wie man es aufbaut. Wie man es nutzt. Wie man es verspielt*, Freiburg: Haufe, 2009, S. 13. 其原文是 "Alles Reden ist sinnlos, wenn das Vertrauen fehlt."
② 参见本书导论第二节 "信任与研究问题" 的相关内容。
③ 参见本书导论第三节有关 "跨文化互动视角下的信任研究" 的内容。

此，迄今为止鲜有文献以形象互动为切入点来研究跨文化人际信任互动。第一，本书以交互性的交流概念为理论基础，力求通过形象互动来探究人际信任的互动过程。① 该理论的核心观点为交流双方处于内容与关系的交互中，其中交流主体的三大形象（自我形象、他者形象和他我形象）对交流内容和交流关系产生至关重要的影响。第二，本书在理论部分对跨文化人际信任与跨文化交流的同质性进行了论述②并得出结论，即信任主体在信任互动过程中所生产的三大形象直接作用于信任互动过程。因此，从信任主体的三大形象入手探析信任互动具有充分的理论支撑。不可否认的是，奥斯特洛与韦伯尔发展的上下级信任互动模型（参见图 2 - 2）中也描述了形象互动对信任互动的作用，但是主要展现了在他者形象的互动上，没有考虑信任主体自我形象和他我形象对信任互动的重要作用。

　　研究成果之二是从业务（工作能力、工作态度、工作方式）、个人（性格、人品、帮助与被帮助）以及文化三大维度对信任的积极与消极互动进行了探究。与理论部分发展的跨文化上下级信任互动模型相比③，这种分层标准更具体、更细致，更能体现德中上下级之间的工作关系、非工作因素对上下级信任互动的作用以及德中上下级信任互动的跨文化性。首先，业务维度的工作能力、工作态度以及工作方式体现了德中上下级之间的工作关系；其次，个人维度的性格、人品以及帮助与被帮助体现了非工作因素对上下级信任互动的重要作用，如上下级之间发展出的超越工作领域的私人关系有利于双方信任互动的构建；最后，文化维度的互动体现了德中上下级信任互动的跨文化性，其中除了定型

---

① 参见本书第二章第一节有关"交互性交流概念"的内容。
② 参见本书第二章第一节有关"作为跨文化交流的人际信任"的内容。
③ 本书理论部分所阐述的跨文化上下级信任互动模型将互动层面分为个人的知识和感受以及文化上的成见和偏见两大层面。其中个人的知识和文化成见属于认知层面的内容，而个人的感受与文化偏见则属于情感层面的内容（参见本书第二章第二节有关"跨文化上下级人际信任的互动模型"的内容）。

看法和偏见之外，中方对异文化无限制地包容以及德方无限制放大的民族中心主义在文化互动中体现得淋漓尽致。此外，中德双方对信任积极互动的共同贡献有跨文化中间人的角色和坦诚的态度；德方上级对信任积极互动的主要贡献包括对员工能力的肯定和帮助以及积极意义上的直接；中方员工的主要贡献表现为勤奋和包容。而导致信任消极互动的主要原因有人际互动中的面子问题，德方过于直白的情绪宣泄和强烈的民族中心主义思想，中方的信心缺失和被动。因此，相对于理论阶段发展的跨文化上下级信任模型来说，德中上下级之间所体现的三大维度（七个具体维度）的信任互动内容更贴近德中上下级信任互动的真实状态。

研究成果之三是信任互动中的不对称性——信任的不对称不利于信任的互动。因此，理想状态的信任互动必须是对称的。然而在现实的德中上下级信任互动中存在客观必然的两大不对称性。第一，权力不对称。它是上下级之间固有的权力距离的产物。在本研究中，权力不对称主要体现在工作能力维度以及帮助与被帮助维度的信任互动。工作能力维度的不对称是指上级对下属能力的单方面肯定是实现该维度信任互动的关键环节。同时，上级对下属的单向帮助能够带来信任构建中质的飞跃。因此，帮助与被帮助维度的互动也是不对称的。第二，文化维度不对称。它主要表现为德中上下级的信任积极互动建立在中国员工跨文化妥协精神之上，也就是说，文化维度的积极互动主要是中国员工妥协的结果。同时，文化维度的消极互动主要体现为德方民族中心主义与中方民族不自信心理之间的互动，二者之间强烈的反差导致了文化维度的消极信任互动。综上所述，德中上下级之间所构建的跨文化信任是一种不对称互动的产物。此外，上述三个研究成果也体现了本书的创新之处。

第二节　局限性与展望

本书对德中上下级信任的动态分析以信任主体的形象互动为出发

点，因此从研究技术角度来说，无法对信任互动的连续性以及信任发展可能历经的阶段进行探究；此外，在研究数据收集阶段，对德方受访者的挖掘有待加深。

因此，笔者将在本书研究结果的基础上总结经验，在今后的研究中首先致力于探究中德跨文化人际信任的动态发展，如跨文化人际信任发展可能经历的阶段，其中可能涉及信任的破裂、修复等内容。其次，笔者将致力于建设中德跨文化工作人员数据库，充实质性研究资源，努力为中德跨文化工作领域的现实问题制定解决方案。最后，笔者将努力提升自身科学研究的能力和技巧，为中德跨文化交流尽绵薄之力。

参考文献

一 中文文献

〔德〕艾米尔·路德维希：《德国人——一个民族的双重历史》，杨成绪、潘琪译，东方出版社，2006。

〔德〕马克斯·韦伯：《儒教与道教》，王容芬译，商务印书馆，1995。

〔德〕马克斯·韦伯：《新教伦理与资本主义精神》，于晓、陈维刚等译，生活·读书·新知三联书店，1987。

〔德〕尼克拉斯·卢曼：《信任——一个社会复杂性的简化机制》，瞿铁鹏、李强译，上海人民出版社，2005。

〔法〕阿兰·佩雷菲特：《信任社会》，邱海婴译，商务印书馆，2005。

〔美〕艾德·科恩：《跨文化领导——世界级领导者的成功战略》，毛学军译，东方出版社，2009。

〔美〕艾尔·巴比：《社会研究方法（第十一版）》，邱泽奇译，华夏出版社，2009。

〔美〕埃里克·尤斯拉纳：《信任的道德基础》，张敦敏译，中国社会科学出版社，2006。

〔美〕道格拉斯·里德、雷蒙德·B. 米尔斯：《组织中的信任》，陆煜、王琳予译，载罗德里克·M. 克雷默、汤姆·R. 泰勒编《组织中的信任》，管兵、刘穗琴等译，中国城市出版社，2003，第 21～46 页。

〔美〕瓦特·汉弗里、詹姆斯·欧弗：《领导力、团队精神和信任——

有竞争力软件团队的管理原则、方法和实践》，王海鹏、王昊译，机械工业出版社，2012。

〔美〕约瑟夫·A.马克斯威尔：《质的研究设计：一种互动的取向》，朱光明译，重庆大学出版社，2007。

蔡翔：《员工—企业之间纵向信任及其影响因素研究》，经济管理出版社，2007。

陈成国：《礼记校注》，岳麓书社，2004。

陈向明：《扎根理论的思路和方法》，《教育研究与实验》1999年第4期，第58~63页。

陈向明：《质的研究方法与社会科学研究》，教育科学出版社，2000。

陈向明：《旅居者和"外国人"——留美中国学生跨文化人际交往研究》，教育科学出版社，2004。

陈向明：《质性研究的新发展及其对社会科学研究的意义》，《教育研究与实验》2008年第2期，第14~18页。

陈晓萍：《跨文化管理》，清华大学出版社，2009。

陈燕、李晏墅：《信任的生成：理论综述与启示》，《经济学动态》2009年第7期，第82~85页。

程芳：《略论信任及其建构》，《西安外事学院学报》2007年第3期，第15~17页。

崔洛燮：《中韩文化差异对跨国公司组织信任的影响实证研究》，清华大学博士学位论文，2006。

董才生：《偏见与新的回应——中国社会信任状况的制度分析》，《社会科学战线》2004年第4期，第253~256页。

董才生：《中西社会信任的制度比较》，《学习与探索》2005年第1期，第114~117页。

杜振吉：《文化自卑、文化自负与文化自信》，《道德与文明》2011年第4期，第20~25页。

段明明：《关于信任社会机制的跨文化研究》，《上海大学学报》（社会科学版）2010 年第 2 期，第 120～132 页。

费孝通：《乡土中国》，上海人民出版社，2007。

龚晓京：《人情、契约与信任》，《北京社会科学》1999 年第 4 期，第 124～127 页。

郭晓薇：《组织中的上下级关系——前因后果的实证研究》，上海交通大学出版社，2011。

黄光国、胡先缙：《人情与面子：中国人的权力游戏》，中国人民大学出版社，2010。

黄运平、胡琳琳、张文凯：《知识、能力、品格与素质的关系及对人才培养的启示》，《湖南师范大学教育科学学报》2012 年第 2 期，第 73～85 页。

Bruce J. Jacobs：《中国政治联盟特殊关系的初步模式：台湾乡镇中的人情和关系》，载黄光国、胡先缙等著《人情与面子：中国人的权力游戏》，中国人民大学出版社，2010，第 155～196 页。

贾文键：《德国〈明镜〉周刊（2006—2007 年）中的中国形象》，《国际论坛》2008 年第 4 期，第 62～67 页。

贾英健：《认同的哲学意蕴与价值认同的本质》，《山东师范大学学报》（人文社会科学版）2006 年第 1 期，第 10～16 页。

贾玉新：《跨文化交际学》，上海外语教育出版社，1997。

李敏：《同事关系、人际信任对个体工作绩效的作用机制研究》，经济管理出版社，2011。

李伟民、梁玉成：《特殊信任与普遍信任：中国人信任结构与特征》，《社会学研究》2002 年第 3 期，第 11～22 页。

李志刚：《扎根理论方法在科学研究中的运用分析》，《东方论坛》2007 年第 4 期，第 90～94 页。

廖飞、施丽芳、茅宁、丁德明：《竞争优势感知、个人声誉激励与知识工作者的内生动机：以知识的隐性程度为调节变量》，《南开管理评论》2010 年第 1 期，第 134～145 页。

廖华英、鲁强：《基于文化共性的中国文化对外传播策略研究》，《东华理工大学学报》（社会科学版）2010 年第 2 期，第 144～147 页。

　　林滨、李萍：《比较视域中的中西信任观》，《中山大学学报》（社会科学版）2005 年第 3 期，第 101～107 页。

　　刘颖：《组织中的上下级信任》，《理论探讨》2005 年第 5 期，第 99～101 页。

　　刘颖：《企业员工组织信任的内容结构及相关问题的研究》，暨南大学博士学位论文，2007。

　　明恩溥：《中国人的素质》，南京学林出版社，2001。

　　倪霞：《试论个体交往方式与信任模式》，《湖北大学学报》（哲学社会科学版）2011 年第 2 期，第 62～66 页。

　　《Nvivo9 入门指南（中文版）》，2011。

　　潘慧珍：《心理契约与信任的互动发展过程研究》，浙江大学硕士学位论文，2007。

　　彭泗清：《信任的建立机制：关系运作与法制手段》，《社会学研究》1999 年第 2 期，第 53～66 页。

　　彭泗清：《关系与信任：中国人人际信任的一项本土研究》，载《中国社会学年鉴（1995～1998）》，社会科学文献出版社，2000，第 290～297 页。

　　彭泗清、杨中芳：《中国人人际信任的初步探讨》，第一届华人心理学家学术研讨会，1995，台北。

　　祁顺生、贺宏卿：《组织内信任的影响因素》，《心理科学进展》2006 年第 6 期，第 918～923 页。

　　宋源：《团队信任、团队互动行为与团队创新——传统面对面团队与虚拟团队的比较研究》，上海社会科学院出版社，2010。

　　孙晓娥：《扎根理论在深度访谈研究中的实例探析》，《西安交通大学学报》（社会科学版）2011 年第 6 期，第 87～92 页。

　　陶芝兰、王欢：《信任模式的历史变迁——从人际信任到制度信任》，《北京邮电大学学报》（社会科学版）2006 年第 2 期，第 20～23 页。

田霖：《扎根理论评述及其实际应用》，《经济研究导刊》2012 年第 10 期，第 224～231 页。

王秉铎：《社会心理学对第一印象的一些研究》，《福建师范大学学报》（哲学社会科学版）1987 年第 4 期，第 108～112 页。

王春英：《中国人是不是过于勤奋了》，《招商周刊》2007 年第 20 期，第 70～71 页。

王飞雪、山岸俊男：《信任的中、日、美比较研究》，《社会学研究》1999 年第 2 期，第 67～82 页。

王建军：《倾听在有效沟通中的重要性及其运用》，《天津农学院学报》2011 年第 1 期，第 54～57 页。

王绍光、刘欣：《信任的基础：一种理性的解释》，《社会学研究》2002 年第 3 期，第 23～39 页。

王志强：《文化认知与跨文化理解——以中德跨文化交际为例》，《德国研究》2005 年第 3 期，第 71～76 页。

吴世雄：《比较词源学和比较文化词源学研究述略》，《中国外语》2005 年第 3 期，第 73～79 页。

薛天山：《人际信任与制度信任》，《青年研究》2002 年第 6 期，第 15～19 页。

薛天山：《中国人的信任逻辑》，《伦理学研究》2008 年第 4 期，第 70～77 页。

向荣：《西方信任理论及华人企业组织中的信任关系》，《广东社会科学》2005 年第 6 期，第 41～46 页。

谢坚钢：《嵌入的信任：社会信任的发生机制分析》，《华东师范大学学报》（哲学社会科学版）2009 年第 1 期，第 102～107 页。

《新华字典》第 11 版，商务印书馆，2011。

《现代汉语词典》2002 年增补本，商务出版社，2004。

严进、付琛、郑玫：《组织中上下级值得信任的行为研究》，《管理评论》2011 年第 2 期，第 99～106 页。

晏贵年、管新潮:《中德信任观比较及其对企业组织管理的影响》,《德国研究》1997 年第 1 期,第 5～10 页。

燕良轼、姚树桥、谢家树、凌宇:《论中国人的面子心理》,《湖南师范大学教育科学学报》2007 年第 6 期,第 119～126 页。

严文华:《跨文化沟通心理学》,上海社会科学院出版社,2008。

杨光飞:《华人家族企业的关系信任、利益互惠和差序式治理》,《学术交流》2009 年第 1 期,第 124～127 页。

杨国枢:《中国人的蜕变》,中国人民大学出版社,2012。

杨懋春:《中国的家族主义与国民性格》,载李亦园、杨国枢编《中国人的性格》,中国人民大学出版社,2012,第 106～145 页。

杨宜音:《"自己人":信任建构过程的个案研究》,《社会学研究》1999 年第 2 期,第 38～52 页。

杨中芳、彭泗清:《中国人人际信任的概念化:一个人际关系的观点》,《社会学研究》1999 年第 2 期,第 1～21 页。

尤强林、赵泽洪:《心理契约理论与上下级信任关系的构建》,《领导科学》2010 年第 22 期,第 51～53 页。

尤泽顺、陈建平:《跨文化研究中的文化偏见:对霍夫斯泰德文化模式话语的批判性分析》,《中国外语》2010 年第 10 期,第 93～98 页。

于景涛:《对跨文化团队中信任问题的质性实证研究》,《国际商务(对外经济贸易大学学报)》2011 年第 3 期,第 107～116 页。

于松梅、杨丽珠:《米契尔认知情感的个性系统理论述评》,《心理科学进展》2003 年第 2 期,第 197～201 页。

曾文星:《从人格发展看中国人性格》,载李亦园、杨国枢编《中国人的性格》,中国人民大学出版社,2012,第 189～214 页。

翟学伟:《中国人的关系原理——时空秩序、生活欲念及其流变》,北京大学出版社,2011。

翟学伟:《中国社会与关系》,中国社会科学出版社,2012。

张敏:《关于员工沉默行为类型划分的一点新思考》,《商业文化》

（学术版）2009 年第 9 期，第 32 ~ 33 页。

张晓玲：《跨国企业中上下级信任关系的构建——以德国外派管理人员对中国员工的信任构建为例》，《德国研究》2010 年第 3 期，第 61 ~ 67 页。

赵勇：《探讨 Etic 和 Emic 关系在语言学中的应用》，《邵通师范高等专科学校学报》2010 年第 6 期，第 52 ~ 55 页。

郑伯壎：《企业组织中上下属的信任关系》，《社会学研究》1999 年第 2 期，第 22 ~ 37 页。

张建新、Michael H. Bond：《指向具体人物对象的人际信任：跨文化比较及认知模型》，《心理学报》1993 年第 2 期，第 164 ~ 172 页。

张兰霞、刘杰、赵海丹、娄巍：《知识型员工工作态度与工作绩效关系的实证研究》，《管理学报》2008 年第 1 期，第 138 ~ 144 页。

郑也夫：《信任论》，中国广播电视出版社，2006。

周宁：《被别人表述：国民性批判的西方话语谱系》，《文艺理论与批评》2003 年第 5 期，第 41 ~ 53 页。

周生春、杨缨：《信任方式的起源和中国人信任的特征》，《浙江大学学报》（人文社会科学版）2011 年第 1 期，第 169 ~ 177 页。

周晓虹：《认同理论：社会学与心理学的分析路径》，《社会科学》2008 年第 4 期，第 46 ~ 53 页。

朱虹：《信任：心理、社会与文化的三重视角》，《社会科学》2009 年第 11 期，第 64 ~ 70 页。

二　外文文献

Argyle, Michael, *Körpersprache und Kommunikation：Das Handbuch zur nonverbalen Kommunikation*, 9. Auflage, Paderborn：Junfermann, 2005.

Bach, Carsten, *Mehrwertschätzung und Anerkennung im Job：Wie Mitarbeiter und Führungskräfte die betriebliche Zusammenarbeit fördern und die Beziehungsqualität verbessern können*, Hamburg: tredition, 2012.

Beste, Daniela, *Vertrauen als wirtschaftliches Gut in Mitarbeiter/innen : Beziehungen von Mitarbeiter/innen und Führungskräften*, Saarbrücken: AV Akademikerverlag, 2012.

Bolten, Jürgen, „Grenzen der Internationalisierungsfähigkeit: Interkultureles Handeln aus interaktionstheoretischer Perspektive", in Bolten, Jürgen (Hrsg.), *Cross Culture-Interkulturelles Handeln in der Wirtschaft : Schriftenreihe Interkulturelle Wirtschaftskommunikation*, Sternenfels & Berlin: Verlag Wissenschaft & Praxis, 1995, S. 24 – 42.

Bolten, Jürgen, „Interkulturelles Management. Forschung, Consulting und Training aus interaktionstheoretischer Perspektive", in Wierlacher, Alois und Georg Stötzel (Hrsg.), *Blickwinkel : Kulturelle Optik und interkulturelle Gegenstandskonstitution*, München: Iudicium, 1996, S. 201 – 238.

Bolten, Jürgen, „Interkulturelle Wirtschaftskommunikation", in Walter, Rolf (Hrsg.), *Wirtschaftswissenschaften : Eine Einführung*, Stuttgart: UTB, 1997, S. 469 – 497.

Bolten, Jürgen, „Grenzen der Internationalisierungsfähigkeit-Interkulturelles Handeln aus interaktionstheoretischer Perspektive", in Bolten, Jürgen und Peter Oberender (Hrsg.), *Cross Culture-Interkulturelles Handeln in Wirtschaft*, 2. Auflage, Sternenfels und Berlin: Verlag Wissenschaft & Praxis, 1999, S. 25 – 42.

Bolten, Jürgen, *Interkulturelle Kompetenz*, Erfurt: Landeszentrale für Politische Bildung, 2001.

Bolten, Jürgen, *Interkulturelle Kompetenz*, Erfurt: Landeszentrale für Politische Bildung, 2007.

Bolten, Jürgen, „Reziprozität, Vertrauen, Interkultur: Kohäsionsorientierte Teamentwicklung in virtualisierten multikulturellen Arbeitsumgebungen", in Jammal, Elias (Hrsg.), *Vertrauen im interkulturellen Kontext*, Wiesbaden: VS Verlag für Sozialwissenschaften, 2008, S. 69 – 93.

Bürger, Julia und Lucie Bouzková, „Gemeinsam den Kopf hinhalten, falls etwas mal nicht gut gelaufen ist: Interpersonales Vertrauen in deutsch-tschechischen Unternehmen ", in Jammal, Elias (Hrsg.), *Vertrauen im interkulturellen Kontext*, Wiesbaden: VS Verlag für Sozialwissenschaften, 2008, S. 133 – 150.

Busch, Dominic, „Wie kann man Vertrauensbildungsprozess in sprachlicher Interaktion beobachten und beschreiben", in Jammal, Elias (Hrsg.), *Vertrauen im interkulturellen Kontext*, Wiesbaden: VS Verlag für Sozialwissenschaften, 2008, S. 27 – 49.

Busse, Annegret, *Vertrauen in Deutschland*, München: GRIN Verlag, 2009.

Covey, Stephen M. R. , *Schnelligkeit durch Vertrauen : Die unterschätzte ökonomische Macht*, Offenbach: GABAL Verlag, 2009.

Cropley, Arthur J. , *Qualitative Forschungsmethoden : Eine praxisnahe Einführung*, Eschborn: Klotz, 2008.

Deutsch, Morton, "Trust and Suspicion", *Journal of Conflict Resolution*, Vol. 2, No. 4, 1958, pp. 265 – 279.

Doney, Patricia M. , Joseph P. Cannon and Michael R. Mullen, "Understanding the Influence of National Culture on the Development of Trust", *The Academy of Management Review*, Vol. 23, No. 3, 1998, pp. 601 – 620.

Dudenredaktion, Duden, *Das Herkunftswörterbuch : Etymologie der deutschen Sprache*, Berlin: Bibliographisches Institut, 2013.

Dudo, E. Alois, *Vertrauensbasiertes Management. Theorie-und empiriegestützte Entwicklung eines vertrauensbasierten Handlungskonzeptes für deutsche Manager im internationalen Kontext unter besonderer Berücksichtigung der Erwartungen arabischer Geschäftspartner*, Hamburg: HWP, 2004.

Endreß, Martin, „Vertrauen und Vertrautheit: Phänomenologisch-anthropologische Grundlegung ", in Hartmann, Martin und Claus Offe (Hrsg.), *Vertrauen: Die Grundlage des sozialen Zusammenhalts*, Frankfurt a. M. &

New York: Campus Verlag, 2001, S. 161 – 203.

Endress, Martin, *Vertrauen*, Bielefeld: transcript, 2002.

Frey, Christel, *Erfolgsfaktor Vertrauen : Wege zu einer Vertrauenskultur im Unternehmen*, Wiesbaden: Gabler, 2012.

Froschauer, Ulrike und Manfred Lueger, *Das qualitative Interview*, Wien: WUV-Universitätsverlag, 2003.

Fukuyama, Francis, *Konfuzius und Marktwirtschaft : Der Konflikt der Kulturen*, München: Kindler, 1995.

Geertz, Clifford, *The Interpretation of Culture*, New York: Basic Books, 1973.

Geramanis, Olaf, *Vertrauen, Vertrautheit und soziales Kapital*, http: // www. czo. ch/dateien/Vertrauen-Vertrautheit-Soziales-Kapital. pdf.

Giddens, Anthony, *Konsequenzen der Moderne*, Frankfurt a. M. : Suhrkamp, 1996.

Gläser, Jochen und Grit Laudel, *Experteninterviews und qualitative Inhaltsanalyse*, 4. Auflage, Wiesbaden: VS Verlag für Sozialwissenschaften, 2010.

Grüninger, Stephan, *Vertrauensmanagement. Kooperation, Moral und Governance*, Marburg: Metropolis, 2001.

Günthner, Susanne, *Diskursstrategien in der interkulturellen Kommunikation. Analysen deutsch-chinesischer Gespräche*, Tübingen: Niemeyer, 1993.

Hansen, Klaus P. , *Kultur und Kulturwissenschaft : Eine Einführung*, 3. Auflage, Tübingen & Basel: A. Francke, 2003.

Höhler, Getrud, *Warum Vertrauen siegt*, 2. Auflage, Berlin: Ullstein Taschenbuch, 2005.

House, Robert J. , Paul J. Hanges, Mansour Javidan, Peter W. Dorfman and Vipin Gupta (eds.), *Culture, Leadership, and Organizations : The GLOBE Study of 62 Societies*, Thousand Oaks/London/New Delhi: SAGE Publications, 2004.

Henze, Jürgen, „Die Rolle von Vertrauen in sozialen Beziehungen-das Beispiel chinesischsprachiger Kulturräume", in Jammal, Elias (Hrsg.), *Vertrauen im interkulturellen Kontext*, Wiesbaden: VS Verlag für Sozialwissenschaften, 2008, S. 193 – 211.

Hofstede, Geert und Gert J. Hofstede, *Lokales Denken, globales Handeln. Interkulturelle Zusammenarbeit und globales Management*, 3. Auflage, München: Deutscher Taschenbuch Verlag, 2006.

Hubig, Christoph und Oliver Siemoneit, „Vertrauen und Glaubwürdigkeit in der Unternehmenskommunikation", in Piwinger, Manfred und Ansgar Zerfaß (Hrsg.), *Handbuch Unternehmenskommunikation*, Wiesbaden: Gabler Verlag, 2007, S. 171 – 188.

Huff, Leonard und Lane Kelley, "Levels of Organizational Trust in Individualist Versus Collectivist Societies: A Seven-Nation Study", *Organizational Science*, Vol. 14, No. 1, 2003, pp. 81 – 90.

Inglehart, Ronald, *The Silent Revolution: Changing Values and Political Style among Western Publics*, Princeton: Princeton University Press, 1977.

Inglehart, Ronald, *Cultural Shift in Advanced Industrial Society*, Princeton: Princeton University Press, 1990.

Inglehart, Ronald, *Modernization and Postmodernization: Cultural, Economic and Political Change in 43 Societies*, Princeton: Princeton University Press, 1997.

Jammal, Elias (Hrsg.), *Vertrauen im interkulturellen Kontext*, Wiesbaden: VS Verlag für Sozialwissenschaften, 2008.

Jammal, Elias, „Vertrauen in deutsch-arabischen Wirtschaftsbeziehungen", in Jammal, Elias (Hrsg.), *Vertrauen im interkulturellen Kontext*, Wiesbaden: VS Verlag für Sozialwissenschaften, 2008, S. 235 – 259.

Kartari, Asker, „Kommunikation zwischen türkischen Mitarbeitern und deutschen Vorgesetzten in einem deutschen Industriebetrieb", in Roth, Klaus (Hrsg.), *Mit der Differenz leben europäische Ethnologie und interkulturelle*

Kommunikation, 2. Auflage, Münster: Waxmann, 2000, S. 193 – 206.

Kindervater, Angela, *Stereotyp versus Vorurteile : Welche Rolle spielt der Autoritarismus? Ein empirischer Beitrag zur Begriffsbestimmung*, Frankfurt a. M. : Peter Lang, 2007.

Kühlmann, Torsten M. , „Opportunismus, Vertrauen und Kontrolle in internationalen Geschäftsbeziehungen", in Jammal, Elias (Hrsg.), *Vertrauen im interkulturellen Kontext*, Wiesbaden: VS Verlag für Sozialwissenschaften, 2008, S. 51 – 67.

Laufer, Hartmut, *Vertrauen und Führung : Vertrauen als Schlüsse zum Führungserfolg*, Offenbach: GABAL, 2007.

Liang, Yong, *Höflichkeit im Chinesischen : Geschichte-Konzepte-Handlungsmuster*, München: Iudicium, 1998.

Liang, Yong und Stefan Kammhuber, „Kulturunterschiede: Ergebnisse der Kulturstandardforschung", in Thomas, Alexander, Eva-Ulrik Kinast und Sylvia Schroll-Machl (Hrsg.), *Handbuch Interkulturelle Kommunikation und Kooperation : Band 2 : Länder, Kulturen und interkulturelle Berufstätigkeit*, Göttingen: Vandenhoeck & Ruprecht, 2003 und 2005, S. 171 – 185.

Liang, Yong, „Wie höflich ist die chinesische Höflichkeit? ", in Ehrhardt, Claus und Eva Neuland (Hrsg.), *Sprachliche Höflichkeit in interkultureller Kommunikation und im DaF-Unterricht*, Frankfurt a. M. : Lang, 2009, S. 131 – 151.

Linggi, Dominik, *Vertrauen in China : Ein kritischer Beitrag zur kulturvergleichenden Sozialforschung*, Heidelberg: VS Verlag für Sozialwissenschaften, 2011.

Lo, Daniel Tsam-Ching, *Die Bedeutung kultureller Selbst-und Fremdbilder in der Wirtschaft : Zum Wandel des Deutschlandbildes in Taiwan 1960 – 2000*, Sternenfels: Verlag Wissenschaft und Praxis, 2005.

Luhmann, Niklas, *Vertrauen : Ein Mechanismus der Reduktion sozialer Komplexität*, 4. Auflage, Stuttgart: Lucius & Lucius, 2009.

Maletzke, Gerhard, *Interkulturelle Kommunikation : Zur Interaktion zwischen*

Menschen verschiedener Kulturen, Opladen: Westdeutscher Verlag, 1996.

Martin, Judith and Thomas Nakayama, *Intercultural Communication in Contexts*, New York: McGraw-Hill Companies, 2009.

Mayring, Philipp, *Einführung in die Qualitative Sozialforschung: Eine Anleitung zu qualitativem Denken*, Weinheim & Basel: Beltz, 2002.

Möllering, Guido, „Vertrauensaufbau in internationalen Geschäftsbeziehungen: Anregungen für ein akteursorientiertes Forschungsdesign", in Jammal, Elias (Hrsg.), *Vertrauen im interkulturellen Kontext*, Wiesbaden: VS Verlag für Sozialwissenschaften, 2008, S. 95 – 110.

Müller, Klaus, „Vertrauen zwischen Fremden. Zum Aufbau einer Joint-Venture-Culture in interkulturellen Verhandlungen", *Zeitschrift für Wirtschafts-und Unternehmensethik* 10 (1), 2009, S. 66 – 85.

Münscher, Robert, „Relationship Management für Führungskräfte: Ein Modul für das interkulturelle Training deutscher und französischer Manager", in Jammal, Elias (Hrsg.), *Vertrauen im interkulturellen Kontext*, Wiesbaden: VS Verlag für Sozialwissenschaften, 2008, S. 151 – 191.

Münscher, Robert, *Vertrauensentwicklung im interkulturellen Management: Ein empirischer Beitrag am Beispiel der deutsch-französischen Zusammenarbeit*, Wiesbaden: Gabler, 2011.

Müthel, Miriam, *Erfolgreiche Teamarbeit in deutsch-chinesischen Projekten*, Wiesbaden: Deutscher Universitäts-Verlag, 2006.

Naujox, Katya, *Institutionen und Vertrauen. Verhaltensauswirkungen im interkulturellen Kontext*, Hamburg: Diplomica Verlag, 2009.

Neubauer, Walter und Bernhard Rosemann, *Führung, Macht und Vertrauen in Organisation*, Stuttgart: Kohlhammer, 2006.

Nöllke, Matthias, *Vertrauen: Wie man es aufbaut. Wie man es nutzt. Wie man es verspielt*, Freiburg: Haufe, 2009.

Oksaar, Els, „ Probleme interkultureller Kommunikation. Kulturemtheoretische

Überlegungen", in Leeven, Eva C. van (Hrsg.), *Sprachenlernen als Investition in die Zukunft : Wirkungskreise eines Sprachlernzentrums*, Tübingen: Narr, 2005, S. 25 – 34.

Osterloh, Margit und Antoinette Weibel, *Investition Vertrauen : Prozesse der Vertrauensentwicklung in Organisationen*, Wiesbaden: Gabler, 2006.

Petermann, Franz, *Psychologie des Vertrauens*, Göttingen: Hogrefe-Verlag, 1996.

Piéch, Sylke, *Das Wissenspotenzial der Expatriates : Zur Prozessoptimierung von Auslandsentsendung*, Sternenfels: Verlag Wissenschaft & Praxis, 2009.

Rathje, Stefanie, *Unternehmenskultur als Interkultur. Entwicklung und Gestaltung interkultureller Unternehmenskultur am Beispiel deutscher Unternehmen in Thailand*, Sternenfels: Verlag Wissenschaft & Praxis, 2004.

Ritter, Joachim, Karlfried Gründer und Gottfried Gabriel, *Historisches Wörterbuch der Philosophie*, Band 11, Basel: Schwabe Verlag, 2001.

Rotter, Julian B., "A New Scale for the Measurement of Interpersonal Trust", *Journal of Personality*, Vol. 35, No. 4, 1967, pp. 651 – 665.

Schödel, Stephan, *Wechselwirkungen zwischen Kultur, Vertrauen und Management : Am Beispiel Japans und Deutschlands*, Wiesbaden: Deutscher Universitätsverlag, 2005.

Schroll-Machl, Sylvia, *Die Deutschen-Wir Deutsche : Fremdwahrnehmung und Selbstsicht im Berufsleben*, Göttingen: Vandenhoeck & Ruprecht, 2002.

Schroll-Machl, Sylvia, „Deutschland. Kulturunterschiede : Ergebnisse der Kulturstandardforschung", in Thomas, Alexander, Eva-Ulrike Kinast und Sylvia Schroll-Machl (Hrsg.), *Handbuch Interkulturelle Kommunikation und Kooperation : Band 2 : Länder, Kulturen und interkulturelle Berufstätigkeit*, Göttingen: Vandenhoeck & Ruprecht, 2003 und 2005, S. 72 – 89.

Schumann, Oliver, *Vertrauen in interkulturellen Prinzipal-Agent-Beziehungen : Am Beispiel von deutsch-japanischen Kooperationen kleiner und mittlerer Unternehmen*, Bayreuth: P. C. O. – Verlag, 2007.

Schweer, Martin. K. W. ,„ Vertrauen als Organisationsprinzip: Vertrauensförderung im Spannungsfeld personalen und systemischen Vertrauens", *Erwägen Wissen Ethik* 14 (2), 2003, S. 322 – 337.

Schweer, Martin. K. W. ,„ Vertrauen und soziales Handeln: Eine differentialpsychologische Perspektive", in Jammal, Elias (Hrsg.), *Vertrauen im interkulturellen Kontext*, Wiesbaden: VS Verlag für Sozialwissenschaften, 2008, S. 13 – 26.

Schwegler, Ulrike, *Vertrauen zwischen Fremden : Die Genese von Vertrauen am Beispiel deutsch-indonesischer Kooperationen*, Frankfurt a. M. : Iko, 2008.

Simmel, Georg, *Soziologie : Untersuchungen über die Formen der Vergesellschaftung*, Frankfurt a. M. : Suhrkamp, 1992.

Späth, Julia. F. , *Interpersonelles Vertrauen in Organisationen : Eine empirische Untersuchung der Einflussfaktoren und Verhaltenswirkungen*, Frankfurt a. M. : Peter Lang, 2008.

Späth, Julia F. und Paulina Jedrzejczyk, „ Operationalisierung von Vertrauen im interkulturellen Kontext", in Jammal, Elias (Hrsg.), *Vertrauen im interkulturellen Kontext*, Wiesbaden: VS Verlag für Sozialwissenschaften, 2008, S. 111 – 131.

Sprenger, Reinhard K. , *Vertrauen führt. Worauf es im Unternehmen wirklich ankommt*, 3. Auflage, Frankfurt a. M. : Campus Verlag, 2007.

Stumpf, Siegfried, „ Interkulturelles Management", in Thomas, Alexander, Eva-Ulrike Kinast und Sylvia Schroll-Machl (Hrsg.), *Handbuch Interkulturelle Kommunikation und Kooperation: Band 1: Grundlagen und Praxisfelder*, Göttingen: Vandenhoeck & Ruprecht, 2003 und 2005, S. 229 – 242.

Stüdlein, Yvonne, *Management von Kulturunterschieden. Phasenkonzept für internationale strategische Allianzen*, Wiesbaden: Deutscher Universitäts-Verlag, 1997.

Thomas, Alexander, „ Ist Toleranz ein Kulturstandard? ", in Wierlacher,

Alois (Hrsg.) , *Kulturthema Toleranz : Zur Grundlegung einer interdisziplinären und interkulturellen Toleranzforschung* , München : Iudicium, 1996, S. 181 – 204.

Thomas, Alexander, „Das Eigene, das Fremde, das Interkulturelle ", in Thomas, Alexander, Eva-Ulrike Kinast und Sylvia Schroll-Machl (Hrsg.) , *Handbuch Interkulturelle Kommunikation und Kooperation : Band 1 : Grundlagen und Praxisfelder* , Göttingen : Vandenhoeck & Ruprecht, 2003 und 2005, S. 44 – 59.

Thomas, Alexander, „Kultur und Kulturstandards", in Thomas, Alexander, Eva-Ulrike Kinast und Sylvia Schroll-Machl (Hrsg.) , *Handbuch Interkulturelle Kommunikation und Kooperation : Band 1 : Grundlagen und Praxisfelder* , Göttingen : Vandenhoeck & Ruprecht, 2003 und 2005, S. 19 – 31.

Thomas, Alexander, „Vertrauen im interkulturellen Kontext aus Sicht der Psychologie" , in Maier, Jörg (Hrsg.) , *Die Rolle von Vertrauen in Unternehmensplanung und Regionalentwicklung : Ein interdisziplinärer Diskurs* , München : Forost, 2005, S. 19 – 48.

Tjaya, Juliana M. , *Eine kulturvergleichende Studie zum Vertrauensaufbau : Am Beispiel deutscher und indonesischer Arbeitsgruppen* , Hamburg : Verlag Dr. Kovac, 2008.

Triandis, Harry C. , *Culture and Social Behavior* , New York : McGraw-Hill College, 1994.

Trobe, Thomas und Gitte Trobe, *Vertrauen ist gut, Selbstvertrauen ist besser : Wege aus der Enttäuschungsfalle* , Köln : Innenwelt Verlag, 2004.

Trompenaars, Fons, *Handbuch Globales Managen : Wie man kulturelle Unterschiede im Geschäftsleben versteht* , Düsseldorf : Eco, 1993.

Vittar, Carlos F. , *Interkulturelles Vertrauen im globalisierten beruflichen Kontext : Ein Erklärungsmodell* , Hamburg : Verlag Dr. Kovac, 2008.

Weber, Max, *Wirtschaft und Gesellschaft : Grundriss der verstehenden Soziologie* , Tübingen : Mohr, 1947.

Weidemann, Doris, *Interkulturelles Lernen. Erfahrungen mit dem chinesischen „

Gesicht ", Bielefeld: transcript, 2004.

Weltecke, Dorothea, „Gab es ,Vertrauen' im Mittelalter? Methodische Überlegungen", in Frevert, Ute (Hrsg.), *Vertrauen: Historische Annährungen*, Göttingen: Vandenhoeck & Ruprecht, 2003, S. 67 – 89.

Wierlacher, Alois und Rainer Haarbusch, „Der internationale Arbeitskreis für Toleranzforschung: Gründungsgeschichte und Aufgabenstellung", in Wierlacher, Alois (Hrsg.), *Kulturthema Toleranz: Zur Grundlegung einer interdisziplinären und interkulturellen Toleranzforschung*, München: Iudicium, 1996, S. 683 – 692.

Wittkop, Thomas, *Interkulturelle Kompetenz deutscher Expatriates in China: Qualitative Analyse, Modellentwicklung und praktische Empfehlungen*, Wiesbaden: Deutscher Universitätsverlag, 2006.

Yamashita, Hitoshi, „Höflichkeit, Freundlichkeit und Distanz: Gedanken über die Beziehung zwischen Höflichkeitsforschung und DaF-Unterricht anhand einer empirischen Fragebogenerhebung", in Ehrhardt, Claus und Eva Neuland (Hrsg.), *Sprachliche Höflichkeit in interkultureller Kommunikation und im DaF-Unterricht*, Frankfurt a. M.: Peter Lang, 2009, S. 117 – 130.

Yamagishi, Toshio and Midori Yamagishi, "Trust and Commitment in the United States and Japan", *Motivation and Emotion*, Vol. 18, No. 2, 1994, pp. 129 – 166.

Zand, Dale E., "Trust and Managerial Problem Solving", *Administrative Science Quarterly*, Vol. 17, No. 2, 1972, pp. 229 – 239.

Zinzius, Birgit, *China-Handbuch für Manager: Kultur, Verhalten und Arbeiten im Reich der Mitte*, Berlin & Heidelberg: Springer, 2007.

访谈同意书（中、德文版）

访谈同意书

首先，本人已经全部了解访谈数据的提取过程。

我同意，出于学术研究的目的，将本人在被采访过程中所陈述和发表的观点用于张晓玲女士的质性研究中。同时，我有权要求对所有采访数据进行匿名化处理，对所有涉及受访者私人信息的内容进行删除，同时要求访谈者尽可能地不要与第三人共享访谈数据。

在以上条件得到保证的前提下，我同意接受张晓玲女士的采访，并同意她对采访全程进行录音、对采访内容进行转写和分析。

访谈时间：_____

访谈地点：_____

签名：_____

Einwilligungserklärung

Ich bin über das Vorgehen bei der Erhebung der Interviewdaten informiert worden und damit einverstanden, dass alle meine im Interview geäußerten Darlegungen und Ansichten als empirisches Material für wissenschaftliche Zwecke, im Konkreten für die Studie von Frau ZHANG Xiaoling, verwendet werden.

Mir wurde zugesichert, dass alle Interviewdaten anonymisiert, alle persönlichen Angaben in den Daten gelöscht und keine Daten an Dritte weitergegeben werden, sofern es nicht aus prüfungsrechtlichen oder methodischen Gründen notwendigerweise erforderlich ist.

Ich bin damit einverstanden, dass das von mir zu gebende Interview von Frau ZHANG Xiaoling digital aufgezeichnet, transkribiert und ausgewertet wird.

Ort und Datum: _____

Unterschrift: _____

附录二
访谈提纲（中、德文版）

访谈提纲（中方员工）

访谈编号		访谈日期	
访谈地点		访谈长度	

受访者个人基本信息

姓名		年龄	
性别		从事职业	
专业背景		与德国上级共事时间	

访谈提问

热身提问	·您工作多长时间了？ ·您和德国人一起工作多长时间了？您对德国领导有什么样的期待？ ·您觉得德中上下级合作中最重要的是什么？
信任内涵	·如果谈到"信任"这个词,您会想到哪些与之相关的词或者概念,请您写在这张纸上。 ·请您描述一下您对信任的理解。 ·您认为工作领域中的人际信任和私人生活领域的人际信任是一样的吗？并说明理由。
信任互动的影响因素	·您认为哪些因素会促进您与德国领导之间的信任积极互动？并说明理由。 ·您认为哪些因素会导致您与德国领导之间的信任消极互动？并说明理由。
信任互动过程	·请您回忆一下,在和您共事过的德国领导中,谁最值得信任。 　·描述一下对他/她的第一印象。 　·描述信任积极互动中的关键性事件。 　·是否发展工作外的朋友关系并说明理由。 ·请您回忆一下,在和您共事过的德国领导中,谁不值得信任。 　·描述一下对他/她的第一印象。 　·描述信任消极互动中的关键性事件。 　·消极信任是否与私人因素相关联并说明理由。

续表

信任互动中 三大形象	· 您是如何实现与德国领导之间的信任积极互动的? 　· 自我形象:请举例说明,您对信任积极互动做出了什么贡献? 　· 他者形象:请举例说明,您的德国领导对信任积极互动做出了什么贡献? 　· 他我形象:请推断一下,在德国领导眼中,您做出了什么贡献? · 您是如何与德国领导产生消极信任互动的? 　· 自我形象:请举例说明,您在消极互动中的表现和作用。 　· 他这形象:请举例说明,您的德国领导在消极互动中的表现和作用。 　· 他我形象:请推断一下,在德国领导眼中,您的消极表现和作用是什么?
总结提问	· 关于德中上下级信任互动,您还有什么愿意补充的? · 表示感谢并承诺本访谈的使用范围以及对受访者个人信息的保密。

Interviewleitfaden (Für deutsche Führungskräfte)

Interviewnummer		Datum	
Ort		Dauer	

Persönliche Angaben

Name		Alter	
Geschlecht		Beruf	
Bildung und Ausbildung		Länge der Zusammenarbeit mit chinesischen Mitarbeitern	

Leitfaden

Einstiegsfragen	· Seit wann sind Sie berufstätig? · Seit wann arbeiten Sie als Vorgesetzte/r mit chinesischen Mitarbeitern? Was erwarten Sie von einem chinesischen Mitarbeiter? · Was ist wichtig bei der Zusammenarbeit zwischen einer/m deutschen Vorgesetzten und chinesischen Mitarbeitern?
Fragen zum Stellenwert des Vertrauens	· Was fällt Ihnen hinsichtlich des Ausdrucks „Vertrauen" ein? Was verbinden Sie mit dem Wort „Vertrauen"? Schreiben Sie bitte alles auf, was Ihnen zu diesem Wort einfällt. · Beschreiben Sie bitte die Bedeutung von „Vertrauen" nach Ihrem Verständnis. · Ist Vertrauen im Arbeitskontext identisch mit Vertrauen im privaten Lebensbereich? Begründen Sie bitte Ihre Antwort!
Fragen zu Einflussfaktoren von Vertrauens-interaktion	· Welche Einflussfaktoren können die positive Vertrauensinteraktion zwischen Ihnen und Ihren chinesischen Mitarbeitern fördern? Inwiefern können diese Faktoren die Vertrauensinteraktion begünstigen? · Welche Einflussfaktoren können die Vertrauensinteraktion zwischen Ihnen und Ihren chinesischen Mitarbeitern beeinträchtigen? Inwiefern können diese Faktoren die Vertrauensinteraktion beeinträchtigen?
Fragen zum Prozess der Vertrauens-interaktion	· Denken Sie bitte an eine Person, die Ihre chinesische Mitarbeiterin oder Ihr chinesischer Mitarbeiter ist und zu der Sie das größte Vertrauen haben: 　· Beschreiben Sie bitte den ersten Eindruck von dieser Person. 　· Beschreiben Sie bitte wichtige Ereignisse in der positiven Vertrauensinteraktion. 　· Sind Sie mit der Person auch persönlich befreundet? Treffen Sie sie auch außerhalb der Arbeitszeit? Welche Gründe gibt es dafür? · Denken Sie bitte an eine andere Person, die Ihre chinesische Mitarbeiterin oder Ihr chinesischer Mitarbeiter ist und zu der Sie kein Vertrauen haben: 　· Beschreiben Sie bitte den ersten Eindruck von dieser Person. 　· Beschreiben Sie bitte wichtige Ereignisse in der negativen Vertrauensinteraktion. 　· Hat die negative Interaktion mit privaten Faktoren zu tun? Welche Gründe gibt es dafür?

Fragen zur Bilder-interaktion	· Wie gestaltet sich die positive Vertrauensinteraktion zwischen Ihnen und Ihren chinesischen Mitarbeitern? 　· Selbstbild: Nennen Sie bitte Beispiele für Ihre Beiträge zur positiven Interaktion. 　· Fremdbild: Nennen Sie bitte Beispiele für die Beiträge von Ihren chinesischen Mitarbeitern zur positiven Interaktion. 　· Metabild: Versuchen Sie bitte zu beschreiben, wie Ihre Beiträge zur positiven Interaktion in den Augen der chinesischen Mitarbeiter wirken. · Wie gestaltet sich die negative Vertrauensinteraktion zwischen Ihnen und Ihren chinesischen Mitarbeitern? 　· Selbstbild: Nennen Sie bitte Beispiele für Ihre Rolle bei der negativen Interaktion. 　· Fremdbild: Nennen Sie bitte Beispiele für die Rolle Ihrer chinesischen Mitarbeiter bei der negativen Interaktion. 　· Metabild: Versuchen Sie bitte zu beschreiben, wie Ihre Rolle bei der negativen Interaktion in den Augen der chinesischen Mitarbeiter erscheint.
Abschließende Fragen	· Was möchten Sie noch über die Vertrauensinteraktion zwischen Ihnen und Ihren chinesischen Mitarbeitern erwähnen oder ergänzen? · Danksagung und Zusage der Einhaltung der zugesicherten Anonymisierung.

访谈数据编码表

I 中德上下级信任积极互动的编码表

序号	类属	码号	原始数据
I	中德上下级信任积极互动	他者形象与自我形象协调一致	"我希望，他者形象多多少少能够与自我形象一致。过去的经验告诉我，自我形象和他者形象必须协调一致才能成功，信任才能出现。"（德9）

1. 工作能力维度的积极互动

序号	类属	码号	原始数据
1.1	德方自我定位并预支信任："委派任务"	委派任务	"委派任务，或者是委派重要的任务就是预支信任。"（德8）
		业绩好	"我认为，那些工作业绩好的员工比那些工作业绩差的员工更值得信任。"（德8）
		委派任务是鼓励	"人们应该通过委派好的员工一些那支信任的任务的鼓励，比如说：'我认为，你可以胜任。如果你不能胜任的话，你可以学着做，'这对于员工来说是莫大的鼓励。这样一来，他们就会工作得很卖力。"（德5）
		主动交出责任	"同时我认为，上级应该主动交出责任，如果领导学会了让员工分担责任，那么员工们也会更信任他，也会更乐意地工作。"（德7）
		能力信任	"信任就是相信能力，因为当我知道，有人有特殊的专长并且做得比我好，那么我就信任他。"（德5）

295

续表

1. 工作能力维度的积极互动

序号	类属	码号	原始数据
1.2	中方解析上级的信任行为："根据工作能力判断你"	根据工作能力判断你	"德国人是根据你的工作，根据你的工作能力，根据你的才能来判断你。"（中₇）
		能力认可	"领导对你的能力认可就等于对你信任。"（中₂）
		干漂亮的事情	"……你也会很认真地拿出很漂亮的一面来对待他。如果你这么做的话，领导就会认为你干的事情非常漂亮，德国人很重视这个。"（中₉）
		放心交付工作	"他放心把工作交给你，只是说明他相信你的能力，但是并不能说明他很喜欢你，他只是信任你的能力……"（中₁₃）
1.3	中方自我定位："把自己事情做好"	做好工作	"其实我觉得，信任这个东西并不复杂。跟德国人建立信任，毕竟是为了工作，交给你做的事情你能做好，就有了信任，对他们来说，你把事情在他那儿得到印证的话，那你百分就……一好百好，那你做得好，他也是为了工作。"（中₈）
		做好自己的事情	"中国人总是想着先把自己事情做好，如果你不被人家抓把柄，人家就说不出什么来。如果各方面都做得很好的话，他就会敬佩你，他还是会觉得你好。"（中₆）
		做出比德国人更好的判断	"在判断事物的发展方面，我做出了比他们还正确的判断，以至于他们也越来越相信我的结论是正确的，这就是信任。"（中₁₀）
		做得比德国人好	"我当时的工作态度就是尽量不要让他抓到我，因为只要我做得不好，他肯定能抓到我的毛病，尽量不要让他抓到我，他就抓不到我的毛病，他抓不到我的毛病还好，但是只要我做得好，所以我对自己要求严格。"（中₆）
1.4	中方反思自我并回馈信任		
1.4.1	"可预见的"	可预见性	"德国人当然就希望我表现得尽可能的 berechenbar（可预见的），他希望我按照他的意图去做。"（中₁₂） "信任实际上是互相依赖，或者用德文讲就是一种 Berechenbarkeit（可预见性），我碰到一件事情，我就预期我所信任的人会怎样去做的人会……"（中₄）

续表

1. 工作能力维度的积极互动

序号	类属	码号	原始数据
1.4.2	"能力超越预期值"	能力超乎想象	"我做了很多他们想象不到,他们觉得我根本做不到的事情,以至于他们相信我的能力超乎他们的想象。"(中$_{10}$)
		超出预期完成工作	"他想的是,我不仅是在维护他的利益,也是在维护公司的利益,就会对我表示认可。如果我能够超出他的预期完成任务,那么他就会对我的能力表示认可。"(中$_{2}$)
		让上级发现自己的能力	"他们肯定会逐步发现,我不会欺骗他们,逐步发现,我这个人在工作中还有一定的能力……"(中$_{10}$)
1.5	德才解析下级的信任行为:"出色完成任务"	出色完成任务	"我想,我的中国员工都很好地完成了工作任务。我认为他们都很出色。"(德$_{12}$)
		相信能力	"他们工作认真。我相信他们的能力。这些创造了信任。"(德$_{1}$)
		钦佩能力	"我钦佩他们的能力和他的工作表现。之前我低估了他。"(德$_{3}$)
1.6	德才反思自我并发出信任:"领导重视能力"	重视员工能力	"我的中国员工很可能,我很相信他们的能力,认为我相信他们拥有能够出色完成任务的能力。"(德$_{4}$)
		根据能力判断信任	"他们认为,我很专业,总是根据员工的能力来判断是否发出信任。"(德$_{11}$)

2. 工作态度维度的积极互动

序号	类属	码号	原始数据
2.1	德方自我定位并预设支持信任		
2.1.1	"坦诚相待"	坦诚	"我贡献了我的坦诚。"(德$_{1}$)
		坦诚的沟通	"德国人的贡献就是坦诚地沟通,做真实的自己。"(德$_{1}$)
		保持真实	"我尝试着保持真实,来自德国的一切都要守一些。他们说的和做的与我们都不一样。我也不会这样想,我们做的就是不好的。"(德$_{9}$)
		很坦诚	"我认为,我很坦诚,很诚实,我对待其他人也和我一样。当我踏进办公室的那天,我们做的与我一样。我很想坦诚地交流,这已经是一个良好的信任基础了。他们都信任我,觉得知道他们的设想、期望和愿望。"(德$_{12}$)

续表

2. 工作态度维度的积极互动

序号	类属	码号	原始数据
2.1.2	"尊重下属"	尊重下属	"我努力做到尊重下属。"（德9）
		展示尊重	"我尝试着，去表达我的尊重，去倾听，去理解，为什么他们会做这些事情。"（德9）
2.1.3	"积极面对问题"	试图解决问题	"我认为，当问题出现的时候，员工能做到抱着去用某种方式来解决问题。这个非常重要，对于我而言，它能创造信任。"（德4）
		愿意解决问题	"我们很愿意去处理问题，虽然不一定能够找到解决问题的方法。"（德8）
2.2	中方解析上级的信任行为		
		比较坦诚	"当领导提出一个意见时，所有人也都在揣摩：这是最后的决策呢，还是只是提一提而已呢，还是确定有不同意见？一看领导已经差不多拿定主意了，可能别人也就不再多说了。可是我觉得德国领导比较坦率一点在哪呢？因为他们会讲'Ehrlich gesagt, ich bin anderer Meinung（说实话，我有别的想法）'，这是真的，大家也都能接受。"（中4）
2.2.1	"坦诚相待"	说实实在在的话	"可以肯定的是，我每次问他，他说的一些事基本上都是在理的，都是真的，都是一些实实在在的话的。"（中4）
		坦诚的态度	"首先是我对他这么多年来为人的一个肯定，他一个肯定，他始终都是非常坦诚的态度，大家不会认为，为了个人的私人利益而做一些其他的事情。"（中14）
		握手	"我有一个比较深的印象，就是每天早上上班，一般我们的话，就是得这也算得比较早一点，老板来得比较晚一点，老板来了之后就是先和每个人握一遍手，我觉得这也算得是一种基本的尊重。"（中5）
2.2.2	"尊重下属"	不群发邮件	"之前我的老板有一个习惯。一般我们写邮件就是 Dear（亲爱的）谁谁谁，然后邮件，最后是 thanks。他通常是在结尾写 thank you（感谢）。他通常是 Dear，dear Melissa（谢谢你，亲爱的梅丽莎）。他会把这个人的名字加上去，这会让人有一种受尊重的感觉。"（中5）

续表

2. 工作态度维度的积极互动

序号	类属	码号	原始数据
2.2.3	"积极面对问题"	直面问题	"德国人更愿意直面问题；中国人更愿意回避问题，怕出事，出了事不愿意去面对，希望绕开或者弱化这个问题，小事化小，大事化了。德国人是小事化大，大事化更大。"(中$_2$)
		小事化大，大事化更大	"可能和大家从小的教育氛围有关，他们很实际，在中国的教育里，很多事情小事化大，大事化大。他们的教育更鼓励质疑老师，提出问题，是好学生，是老师给学生灌输知识，学生听，如果有质疑就会被归为坏学生，会被边缘化。不同的教育制度造成不同态度，大家把问题摆出来，大家一起讨论解决，认为这样才能解决问题。"(中$_2$)
		态度严谨	"首先，我认为德国人做事的态度很严谨"(中$_9$)
		做事认真	"他们做事很认真，也有很多规则，体现了诚信力。"(中$_4$)
2.2.4	"严谨"	凡事按规矩办	"在德国公司，公司policy(政策)在那里摆着员工即使有再多不满也会闭嘴。因为德国老板绝不会违反公司规定。"(中$_{11}$)
		准时	"和德国人在一起做事情，基本上就是，比如说我从某地到某地需要三十分钟，他也会从提前十五分钟就到了，他也会不高兴，所以说德国人做事是很严谨的。"
		说到做到	"我觉得首先是因为他们民族这种严谨的工作作风，正是因为他工作很严谨，有事情说在前面，说到做到。"(中$_8$)
2.3	中方自我定位		
2.3.1	"坦诚相待"	坦诚	"和德国人建立信任，有两个重要因素……第二个就是坦诚。"(中$_8$)
		坦率	"在追求共同利益的情况下相互信任是工作的基础，合作的基础，或者想做什么，或者想怎么样……"(中$_{12}$)
		展示真诚	"你要跟我们show(展示)出你真诚的一面，这样才能够赢得他的信任。"(中$_{11}$)
		承认错误	"我觉得坦诚坦诚吧，如果这件事做错了我会承认，然后我们有没有什么方法可以弥补，然后大家会觉得这样做还蛮重要的。"(中$_5$)

续表

2. 工作态度维度的积极互动

序号	类属	码号	原始数据
2.3.2	宽容忍让	忍耐	"中国人喜欢忍耐，老是给自己设个底线。"（中7）
		忍耐力强	"我觉得中国人的一些特征，比如说，中国人的忍耐力非常强我觉得跟文化传统有关系吧。"（中8）
		容忍程度高	"另外一点，中国人的容忍程度比较高。我有一个同事，后来离开中国去印度工作了，曾经给我们写信，来感谢我们这个团队，说再也找不到像在中国这样的积极配合的青干了，这样的青干是可靠。跟任何其他民族相比，中华民族都是一个很勤劳能吃苦耐劳的民族。"（中1）
		乖	"做下属的中国人很乖。"（中5）
2.3.3	"执行力强"	执行力强	"可能有这个意思吧，但我觉得多做少做都是你的工作嘛，那你就把它做好了呗。我觉得我们team（团队）里的人都是这么想的，就是执行力还蛮强的。我们老板也说过，这件事情交给你们去做肯定很放心，这样的青干很可靠，很值得信赖。"（中5）
		配合度高	"就我个人而言，很配合，执行力强，配合度高。就中国人而言，中国人普遍配合度较高。比如说，德国人会说我发现在不能来，我在休私人假期，而中国人会说因为要开会，我把我的私人假期推迟。"（中1）
		执行力强	"我觉得中国人做事很踏实，就是执行力很强，但是没有创新的想法。"（中5）
2.3.4	"勤奋"	勤奋	"多数中国员工工作是很勤奋的。不是因为怕被淘汰，而是从小的教育的结果。"（中5）
2.3.5	"积极面对问题"	积极看待问题	"积极的人不是指非常外向的，积极是指看待一个事物，看一个问题都很积极。……人一生中会遇到很多意外，你只有积极地去处理这些意外发生的问题才能把这件事做好，同样，领导才能信任你。"（中10）

续表

2. 工作态度维度的积极互动

序号	类属	码号	原始数据
2.4	中方反思自我并回馈信任		
2.4.1	"坦诚相待"	真诚	"起码我觉得我的德国领导会觉得我是真诚的,他们觉得我应该不是那种去 overcommit(做过多承诺)的人。如果我说这件事情我肯定会完成。相反,如果我的德国老板答应我了,他也会这样做。"(中11)
		不贪图私利	"同时,他也会肯定我的诚信度,我也一直非常坦诚,从来不会背着领导贪图私利。"
2.4.2	"勤备"	勤备	"就工作来说,了解中国情况的德国人,我认为他们对我们中国的观点是:认为中国的员工相对来说是比较勤备的……"(中8)
2.5	德方解析下级的信任行为		
2.5.1	"坦诚相待"	坦诚	"中国员工很坦诚。他们会主动去谈那些还未谈及的问题。因为我们在一个坦诚的环境中工作,大家都可以自愿发言,即使是批评也可以。"(德1)
2.5.2	"宽容"	宽容	"我有的时候也会做错事,说一些伤人的话。他们也试着去理解,说:'她不是这个意思,她是老外,不懂这些'。他们面对德国人的时候非常宽容。"(德13)
2.5.3	"勤备"	勤备	"中国人很勤奋,很有抱负,他们有无法想象的工作热情,这有助于创造了信任。"(德)
	工作热情高		"他们很勤备,他们有无法想象的工作热情,这有助于信任的构建。"(德5)
2.5.4	"有礼貌"	有礼貌	"也许我要说,中国人与德国其他国家的人比起来,要有礼貌得多。"(德10)
2.6	德方反思自我并发出信任:"坦诚相待"	坦诚地地批评	"在中国员工的眼中,我想说的是,他们认为德方才能够坦诚地进行批评,对问题进行问题出现问题的时候。尤其是他与中方员工进行交流,我们非常坦诚地与其他员工进行交流,尤其是他出现问题的时候。"(德6)

3. 工作方式维度的积极互动

序号	类属	码号	原始数据
3.1	德方自我定位并预设信任		

3. 工作方式维度的积极互动

序号	类属	码号	原始数据
3.1.1	"直接"	直接交流	"我尝试着清楚地、直接地去交流，这样才能建立信任关系。"（德14）
		比中国人直接	"我想说，我不是比中国人更喜欢批评，而是比中国人更直接。比如说，我吩咐给某个下属一个任务，如写个邀请函，他写的邀请函里面有错误。那么，我会很直接地说，里面有很多错误。当然，如果是一个德国员工出了错，我也会这么说。"（德3）
		低语境文化	"我从德方角度出发，我能够带来的是低语境文化的精神，因此我尝试着建立一种坦诚的沟通。"（德7）
3.1.2	"善于倾听"	倾听	"我努力去倾听，去表达相同的目标。如果他们有任何问题，我尝试着对待他们的问题，我尝试着找到解决问题的方法上去；而目我也努力让他们偷快地工作，不给他们过大的压力，当然压力也不能太小，这样他们能够得到自我提升。这些都能创造信任。"（德4）
		两个耳朵一张嘴	"我的建议就是：在大多数情况下，尽量多听少说。人有两个耳朵，但只有一张嘴。中国人开会的时候，经常会出现沉默。但是，沉默总是让德国人很不舒服。中国人则不然。如果我想从外国员工那里听到一些想法，那么会经历一段不说话的时间。这让我对中国同事的第一个建议就是：两个耳朵，一张嘴。"（德10）
		喜欢追问	"经验之谈，德国人总是对这个、那个有诸多要求。如果他们要做这个？做完了吗？是这样做的吗？只有通过追问才知道，是不是还需要补充。这已经成为一种趋势，虽然不是所有人都这样做，但是很多人都这样。"（德6）
3.1.3	"幽默"	幽默	"当然，肯定还有幽默，这个很重要。在沟通中，人们不能忽略幽默的作用。我们这里经常发生很搞笑的事情，经常一起拉，一起卡拉OK，唱歌的时候我们一起聊天"（德1）
3.1.4	"合作式"的沟通方式	合作的沟通	"我认为，重要的是，我想告诉我的员工，甚至必须去对自己的上司，他们所在的企业会通过一种合作式的沟通来支持他们。他们不用害怕去和自己的上司，甚至要敢于去表达自己的观点，作为上司就应该和员工维持一种坦诚的沟通，然而，有时会很失落，有些员工不愿意交流。但至少是这样想的，我就营造一种氛围，大家能够在毫无顾虑的情况下畅所欲言。我想让他们感觉到，如果再有什么糟糕的事情发生，他们敢于说出来。"（德7）

续表

序号	类属	码号	原始数据
			3. 工作方式维度的积极互动
3.1.4	三思而后行	三思而后行	"比如说，手头上有件事要处理，那么大家会想，那就会想想别的办法。通常是德国人的做法是：'我必须解决这个问题，那么我们会延长思考的时间，多想想，然后思考后进行调整。'也就是说，想一想。中国人一般不会这么做，中国人会在失败之后再调整方案，把各种可能性先想清楚。中国人一般不会这样处理问题。"（德6）
3.2	中方解析上级的信任行为		
3.2.1	"有话直说"	有话直说	"我最欣赏的就是他们有话直说，不会绕弯子。"（中5）
		直接	"至少我接触的德国人都比较直接地告诉你他想什么。……中国人太含蓄了，而外国人比较直接一点。但我觉得，在工作过程中我还是喜欢直接一点，节省时间，不绕脑子。"（中11）
		直接更便捷	"作为我们在外企工作这么长时间的人来说，我觉得直接把自己的观点不用隐瞒地直接说出来更便捷一些。"（中7）
		不含蓄自己的赞美	"他们很不含蓄自己的赞美。……该表扬的时候就不会藏着掖着，也可能是老板激励下属的一种方法吧。"（中5）
3.2.2	"第一时间回应我"	第一时间回应我	"我印象最深的就是他们给我们的支持，给我回答，这是特别感激的，问题能尽快回答，总是第一时间回应我。"
		立即回馈	"我提出的问题和想法，领导总是马上做出回馈。写邮件也会很快回复。"（中10）
3.2.3	"踏实不冒进"	不冒进	"做事情不像中国人那么冒进，在一件事情的最终方案没有确定之前，他们会反复思考各种可能性，一旦定下来，就不至目标不要休。在思考可能性阶段，是包罗万象的，想得特别多，想得特别周全。这样会减少工作过程中的纰漏。"（中1）

3. 工作方式维度的积极互动

序号	类属	码号	原始数据
3.2.3	"踏实不冒进"	把架吵在前面	"就是说德国人总把丑话说在前头，把架吵在前面。在合同谈判的时候，他们在前期会把所有的风险尽可能预料清楚，说清楚后期的处理方式，这样执行起来就会容易一些。……这个我觉得是比较重要的一点吧。"（中8）
		重视计划	"在德企工作，没有人走一步看一步，德国人相对来说计划做得更好、更详细。"（中13）
		计划性强	"他们计划性非常强。……比如说，我们这么做吧，然后他们就会一直按做下去，所以信任他们就会一直按照计划好了的路径。他们计划性强，因为他们不会选择计划之外的其他路径。"（中1）
		循序渐进	"我觉得还是循序渐进的，一步一步来的，脚踏实地的，我感觉德国人不喜欢急急悠悠，说得很好，但是实际行动跟不上。比如一些很喜欢吹牛的人，很爱吹牛的，这样慢慢地，这样并不是很好。相反，他比较喜欢信心，信任，他比较喜欢那种，一开始并不是很显山露水的，但是很踏实的，他们的节奏不是很快，这种固定的节奏从长远来看速度是不慢的，很冒进，突然间取得很大成就，然后突然就停滞了，这才是德国人的特点。"（中14）
3.3	中方自我定位		
3.3.1	"直截了当"	直截了当	"我要保证我向他提供的信息全部是真实的，比如说，这个事情我觉得行，我就告诉他'行'，不行就说'不行'，这个人我觉得'不行'，我就直接告诉他，我不愿意跟他打马虎眼，我不愿意他拐弯抹角。这个人我喜欢，我就喜欢，我就告诉他说'我喜欢'，这是我能够做到的。"（中11）
		不藏着掖着	"对于中方而言，就不要有那么多的私心，不要藏着掖着，要向他们奉献自己的想法，通过慢慢地解释和了解使他们的思想转变，从而相互配合。"（中3）
		不说没把握的话	"我感觉中国人是这样的，我也把这个给他们，我就说一般般，我就说一般般，我会直截了当地跟他沟通。这是我能够做到的。对于中方而言，就不要藏着掖着。实际上还是取决于我尽量在后减少这种错误的发生，但是我量证明我的想法是错误的，最后证明我的想法是错误的，这个时候，我就把这一个告诉他们，最后证明我的想法是错误的，我的理解是错误的吧，这个不会影响他对我的信任。"（中10）

续表

3. 工作方式维度的积极互动

序号	类属	码号	原始数据
3.3.1	"直截了当"	学会论证想法	"不能突然就有一个想法，你的想法一定要建立在你能够解释、阐述的基础上，德国人是不会听一个随便想出来的想法，一定要有很多的证据去prove（证明），就是你怎么去prove（论证）你的idea（想法）你必须注意，这一点很重要的。"（中9）
		换位思考	"如果你有意见想表达，尽量不要起冲突，比如说这件事情他做得不够好，可以先缓一缓，先客观地换位思考，少计较一些，计较太多会对信任产生任何影响。"（中14）
3.3.2	"换位思考"	照顾对方情绪	"确实要有很好的沟通方法，对不同的态度，用不同的…因为对不同性格的人讲话就不能用同样的方式，所以在每次和德国人打电话时，必须提前想好怎么去说，要照顾到他们的情绪做成，实际上也是为公司考虑。"（中3）
		按部就班	"在德国企业，做事一定要按部就班，不能直接从第一步到第五步。"（中9）
3.3.3	"以目标为导向"	以目标为导向	"发现问题证明你的准备工作做得不够充分，如果你事先都把问题想到了，就不会出现了。其实这也是不可能的，但是有了这个问题之后，就是不能怕，必须解决。因为不解决的话，必须解决。因为不解决的话，就过不去到永远达不到终极目标，所以所有的工作都是zielorientiert（以目标为导向），至于怎样能够达到，其实无所谓，黑猫白猫其实都是这个意思。当然你能够有很简便，很快捷的手段，把它做好，那是更好的了。"（中6）
3.4	中方反思自我并回馈信任		
3.4.1	"直接"	直接	"我的老板会发现，其实我说话也挺直的。"（中2）
		直率	"德国领导觉得我还是比较直率的，呵呵，挺好，不假。"
3.4.2	"善意的谎言"	善意的谎言	"我直接是直接，但不是什么时候都直接，呵呵，等于冲和鲁莽，不等于善言。说话必须考虑别人的感受。有时候善意的谎言，德国人是能感觉到的。有时候善意的谎言。"（中3）

续表

3. 工作方式维度的积极互动

序号	类属	码号	原始数据
3.4.3	"通过肢体语言表达安慰"	胡噜胳膊	"有一次，当时看了一个翻译，那时候大家坐一块儿，当时老板就来找我，反正是老不高兴。后来气得我也没招儿，那我能怎么着坐着，那么采访着，就这样吧。对吧，我觉得怎么着呢？你别生气了，这边进进跟难胡噜胡噜他胳膊，说：'哎呀，我当时觉得特别好。'其实这动作不管什么用，但好像就是让人觉得挺舒服的。后来他就老学我这动作，我都不知道。有一个同事生气了，特别激动，然后他也胡噜胡噜他，边胡噜边说：'不要生气了，我跟我知道你很困难。'他跟我说：'这动作特别管用。'我说：'这动作作没什么呀。'"（中6）
3.5	德方解析下级的信任行为		
3.5.1	"直接"	直接	"中国人也可以很直接。"（德4）
		批判能力强	"中国雇员更喜欢观察老板的想法，不管他们是中国老板还是外国老板。当然，在中国老板那里，他们的行为会和在外国老板面前不一样，比如说，一些年长的女雇员，四五十岁，她们的批评能力比许多欧洲同事要强很多。这个也许对许多人来说很棘手，但是对我来说很好，这些中国女士很多是工程师，心里有很多想法，而且能说出来。"（德10）
3.5.2	"通过拥抱拉近距离"	拥抱拉近距离	"我观察过了，女员工会用拥抱来和我告别或者打招呼，这种肢体语言让人很惊讶。和我共事的一些女性中国员工，让人感觉不再像以前那么冷漠，那么有距离。我觉得，在某种意义上的直接。"（德6）
3.6	德方反思自我并发出信任："积极意义上的直接"	积极意义上的直接	"也有不一样的德国人，德国人并非都那么高傲，比如，积极意义上发现这一点，也很愿意认识这样的德国人：'喜欢主动接近大家'，而且那些坦率的中国人，好奇的中国人，他们知道，因为德国人相对简单，不那么复杂。"（德7）
		直接表扬批评	"直接的表扬或者批评。"（德3）
		相对简单	"从中国人的观点出发，德国人从总体上来讲，很简单，非常直接。这对信任构建起到了积极作用。……"

续表

4. 性格维度的积极互动

序号	类属	码号	原始数据
4.1	德方自我定位并预支信任		
4.1.1	"真实"	保持真实	"我努力做到做真实的自己,保持真实。……我努力做到不隐藏自己,不伪装自己,做简单的自己。我想在下属面前展现真实的自己,然后才能构建信任。"(德9)
		简单	"我真实、简单,从不撒谎,这个有利于生成信任。"(德14)
4.1.2	"喜欢批评"	喜欢批评	"总体上来讲,德国人都很严格,喜欢批评。当然,首先是对自己很严格。这可能是为什么德国人能生产出最好的机械,因为德国人极其细致认真。他们需要通过自我批评来提高自己。如果我们对自己严格,那么一定对别人也会要求严格。"(德10)
4.2	中方解析上级的信任行为:"直率"	不藏着掖着	"我觉得信任就是,首先他个性上不能那种藏着掖着的。我觉得,直率的人可能会让你在某一时刻的自信心下降或者被打出了一些问题,但是我觉得这还是基于一种公平、平等的工作状态。"(中1)
		直率	"因为他本身是一个比较直率的人吧。他的阅历也比较丰富,他生活经验也比较多,生活经验也比较多,性格也不错。他的性格还是比较直率的。"(中14)
		比较直率	"因为从中国人和德国人性格角度来讲,德国人是比较直率的,中国的领导因为长期在中国的某些环境成了领导,你也知道,他们顾虑比较多,说话比较谨慎,就我目前工作的情况来看,跟德国人合作起来更容易,跟中国人相处比较可能需要谨考虑更多。"(中1)
		一板一眼	"德国人性格直率,一旦和他接触时间长了以后,你会不由自主地去喜欢他,德国人很呆板、很古板,但是……他做事直,一板一眼地做每一件事情,这对于中国人来说很有乐。"(中9)
		直率	"因为他们直率,所以我喜欢跟德国人打交道。"(中13)
4.3	中方自我定位:直率	很直接	"这只是我个人性格的原因。比如说,有时候我很直接,如果我有什么不满意的话,我会直接说,甚至对我们领导也是这样。因为我是一个直率的人。"(中13)
		透明	"我对领导的态度是,我尽量把自己什么,我会将过去于什么,我将告诉他,让他完全掌握,尽可能掌握信息。我在工作上甚至把我性格上,我对做我的感觉,控制我的感觉,能够抓住信任做的东西,对他来说,他会对你许下某种承诺。"(中12)

续表

4. 性格维度的积极互动

序号	类属	码号	原始数据
4.4	中方反思自我并回馈信任："性格合拍"	性格合拍	"一上来我们就觉得非常常信任对方，可能就是性格上合拍，或者我们跟他很多地方一样。他也信任我，他有什么事都跟我讲，当然我有什么事不一定跟他讲，但是他知道我是怎么想的，这可能因为我们性格合拍。"（中12）
		共同兴趣	"我特别喜欢看球赛，然后对德国那些球队，欧洲的球队，根不得哪个队穿什么衣服都知道，然后跟老板聊起来就非常有共同语言。老板认为，老板认为有共同的兴趣。性格很像。"（中8）
4.5	德方解析下级的信任行为		
4.5.1	"鼻子相配"	鼻子相配	"因为，有的时候，德国人会说'鼻子相配'。有时候人会有一种察觉、一种感觉，会说：'他不错。'那么，鼻子就配上了，也就是气味相投和我投脾气。因为中国员工就和我投脾气，这个中国员工，感觉是相似的，也有过相似的经历。"（德1）
4.5.2	"批评意识强"	有批评意识	"他很值得信任，他在某些问题上是很严格的，很有批评意识。"（德11）
		批评意识强	"对，批评意识很强，但是不是说她老批评别人。因为大家都知道，她人缘很好。她有自己的性格，有想法就说出来。所以我喜欢她。"（德13）
4.6	德方反思自我定位并发出信任："喜欢批评"	喜欢批评	"我认为，在中国员工的眼中，我很喜欢批评。我很简单、直接，有什么说什么。这样的话，工作起来很透明。我得觉得这样也很好。我的中国同事觉得这样也很好。"（德9）

5. 人品维度的积极互动

序号	类属	码号	原始数据
5.1	德方自我定位并预支信任："可靠"	可靠	"我也努力做到可靠。"（德14）
		诚实	"我很诚实、很真实。"（德2）
		保守秘密	"他们相信我，是因为他们和我说的事情我不会再告诉第三个人，我不会向外人传递这个信息。"（德12）

续表

5. 人品维度的积极互动

序号	类属	码号	原始数据
5.2	中方解析上级的信任行为	人品好	"他人品各个方面挺好的，所以值得信任。"（中₅）
5.2.1	"善良"	善良	"我觉得先他是善良的人，助人为乐的人，愿意把别人的事情当作自己事情来看待的人，这些其实不是其品格，是品格。"（中₄）
		人性本善	"对，他的第一个 Annahme（假设）就是 die Menschen sind gut（人性本善），当然我们不是说基督教那种。"（中₄）
		一碗水端平	"我也承认他的人品，他是个很正直，很公正的一个人，能够做到一碗水端平。"（中₁₀）
5.2.2	"一碗水端平"	奖惩分明	"我的老板很公正，奖惩分明，这样可以促进员工工作的积极性。只要你干活了，活干好了，他都是心知肚明的，一个公正的领导很重要。"（中₁₄）
5.3	中方自我定位		
5.3.1	"与人为善"	与人为善	"我觉得更多的是与人为善。我争不去猜别人，说不定有一天事实证明了：我相信的人是不值得我信任的，那我再改变我的想法。这是从双向的角度来讲，但是从单向的角度来讲，我先给予信任，那之后也许我会得到回报，也许我得不到，得不到的情况下我怎么做就是下一步的事了。无论如何，人首先得有一个信任的基本态度。"（中₄）
		有责任心	"从我的角度讲，如果我做得比较好，不管是跟德国人还是跟中国人，这些都是一样的，比如说要有责任心，这些我都能做到，这样就可以证明你的工作能力，或者你不会推卸责任，这样的话就是有了合作基础。"（中₁₃）
5.3.2	"责任心"	勇于承担责任	"要熟悉业务，要能够承担责任，因为我对自己就是这样要求的。"（中₆）

309

续表

5. 人品维度的积极互动

序号	类属	码号	原始数据
5.3.3	"以心换心"	以心换心	"就像中国古人所言'以心换心'吧。因为，就我个人而言，在工作最开始阶段，我就一定要如何如何，还非得要对方如何如何，我始终就没有过这种想法，时间一长，对方都能感受得到这种单纯。第二，双方多理解对方，理解对方有什么不容易困难，有什么德国同事的交流，像一家人一样，一起玩呢。如果单纯从职责创造一些方便的条件，有些事情多想在前面，包括和其他德国同事想成自己的朋友，你把他们当成自己的朋友，但是有值的时候，很多时候考虑到前面，这方面来说已经足够了，他肯定在很多方面也会替你着想。大家都是以诚相待吧。"（中14）
5.4	中方反思自我并回馈信任："可靠"	不欺骗 可靠	"他们相信我的人品，知道我可靠，不会欺骗他们，这是第一。"（中10） "他们觉得我的很可靠，很可靠，我保证不隐瞒信息。当然也不会泄露公司机密。"（中7）
5.5	德方解析下级的信任行为："保险柜"	老实可靠 可靠 保险柜	"他很老实，很可靠。"（德1） "当然中国人也是这样，我认为，也就比较可靠。"（德7） "我的助手和我已经共事十多年了，我称他为保险柜。我可以让他在我家过夜。这里的一些人，我可以百分百信任。"（德10）
5.6	德方反思自我并发出信任："像德国机器一样可靠"	像德国机器一样可靠 可靠	"我认为，这个也创造了信任，对于中国人来说，德国人就像德国机器一样那么可靠。这个创造了工作中的信任。"（德7） "他们认为我很可靠，他可以信任我。"（德14）

6. 帮助与被帮助维度的积极互动

序号	类属	码号	原始数据
6.1	德方自我定位并预支信任："雪中送炭"	积极帮助下属 支持下属	"我的贡献在于，我总是给人一种感觉，如果谁需要帮助的话，那我就会出现。"（德12） "当问题出现的时候，那么我就可以帮助他们，我会持续地支持他们，我会用我母语的优势，把问题按照德国人的思路给德国的同事讲明白。"（德12）

续表

6. 帮助与被帮助维度的积极互动

序号	类属	码号	原始数据
6.2	中方解析上级的信任行为："给予支持与帮助"	感动	"我认为最让我感动的是，当需要他们沟通某些工作的时候，德国方面的上层领导可以给予帮助。"
		给予改错机会	"处理一个员工犯了一些错误的情况，再帮你，再帮你，无休无止地帮助你，如果你再犯错，再帮你，无休无止地给你一次或更多的德国人会再给你一次或给你更多的机会。"（中₃）
		职业生涯规划的帮助	"因为我觉得产生信任还有一个缘由就是他帮助过我，比如说，我之前有一个老板，因为我当时是刚刚毕业没多久，然后去了那个地方，当时只是用德语毕业语言，在公司里很低，那个语言也比较低，我就说：'你不能这样'，他就说：'一直用语行业？'我说：财务部里面，我觉得竞争力很低，那好，那先你就可以现在找机会去做实操。我说：'财务部做实操，懂会计，懂实际的操作。'他说：现在你懂德语，懂会计，他致励自己的员工，你去实在这工作。从一个老板的角度来讲，他致励自己的员工，想着怎么对别人才是更好的，然后再说一个员工，你没有这么清闲的员工，比如不用找其他的地方，更加能够锻炼自己。'我觉得那好，那好，我觉得实有这个没有这么清闲的地方，更加能够锻炼自己更好。'我觉得着，从你的角度来看得这有联系，感谢他，我们的角度来看得这样有联系，所以我到现在还是很感谢他，我们的基础吧。"（中₁）

7. 文化维度的积极互动

序号	类属	码号	原始数据
7.1	德方自我定位并预支信任：跨文化中间人		
7.1.1	"中间人"	中间人	"我扮演的角色就是一个来自德国的中间人，处于德国总部和这里的办事处之间的协调人，我是充当着捍卫士者的角色。"（德₁）
		桥梁作用	"为了弄清楚中德区别，我和很多德国人，还有中国人都探讨过这个问题。对我这样在中国待了这么长时间的人来说，我觉得我起到了一个桥梁的作用。"（德₆）

续表

7. 文化维度的积极互动

序号	类属	码号	原始数据
7.1.2	"学习中文"	学中文好	"我觉得学中文很好。"（德₄）
		学中文帮助大	"学习中文帮助大。"（德₅）
		提高中文	"我必须提高我的中文，在信任构建中，语言起到一定作用。"（德₁）
7.1.3	学习中国文化	深入了解中国文化	"还要了解中国文化，不局限于长城和天安门。"（德₅）
		顾及中方行为方式	"我必须学习一下如何顾及中方的行为方式。"（德₇）
		和中国员工打保龄球	"我在上海工作的时候，我和中国员工经常在下班以后打保龄球，这样能解除工作压力。我们也经常一起庆祝，这样的话，才能更好地了解中国文化，我们才能很好地合作。"（德₁）
		更重中国文化	"我认为，我懂中国文化。但是我觉得，我可以做得更好。"（德₁）
7.1.4	尊重中国文化	尊重中国面子文化	"比如，如果一个德国人没有给一个中国人面子的话，那么他也不再准备和这个中国人继续保持联系或者进行谈判。在这种情况下，大多数情况下，这都不是中国人的问题，而是一个工作团队的中国人的共同问题，是人性的问题。其实，很多中国人身上。作为一个外派人员，我总是认为中国人在一个隔离的文化或圈子德国人，他们的朋友圈及他们的文化或隔离于德国社会中，他们自己的文化的真正的中国人就不会在这里待很久，也永远无法懂得真正的中国文化。"（德₂）
		不把问题归给中国员工	"当然，给员工很舒服的感觉，这很重要。我觉得非常糟糕的是，两个德国人在一起嘀咕说：'这是中国人的问题。'在大多数情况下，这都不是中国人的问题，是人性的共同问题。而是一个问题在或者专业问题。我认为，最大的问题就是，德国上司总是把问题归咎到中国员工身上。但是，当他来到中国之后，他就会说：'这些中国人！中国人总是有自己的想法，他们会做这个，做那个，绝对不会有人这样说。"（德₄）

续表

7. 文化维度的积极互动

序号	类属	码号	原始数据
7.2	中方解析上级的信任行为		
7.2.1	积极的德国印象	发达国家	"毕竟这是一个发达国家,他们能够带到中国很多先进的东西,包括经济技术等。"(中6)
		佩服德意志民族	"他是个德国人,我佩服他,他符合我们想象中和传说中的德意志民族。"(中6)
		优秀的外派人员	"到中国来的德国人,特别是外派来的,他们分外派来的德国人或者市场来的。当然,外派人员在他们民族中算是优秀的。"(中13)
7.2.2	"学中文"	学中文	"我的德国老板现在还在学中文,有时候还会和我说中文。"(中11)
		积极学中文	"这儿有多少中国人在学中文,就有多少德国人在学中文,这就是这个公司的文化。"(中10)
7.2.3	学习中国文化	了解中国文化	"德国人必须得了解中国文化,才能知道中国员工到底在想什么。"(中7)
		学习中国文化	"除此之外,我觉得得因人而异,那些对中国文化比较了解的德国中国人在中国跟中国的员工建立信任关系,那些对中国的行为标准或者衡量中国员工的行为不了解,拿他的行为来衡量中国工作的德国人一定要学习中国文化。"(中8)
7.2.4	以平等眼光看待中国		"……我们提到了平等,对吧?就是,因为德国那边的生活环境,包括工作环境,永远都是中国人对,不管中方对不对,都是中国人对。"(中8)
	尊重中国文化	袒护中国员工	"当时我们上面还有一个'大头儿',那是一个'中国通',那是个'大头儿',他不会因为这个在中国趾高气扬,这个可能是一个因素。"(中6)
7.3	中方自我定位:"跨文化中间人"		
7.3.1	"中间人"	中间人	"中国人只是起到一个桥梁的作用,中间人的作用。"(中7)
		疏通跨文化交流的障碍	"当中我们在工作中遇到一些相关信息的问题,德国同事和德国领导就会对中国人和一些中国的做法有看法,那你要起到一个积极的作用,更多是疏通跨文化交流的障碍,就去讲有可能的一些背景、关系,消除这种不信任。这是我能起到的作用。"(中4)

7. 文化维度的积极互动

序号	类属	码号	原始数据
7.3.2	学习德国文化	德国人优点值得学习	"一方面是中国人认为德国人有很多可以学习的优点……"（中2）
		学习德国人的表达方式	"因为我比其他人更加了解德国人，我会学着用德国人的表达方式，所以他对我的误解很少，但是相比其他同事，他对别人的误解大多是文化差异导致的问题。"（中2）
7.3.3	尊重德国文化	对外国人友好	"中国人对外国人一般都比较友好。"（中2）
		尊敬德国人	"说到中国人，首先应该是尊敬吧。你对一件事或一个人表示尊敬的时候就会表现出极大的热情。因为中国人是外国人，所以中国人表现出尊敬。"（中6）
7.3.4	对本民族充满自信	中国强大	"中国强大了，别人才不会小瞧中国人。"（中9）
		不像德国想象中那么落后	"中国基本上持有友好的态度，再加上中国这几十年的改革开放，中国并不像他们所想象的那么贫穷，中国人的富有也让他们惊讶，中国社会与他所感受到相比，完全是另一个颠覆性的形象，这一点也会让他们很喜欢中国。"（中7）
7.4	中方反思自我并回馈信任		
7.4.1	"外语好"	外语好	"我的德国老板觉得中国员工的外语都很好，我的德语很好。"（中2）
		英文好	"我和我的德国老板用英文交流。他经常夸我英文交流，为了能和他更好地沟通，我还报班学过德语。"（中3）
7.4.2	了解德国文化	去过德国	"他还记得我去过德国，对德国文化有一定的了解，所以他很放心把事情交给我。"（中2）
		在德国上大学	"他选我做他助手，是因为我在德国上过大学，对德国人的思维方式，还有办事风格有一定的了解。这样交流起来比较简单。"（中7）
7.4.3	正视中国的发展	正视中国发展	"德国人也能看到现在中国的发展和中国人的进步，而且发展和进步的速度绝对是他们意想不到的。"（中1）
		不像以前那么落后	"德国人也会发现，现在中国也不像以前那样，发展很快，不像他们之前所想象的那么落后，所以以他们也会比较尊重中国员工。"（中5）

续表

7. 文化维度的积极互动

序号	类属	码号	原始数据
7.5	德方解析下级的信任行为		
7.5.1	德语好	语言贡献	"中国人的贡献就是语言。"
		会德语	"所有的人都会德文。因为交流就会变简单，或者英语，因为我的中文还可以，但是还没有达到在工作中用中文交流的水平。"（德2）
7.5.2	了解德国文化	经历对方文化	"重要的是，所有的中国同事都去过德国或者欧洲，经历过当地的文化。"（德2）
		通晓德国文化	"我知道这里的中国同事们都很优秀，因此他们都去过德国，因为他们通晓德语，……而且，所有人都说德语，这一点也非常重要，因为我的母语是德语，从我的角度来说，我去理解事务的困难度要小一些，当然，也因为我的中国同事德语都很好。"（德12）
7.5.3	跨文化妥协精神	妥协	"就是说，他们创造了一种合作的氛围。中方对我们的文化理解很深，因为他们的领导是带有德国观点的德国人，从德国那边的总部过来的各种规范着大家的行为。我们的中国同事处于德国同事与中国合作方之间努力地做出妥协，寻找合作的道路。"（德12）
7.5.4	文化培训师	培训师	"在德国，人们会说，他们忍受着我。他们做到了与我一起工作。我有一位助理，我经常问他，为什么会这样或者那样，他总是给我解释。基本上，他就像我的教练、培训师。所以，我最好的中国同事都是我的培训师。"（德10）
7.6	德方反思自我并发出信任		
7.6.1	"桥梁作用"	桥梁作用	"他们知道，我的角色就是（桥梁），当然我在中国待了很长时间，因此他们希望我能将他们的想法和希望传递给德国方。实际上，我起到桥梁的作用。他们信任我，而且知道，即使我不同意他们的，我也会将他们的想法反映给德国同事。这一点在我们公司特别重要。"（德10）
		帮中国同事与德方沟通	"我有这样一种感觉，在我和中国同事眼中，在某些情况下，我其实更是处于信任，因为我和他的老板和中国同事之间的。我的意思是，我当他和中国同事需要谈论一些问题，那么我就会产生了信任，因为我就会帮助他们，就此可以达成一致，当问题出现的时候，我会用我母语按照同题把德国人的思路给讲明白。"（德12）
7.6.2	更加适应中国生活	更适应中国生活	"中国人也许觉得，德国人应该更加适应在中国的生活，或者说，应该学习中国人的言语和文化。"（德13）

315

Ⅱ 中德上下级信任消极互动的编码表

1. 工作能力维度的消极互动

序号	类属	码号	原始数据
1.1.	中方自我定位:"不相信自己的能力"	不自信	"我们有的时候，做事情不太有自信，不相信自己的能力。"（中₂）
		没有创新意识	"我觉得中国人做事很踏实，就是执行力很强，但是没有创新的想法。"（中₅）
1.2	中方反思自我"领导怀疑我的能力"	不相信中方能力	"还有德国人对中国人的能力，对大部分中国人的能力不是很了解。当然有的人确实很能干，大家也都能看得到。但是对于其他普通职员，他不见得就这么相信，肯定他们的能力。"（中₁₃）
		怀疑能力	"德国人需要改进的，我觉得还是要相信中方雇员的忠诚和能力。因为有很多的不信任是他对你能力的怀疑。"（中₉）
		批评让人没自信	"有的时候领导不是很满意，因为他对他经常很直接地批评我，虽然我是对自己的能力开面子，实在受不了。这让我对自己的能力更没有自信心。"（中₅）
1.3	解析下级的行为:"不自信"	依赖性强	"我认为，他有依赖性有点强。其实我也是这样，如果我老板对我的工作不满意的话，我也会有同样的感觉，感觉很不安，这就是一个问题。我们都希望得到积极的反馈，希望所有人都有可以信任我的感觉。"（德₄）
		不敢承认错误	"讲一个可笑的故事。有一个财会部门的女同事，她根本就不会算账。她给工作带来很大的麻烦。有一次，我在财会室看到，她根本不会算账。然后我就按照中国的规矩，先去问会计部门的主任。然后，我就把那张有错的账单拿给那个女同事看。就说：'不对，这个不会。'可是后来她又撒谎。就这样过了好几个月，实在难以想象。这是工作上的事，对我来说信任已经荡然无存了。然后我就思考了好几个人，如果我说这样的话，我如何工作才好。也许我们应该问问别人，因为我觉得这个会计不可信。"（德₅）

续表

1. 工作能力维度的消极互动

序号	类属	码号	原始数据
1.4	德方自我反思："不给中国员工更多改错的机会"	不给中方更多改错的机会	"也许有的中国员工认为，我不会给他们像给德国下属那么多改错的机会。比如说，我分配给某个下属一个任务——写个邀请函。他写的邀请函出了错，我会很直接地说，面对德国员工可能有很多错误。但唯一的区别就是，那么，我会这么说。然而，如果我是一个中国员工用 Excel 做个财务报表，如果里面有几个数字算错了，那么我可能不会一直批评下去。比如，我会让一个中国员工用财务报表做下去，但是，面对德国员工，我可能会让他们接着改。当然，如果有一个中国员工认为，我不会再让他继续做下去了，我不会放弃的，我会再让他继续做下去。"（德₃）

2. 工作态度维度的消极互动

序号	类属	码号	原始数据
2.1	德方自我定位并预支信任："只关注负面的东西"	关注负面东西	"德国人就是这样，他只关注工作中或生活中负面的东西。我想，中国人就不一样。他们总是表达积极的东西，不是吗？"（德₁₃）
		多看积极面	"德国人不太适应中国的生活，比如他们会说：所有都那么多差，交通真糟糕。然而，我们也应该看到积极的一面。"（德₁₃）的负面倾向很强，比如他们会说：所有事情在说人坏话。然而，我们也应该看到积极的一面。"（德₁₃）
		爱抱怨	"比如大家常常会说，'这个实在太糟糕了'，'这事儿办砸了'，'数都对不上'等等。确实是这样，德国人很爱抱怨，比如'天气太差了'，'在中国工作太累了'，饭菜也不合口。中国人总是爱抱怨……德国人总是抱怨这个，抱怨那个，抱怨所有事。"（德₁₃）有的时候是'不对'的意思。在某些程度上，全部是明说。
		少安毋躁	"德国人应该少安毋躁，只要有德国人在，那么他们总会抱怨。"（德₁₃）
		坦诚地批评	"至少，我会试着去理解双方，去促进中德双方的互相理解。我有时也会去观察，去理解失败的事情。一方面，德方，因为语言的缘故，会很坦诚地对事情进行批评，抱怨；另一方面，我会试着去告诉事情的背景和原因。和中国员工交流时，我会试着去分析着他们德国人做事的背景和原因。"（德₆）

续表

2. 工作态度维度的消极互动

序号	类属	码号	原始数据
2.2	中方解析上级的信任行为		
2.2.1	"德国人变懒了"	变懒了	"现在我看德国人的时候，我的德国老板，比如说，德国人变懒了。懒的话，必然慢慢来了。一件事情来了，老板能当天处理就处理了，也不像过去，不像过去，一件事情来了，老板能当天处理就处理了。还比如说他答不了的事，就不了了之了，当你催促下德国人不会立即处理，他可能也会再做，这种情况就多了，也可能以前就有，我不知道。"（中12）
		不勤奋	"我觉得大部分德国人不勤奋。……也可能是这一代的原因吧。我想主要是这个原因，因为以前老的德国人我都见过，都很勤奋，你问他什么问题，一般来说，他答复，但是他总会在最短的时间内给你一个答复。现在的德国人，总的来说多半不会给你的。"（中12）
		不准时	"我从来没觉得德国人特别准时，我跟德国人约会，一般来说，我相对准时一点。我也没有期待德国人有多么准时。"（中12）
		当德国人不勤奋	"老一代德国人也很勤奋，二战后期那些，跟我们的父辈类似，那么越往后他就越不勤奋……就是说他在生活中没有任何压力，从小他就没有什么压力，逼又把他怎么样呢？那么一代的人从小就吃苦，甚至在战争环境里长大，看着炮弹飞来飞去，那他们的那种危机感肯定是完全不一样的，而且已经形成习惯了。"（中8）
2.2.2	"不坦诚"	不坦诚	"对于德国人而言，我喜欢尽量把我这一边的信息告诉他，告诉他我是怎么想的，期望得到什么样的结果。哪些东西对我来说是不希望看到的。但是，反过来，我遇到的大多数德国老板不是这样的，他没有同等地把德国那你多说，实际上他们还并没有达到这个目的，我多愿意下属多说，但是我觉得现况下需增强沟通，让他多了解我，让他不让放心上，那我可能就会留一手，这是很自然的，但反过来说，让他放心，让他多了解我一下，每一步，每一步你怎么走，一步步你怎么走，那我可能就会心存疑虑。"（中12）

续表

2. 工作态度维度的消极互动

序号	类属	码号	原始数据
2.3	中方自我定位	不刻意建立关系	"因为我也没有刻意地想要建立多好的信任关系,就是每件事大家都坐下来好好地谈,觉得大家都配合得还挺舒服。"(中5)
		不主动沟通	"一个是不主动沟通。……前一段来了一个德国人,如果你对欧洲杯、世界杯的这些球员啊、球队啊,如数家珍一样清楚,那就会很容易拉近这种距离,就是找共同话题,对吧?如果你不知道这些……工作或是其他一些琐碎的事情,那么沟通起来就会慢一些……"(中13)
		喜欢把话捂着	"中国人不太喜欢去说,喜欢把话捂着。"(中13)
		可以更主动一些	"我觉得中国同事可以更主动一些,但是中国人就会比较被动。就像我刚刚举的例子那样,那个同事就会把本来是他们要集中要做的工作分配到每个人身上。大家会觉得不合理,然后会反抗。"(中5)
2.3.1	"不够主动"	不确信	"我觉得,重要的一点是你愿意与人进行Kommunikation(交流)。中国人和德国人相互交流时他觉得把握不了,他没有自信,他太不了解对方,他不太知道如何把握这个东西,所以他有时会unsicher(不确信),这种unsicher造成了不信任。"(中4)
		不说也不做	"中国人是比较内敛和客气的,真正激烈的冲突不会有,但是更多是'不说也不做'的冷处理方式。"(中2)
		不主动讨论问题	"我觉得,中国人不太善于主动讨论问题。因为他可能会想既然这是老板定好了的事情,即使错了也会走到底,他可能不会去违背上级的意思。……在这一点上,德国人会主动一些。如果德国同事知道这件事情真的是他做得不好的话,他会告诉我,这个可能会是一个风险,德国人一般不会认为这是对他威信的挑战,他会觉得这是一个suggestion(建议),他可以配合,也可以不配合。那我觉得,很多中国领导会觉得这是违背我的命令。他的concept(观念)里不是那么open(放得开),他可能更在乎的是面子。所以中国员工为了面子,也不敢说什么了。"(中11)
		怕得罪领导	"怕得罪领导。"(中11)
		讲人情世故	"中国人讲人情世故比较多。"(中11)

续表

2. 工作态度维度的消极互动

序号	类属	码号	原始数据
2.3.2	"不够坦诚"	不够坦诚	"沟通的时候应该 open（坦诚）。中国人可能不会很坦诚地告诉你他的想法，可能他说的是'一'，但心里想的是'二'。"（中11）
		拿家里人当幌子请假	"中国员工在和德国老板沟通的时候，不够坦诚，尤其是请假的时候，经常会拿家里人当幌子。比如，谁谁谁生病了，而通常不会实话实说。"（中2）
		不愿意分享	"……要有分享的态度。……其实也不是他们刻意隐瞒，只是有时候他们想不到一块儿去，想不到要去分享。这一点让我做得比我要好。……比如说，我这边想得到一些信息，我用了就好，想不到去 share（分享），想不到其他同事可能得用。可能是德国人呢，他如果想得到一个信息的话，他会发一封邮件给所有伙伴所有的人，告诉大家如果大家要注意隐瞒，就是想不到这个其他人可能也有用。这个可能跟中国人不是那么强的团队精神不是那么强有关系。"（中5）
2.4	中方反思自我并发出信任："不够坦诚"	笑着说不真诚的话	"因为文化差异，德国人会觉得是消极的，也会觉得中国人有距离感，觉得笑着说不真诚的话。"（中2）
		请假时不实话实说	"中国员工在和德国老板沟通的时候，不够坦诚，尤其是请假的时候，经常会拿家里人当幌子，通常会拿家里人生病实话实说。这一点，让国人比较气愤，他们认为中国人很不诚实，而且口就称这个这个，想不通，觉得很不好，这个对信任破坏很大。"（中2）
2.5	德方解析下级的信任行为		
2.5.1	不够主动	不主动和领导讨论问题	"在德国，如果员工对领导有什么要求的话，那么他会直接敲领导办公室的门去询问。中国人很少这样做，因为当他们发现有问题的时候，工作关系也就结束了，他们会辞职，因为他们从来不跟他人说哪里出了问题，因此他们不知道沟通问题在哪里。如果他们之前沟通问题的话，那么大家可以一起寻求新的解决方案。而德国人会很清楚地表达：我想挣更多的钱，我想干新的活，或者我想跟某某有矛盾。但是，中国人很少明白这一点。"（德7）

续表

2. 工作态度维度的消极互动

序号	类属	码号	原始数据
2.5.1	不够主动	很胆怯	"可能是一些文化特性的原因，他们很胆怯，他们总是等着领导自己去发现问题，也就是说，他们把问题推给领导，而领导必须特别发掘，自己去发现问题。"（德₇）
		沟通取决于中方	"我可以做的就是为沟通创造框架条件，但是在中国却要沟通却取决于中国员工。"（德₇）
		请假时撒谎	"德国人会说：'我不能去开会了，因为我大腿骨折了。'可是中国人就会说：'我不能来，因为我奶奶生病了'，或者不知道，他们总是试着，把整件事情弄得……对，在德国，人们会发生了什么，所以大家经常不知道到底是怎么回答。"（德₇）
2.5.2	不够坦诚	不直接交代辞职的原因	"总体上来说，我经历过这样的事情：中国同事如果不想工作的时候，他们不直接说，比如'我找到了一份更好的工作，我想休息了。'他们会杜撰故事，而从不说'这份工作太差劲了'，而只会说'奶奶生病了'之类的。我将去另一家薪水更多的公司就职了。德国人真诚，就会伤害，为此会很忍心，他们不想伤害其他人，如果他们说这份这份公司就职'，很诚实。但中国人觉得老板。他们会说，他为什么要说自己奶奶生病了，其实我想清楚得很。他找到了新工作，他找到了一份新工作。我找到了一份新工作，其实我想清楚了，所以我要离开。如果你奶奶生病了，老板会很差了，空气太坏，我要离给我讲述明离职原因，因为这里的氛围太差了，那么我就了解了'，那么我就了解了。所以，离职访谈在中国比在德国重要职，我需要了解他离开的原因。如果你和我说'你奶奶生病了'，那么我什么都了解不到。其实，大家可以和我的人力资源部的同事了解真相，因为人们应该通过离职访谈来了解你离开的真实原因。而中国人心里的真实想法是：我不想害你，因为你付给我访谈的人力资源部的同事了解真相。实际上二者是有区别的。"（德₁₀）
2.6	德方反思自我并发出信任：不够坦诚	太夸张的抱怨	"我努力做到坦诚，和中国人坦诚地，透明地去交流。但我有的时候大爱抱怨，有的时候大夸张，尤其是在说到中国，中国人或者中国文化的时候。"（德₁₃）

续表

3. 工作方式维度的消极互动

序号	类属	码号	原始数据
3.1	德方自我定位并发出信任："批评多表扬少"	大直接	"德国人太直接，会影响信任。"（德7）
		缺乏批评技巧	"人们可以批评任何一件事情，但是，必须先说好的，再说不好的，最后再说好的，我认为这样很完美。我就是这样做的。德国人必须学习这个。我认为，中国人必须一开始就很明白这一点，他们是成年人，比如说，我在研讨课上就学习过如何批评，然后才能批评他们。德国人必须说一些好听的，然后我要先说一些好听的，然后我就思考，这是一个很好的技巧。我就按照这样去做。"（德13）
		负面表达不代表不喜欢	"这种批评我觉得没事啊，说出负面的东西，并不代表别人就不会喜欢我。"（德13）
		表扬太少	"对，我认为，（表扬）太少太少了。我总觉得，自己很少去表扬他们。……我总是理所应当地，所有人都应该做好工作。"（德4）
3.2	中方解析上级的信任行为："太冲、太直接"	非常直接	"他们说话非常地直接。"（中3）
		非常冲	"非常直接，非常冲。"（中3）
		太冲得罪人	"有一个德国领导个人能力和业务能力都是第一名，而且成天尽心工作，但是如果他不了解的话，很容易让人生气。"（中3）
		批评让人下不来台	"德国人过于直接的表达，尤其是批评，有时候让人下不来台，当时会觉得受不了。"（中4）
		忍耐力不够	"可能德国人没有那么能忍，unterdrücken（忍受）。有什么问题矛盾都直接 ansprechen（谈）。你有什么 Bedenken（顾虑），对领导有什么不同的心结，解不开的工作方式。"（中4）
3.3	中方自我定位："没有反馈意识"	没有反馈意识	"中国员工没有学会经常反馈信息的工作方式。"（中6）

续表

3. 工作方式维度的消极互动

序号	类属	码号	原始数据
3.3	中方自我定位："没有反馈意识"	反馈意识不够	"英文有个词是feedback(反馈),也跟信任有关系,就是你要让别人相信你的工作能力,或者你要让别人关系小你,那任何一件事你都要认真回复。还有信任就是对邮件,如果你回了那件事也好,同事也好,下属也好,不管你对于一件事的看法如何,一定要做出你的feedback(反馈),比如我觉得没必要。但是我觉得最好要表达一下'好',或者'okay(好的)',比如说'good(好)','well done(做得好)',或者'收到',have a nice day!(祝愉快!)。即使你不加评价,有时候必须反馈一下。在不需要做任何评论的时候,要让别人知晓了这件事有好几种,一种是如果我让你做一件事,你也要反馈。还有一种是我做得还不错;还有我做得还不错,我觉得我接到了,我会处理。员工也是。如果我让你做一件事,你也要反馈。因为领导不是在第一线工作,他需要更新的信息。就是说你做的项目,那怕没有进展,或者至少要有一句话,不要让领导三天两头地remind(提醒)你,让领导来同你核这个项目怎么样了。中国员工不是经常做这种事,但是如果员工做了回话,其实是建立员工与上司之间信任的最好方法。"(中9)
3.4	中方反思自我并回馈信任:"不走直线"	不走直线	"在德国人看来,中国人在表达观点的时候是'不走直线'的,这些不会让你们之间的关系有良好的发展。"(中9)
		说话爱绕弯子	"德国人肯定认为,中国人说话太爱绕子,做事情的时候也是这样。不愿意和领导直接谈论问题,其目的是避免冲突。同时,不管任务能不能完成,中国人一般不会说'不',害怕领导不会相信自己的能力。所以,在德国人眼中,中国人总是说'好,好,好'。他们也不知道是真'好'还是假'好',最后做事得一头雾水。"(中10)
		听不懂中方的委婉转	"比如说,一些人说话比较委婉,他可能会说过两天再办,其实他不想干或者根本不可干,但是德国人听了可能会觉得他真的过两天能干,就在那等着,到了最后,德国人才明白原来这事是不可能办的。然后德国人会说,那你早让我知道就行了嘛,不办就不办了。也会有这种情况。"(中13)

续表

3. 工作方式维度的消极互动

序号	类属	码号	原始数据
3.5	德方解析下级的信任行为		
3.5.1	"比在德国得到反馈难"	间接反馈	"极端的例子我都经历过。比如，我进入一个团队的时候，期望大家都非常积极，结果事与愿违。我也曾经历过相反的情况。但是我的经验告诉我，在这里，人们总是间接地做出反馈。如果出了什么问题，我总是有这样的感觉：在中国，领导得到反馈要比在德国难得多。"（德9）
		不直接	"我认，在我看来，中国人的不直接是一个很大的阻得因素，因为我这样就无法解决问题，因为问题没有得到沟通。我无法解决的障碍，因为我不知道该如何表达，如果出现问题的时候，大家应该畅所欲言，没有人说出来，那么我就无法解决它。这不是最大的阻得的阻碍因素。"（德7）
		反馈很谨慎	"但是我认为，在德国，人们会坦诚地去交换意见或者给出积极的反馈，尽管大家不认识。在中国，同事之间可以坦诚去交流或做出积极的反馈。在中国的做事方式当中那样大家不熟，尤其当大家不熟的时候，是无法做出积极的反馈。"（德9）
		希望被表扬	"中国员工总是希望得到上司的表扬，当然每个人都希望得到表扬。这是关键。人人都希望被表扬。"（德4）
		爱面子	"因为有的时候当着面子或者爱面子相关，比如做决定的事情，中国员工会单独做决定吗？他们经常是集体一起做决定。因为，如果单独做决定，那么责任可以归到失败上。一旦失败了，责任可以归到整个集体上。但是，德国就不一样：'好，我和你谈一谈。我们一起对此负责。如果失败了，责任是我们都有份。"（德1）
3.5.2	爱面子	不说"不知道"	"中国人从不或者很少说'不知道'。在一个熟悉的工作环境中也是这样。但是，我要说，这只是个问题。比如说，我问一个同事，但是我知道，他其实不知道。他还会这样说，但是会说：'我不知道。'他还会这样说，他不会说：'我不知道。'因为对他来说很多条，同时也有关。这和沟通方式不同有关。"（德5）
		"是"不一定是"是"	"首先就是就面子，说什么样的话总是要注意。所谓的'是'不一定就是'是'。"（德2）

324

续表

3. 工作方式维度的消极互动

序号	类属	码号	原始数据
3.6	德方反思自我并发出信任:"批评太直接,表扬太少"	直接批评	"中国人认为,我有的时候太直接了,尤其是批评的时候。"(德$_2$)
		忽略表扬	"我总是忘了去表扬他们。我想,对于中国员工而言,表扬是一个很好的激励下属的方式。但是我表扬得太少了,我的中国下属会这么认为。"(德$_4$)

4. 性格维度的消极互动

序号	类属	码号	原始数据
4.1	德方自我定位并发出信任		
4.1.1	"太死板"	太死板	"我们德国人太死板,太较真。"(德$_5$)
4.1.2	"好为人师"	好为人师	"德国有一句名言:'全世界都依靠德意志气质来疗疾(Am Deutschen Wesen mag die Welt genesen)',很美,因为这句话很好地诠释了德国人好为人师的性格,就是说,我们总是想着如何教导别人。"(德$_8$)
4.2	中方解析上级的信任行为		
4.2.1	"死板"	死板	"德国人做事太僵化了,也可能他们几百年,几千年来都是这么死板地做事,给你举个很简单的例子,比如说你是一个会计,你现在手里有5万块钱,不管你要发工资,这工资也是5万块钱,那你是先拿去银行取钱,还是先拿这钱花呢?中国人肯定是把这5万块钱行取存,存了之后再取5万块钱,这已经很简单的事情,但对于德国人来说不符合程序,他拿着5万块,书上写有这个零件,他更换一个零件,书上写的零件需要1小时45分钟,那他绝不在1小时30分以内完成这个事情,如果完成了他也少做了什么程序,但其实如果熟练操作的话可能1个小时就完成了,所以说,德国人做事就比较呆板。"(中$_7$)
		固执	"他们固执,很难说服他们。"(中$_2$)
		简单	"德国人很简单,看问题分为'是'或'不是',只有信任和不信任,没有中间环节。"(中$_2$)
		脑袋是方的	"中国人觉得他们思想比较死板,脑袋是方的,他们的思维和我们的完全不一样。在十多年前这一点更为突出,因为德国很多方的法律,而当时中国很多东西是没有条条框框的'上有政策,下有对策'的状况,因为这个状况,所以很多事情都不相通。"(中$_3$)

续表

4. 性格维度的消极互动

序号	类属	码号	原始数据
4.2.2	"粗鲁"	粗鲁	"德国人很直接地表达自己的观点，泄愤，有的时候会显得粗鲁，不太有礼貌。"（中7）
		比较冲	"我身边就有一个领导，他人很好，心地很好，他从小可能上这种习惯，跟他说话的时候就不会太在意了，刚开始的时候可能会比较难受，就是说，如果开始跟我不是被迫跟他分到一个项目里，我永远不会跟他走得很近。"（中5）
		盛气凌人	"说话的方式像那种居高临下，盛气凌人的样子，有不少这样的德国人。"（中8）
		傲慢	"很傲慢的人，反正你不喜欢他，他也不喜欢你。怎么说呢？分什么给他，可以信任他的，对吧？但是到中国来你就要打个问号了，因为他的傲慢会导致很多导致一些中国人防范他，有很多事他也办不成……"（中8）
4.2.3	"高傲"	不可侵犯的优越性	"不能侵犯德国人的优越感，就是他在中国人面前很骄傲。比如说，作为中国人，你不可能去批评一个德国人，他会不高兴的。那是一种文化虚伪，当然这种虚伪并不仅存在于德国。"（中12）
		把鼻子放下来	"他们能'把鼻子放下来'一点就不好多了。这个也没有办法。从形象上，人家本来就比咱们高，块头比咱们大，看着我们很矮小。"（中6）
4.2.4	"好为人师"	好为人师	"虽然就事论事，但是他已有一个自己的判断，而且他们 like to be a teacher to teach everything（在任何事情上都好为人师）。"（中2）
4.3	中方自我定位："不自信"	很自卑	"中国人骨子里很自卑，不自信，尤其在盛气凌人的德国人面前。"（中2）
		要自信	"中国人要自信。"（中7）
		对工作要有自信	"对自己的工作要有自信。"（中7）

续表

序号	类属	码号	原始数据
4. 性格维度的消极互动			
4.4	中方自我反思并回馈信任："精明得过了头"	精明程度超乎想象	"当然中国人有一点……比如说你很clever（聪明），就是当你的精明程度超乎他们想象的时候，……在他们的印象里中国是不发达的，中国人做事应该不如他们的，当然这种精明其实并不是他们对你表面上乖，所以觉得你有心眼，有主意，没招。"（中₉）
4.5	德方解析下级的信任行为		
4.5.1	"胆怯"	有些胆怯	"中国人有些胆怯。"（德₇）
		害怕领导生气	"我认为，中国同事也是各不相同的。就我而言，我认为，对于许多中国同事来说，他们有一些恐惧，当我，比如说生气的时候，他们就会很不安，我觉得。那么，他们不敢经受考验了，我认为。"（德₄）
		经不起批评	"中方这边的一个重要阻得因素就是经不起批评。"（德₅）
4.5.2	"爱攀比"	爱攀比	"跟我们德国人相比，中国人之间很爱攀比。比如，哪个同事挣得比我多或者少，我都无所谓。或者说，我对我的薪水很满意。我身边就发生过类似的事情。我手下的两名员工为此吵架，其中一个和我说另外一个的坏话，说另一个人当着你和我的面去说，说有这样那样的问题，就是我不会把自己和他比。我只会说自己工作的事情。如果一个同事对我说，重要的是工作，我绝对不会去想他得比我多。这对我来说无所谓，因为对我来说，中国员工之间比较爱攀比。私人领域也是。"（德₃）
		竞争强	"我有一种感觉，当我观察中国员工互动时，他们之间也不理解对方。这个我不能理解，让我很惊讶。我认为，这破坏了工作氛围，因为其实他们不是竞争关系，因为每个人都有稳定的岗位。这个和德国的情况太不一样了。他们挣得也一样多，所以我不理解，竞争在哪里。只有当他们一起谋求一个职位的时候，才会产生竞争。"（德₃）

续表

4. 性格维度的消极互动

序号	类属	码号	原始数据
4.6	德方反思自我并发出信任		
4.6.1	"高傲"	高傲	"我很难自然而然地站在中国人的立场上想问题，因为我是德国人。但是，至于我是如何想的，什么是棘手的问题，那其实前说过的，高傲，某些德国人所表现出来的傲气。如此的傲气。我认为，这个非常不好。"（德$_2$）
4.6.2	"死板"	过于死板	"过于仔细，也就是死板，这经常让中国人很头疼，就像中国人经常挂在嘴边的'没有问题''一样'。"（德$_5$）

5. 人品维度的消极互动

序号	类属	码号	原始数据
5.1	中方解析上级的信任行为		
5.1.1	"不透明"	透明的不多	"现在德国人透明的不多。"（中$_{12}$）
		有隐瞒	"他们认为自己总是很直接，但是其实他们也隐瞒，出于保护他们利益的考虑或者雇员的立场上说话或者行事。"（中$_3$）
5.1.2	"自私"	以自我为中心	"过去的德国人，在一起工作很愉快。现在的德国人不一样了。……因为二战以后，德国作为战败国，老一代德国人吃过很多苦，他们很多观点和观念，现在的新生代，就是年轻的德国人，相处起来，有的时候不是很像。现处工作，他们为自己着想得多一些，在经济上着想多一些，就是以自我为中心。"（中$_7$）
5.2	中方自我定位		
5.2.1	"不安分"	不安分	"中国人的思路还比较多的，点子多，这导致了中国人的不安分。在德企中，德国人很少跳槽，一干就干一二十年，干一辈子的也有。而中国人一两年辞职的很多，只要稍有不如意。我觉得这是社会制度的问题，比如我们的养老保险制度，还有如何控制失业率、失业保障等等。也可能因为中国人对德国企业文化了解不够，让他们觉得没有那么舒服。"（中$_1$）

续表

5. 人品维度的消极互动

序号	类属	码号	原始数据
5.2.1	"不安分"	对企业忠诚度不高	"企业文化是外国人很讲究的东西,但是到了中国,未必执行得那么好。本土的企业文化到了另一个国家就会变形。另外,中国人也不太看重西方企业文化这种东西,所以对企业文化的忠诚度就没有那么高。"(中₁)
		流动性大	"第一,在德国员工的流动性没那么大,对于一个员工来讲,走了,这是多么可怕的一件事,对于德国员工的有些地方的有些地方来讲。这是多么可怕的一件事,有些地方的有些地方来讲,一年有30%的员工辞职,因为德国的社会保障制度,因为德国的社会保障制度,工会制度使雇用和解雇一个员工没那么容易,可能这是制度的问题。"(中₄)
5.2.2	"相互拆台"	相互拆台	"中国人之间不要相互拆台,这是很重要的。你可能德语好一点,别的中国同事德语不好,在这种情况下,你就不要说人家的坏话。或者你做错一点事,因为人家会认为所有德国人都不好,但是只要你能跟德国人沟通,那么你能做的德国人一起做的,这五六个人一起做事的,跟国国人编结晴话,等于德国人对其他中国员工的印象也不好了,还有可能因为你沟通能力强一点,跟德国人排斥,这是很糟糕的。"(中₆)
		没有德国人可靠	"我觉得,他们会想德国人比中国人可靠,我觉得他们应该会这样想。当然可能会有个体的区别,他们会觉得某些中国人可靠,某些人不可靠,他们也不会觉得所有的德国人都可靠。但是总的来说,他们对相对觉得德国人相对来说比中国人更可靠。"(中₁₃)
		跳槽	"他们会认为,尤其是这些年中国的员工是不稳定的,经常跳槽,然后甚至有些人会认为中国员工的诚信是有问题的。"(中₈)
5.3	中方自我反思并回馈信任:"不可靠"	写一张纸走人	"第一是说这个中国人属于那种用手掌手掌类型的,我不高兴了我就不干了,这属于职业道德行的问题,这和我没什么可说的;另外的一种可能是这个真正做了一件特别伤害公司的事情,他就愤愤地走了,我和我的领导曾经历过这个同事突然辞职的事件,作为中国人就没有有你合作的原因,但是领导会不理解这个同事因为为什么理解事件方式不一样,外国人就没有有你合作的必要了。这点小事中国人都会质疑我,那我就会就没有辞职。中国人很少会在辞职前和老板陈述理由,所以中国人会转身写辞职信任,很少有中国人用外国人的方式告诉老板前和老板陈述理由,比如:老板不再信任我了,很少有中国人用外国人的方式告诉老板为什么走。"(中₂)

5. 人品维度的消极互动

序号	类属	码号	原始数据
5.4	德方解析下级的信任行为："不诚实"	不诚实	"我举一个例子。我雇了一个人，然后他辞职了。那么辞职有两种情况。有的在最后一天辞职，那么这种人是有问题的，因为他没有提前告知。这种事情在德国、法国以及中国都会发生。当然，也有员工提前会打个招呼说：'我可能要走。'那么，我能提前找到人补位。对我来说这是'信任'的问题。第一种人是德国或者美国以及中国或者家庭问题，或者跟职业规划相关。一个人辞职会有很多原因，如这里有很多问题，如这个我能理解，但我不能理解的就是不诚实。我信任的人，不只是今天在这里工作的人，而且是明天也在这里工作的。"（德₅）
		不真诚的辞职态度	"在德国上下级之间会进行一次谈话，话题会涉及公司的运营情况、发展机会等。在中国，如果员工对工作不满意的话，二话不说，马上走人。如果他突然跑到我办公室来，放上一封信说：'我要走了。'大家为什么不坐在一起聊一聊，谈谈到底怎么了？我们能做些什么？对此我也找不到解决这个问题的答案。我认为，就这样辞职信给老板的面子，我认为这份工作，或者拿着辞职信跟老板说：'我走了，以牙还牙，'也许这让德国老板丢面子。所以，他们怕拿着德国老板丢面子。我不满意我要走了，那我找个更好的。德国老板也会说：'好，那我找我个更好的。'"（德）

6. 帮助与被帮助维度的消极互动

序号	类属	码号	原始数据
6.	"不信任领导给我画的饼"	需要帮助就出现	"我的贡献在哪子，我总是给人一种感觉，如果谁需要帮助的话，那我就会出现。"（德₁₂）
		不信任领导给我画的饼	"我不信任的是他们给我画的饼，我不是那么上真是那么相信他们，如果他跟我说明年你有这个机会，你会开到这样或者那样，在这一点上我是那么相信他们。第二，他管理这方面也需要调动员工的积极性。第一，他自己也不一定能控制得住，这不是他完全能够控制的，所以不一定能控制住，但是他有忽悠的成分，这是人的本性，不过面对中国人时您的可能性会更大。"（中₁₀）

续表

6. 帮助与被帮助维度的消极互动

序号	类属	码号	原始数据
6.	"不信任领导给我画的饼"	不信任领导对个人利益的承诺	"没有任何人可以百分之百信任,也没有任何人你一点都不信任,我的德国领导,我觉得绝大多数都我是信任他们的,只有一件事情我会抱着怀疑的态度,就是在谈到我个人的工资,升迁或者整个职业规划的时候,我会打一个问号。"(中$_{10}$)

7. 文化维度的消极互动

序号	类属	码号	原始数据
	德方自我定位并发出信任:"德式道路是'正确的'"	德式道路唯一正确	"德国人的无知,认为德式道路是唯一正确的,重要的。那么,这样就会关上很多扇门。"(德$_2$)
		把问题归咎于中国人	"当然,给员工很舒服的感觉,这很重要。我觉得非常糟糕的就是,两个德国人在一起嘀咕说:'这是中国人的问题。'其实,大多数情况下,这都不是中国人的共同答到中国人身上。是人性的问题或者专业问题。我认为,最大的问题就是,德国上司总是把问题归咎到中国之后,他会说:'这是中国人干的!中国人总是有自己的想法,他们会做这个,那个。'"(德$_4$)
7.1	德方用外国人眼光来判断中国人	用外国人眼光来判断中国人	"当出现问题时,有些德国人会议论,这肯定是中国人干的。我认为99%的论断是那些从来都不反思的人做出的。他们只是用外国人的眼光来判断中国人,简单地认为是他们的错误。"(德$_4$)
		更理解德国人	"我有一种感觉,纯粹是我个人的感受或者猜想,我会和德国人共事的时候,我会更快地理解他们的想法。"(德$_{12}$)
		对中国的抱怨和偏见	"在中国一切都是杂乱无章的,中国人不认真,无知等等。你可以晚上去酒吧坐上两个小时就都知道了。你会听到老外的抱怨和偏见,一切都那么糟糕。"(德$_5$)
7.2	中方解析上级的信任行为		

续表

7. 文化维度的消极互动

序号	类属	码号	原始数据
7.2.1	强烈的民族优越感	民族优越感很强	"德国人还是有一定的等级观念，尤其在德国企业。他们认为，中国人是他们雇来的员工，他们有些人有为自己作为德意志民族意志感高贵……他们的民族优越感很强，认为自己本来的话，会很好。如果能改革的话，会很好。因为，首先，他是带着隔阂去信任你，他们不是完全信任中国人。所以，德国人应该微微降低一些民族优越感和民族自尊心。"（中1）
		大民族具有排他性	"我跟一个老德国人，一个政治家谈过这个问题，他告诉我，这是一个大民族，große Nation（伟大的民族）应有的特点。它会排斥一切不属于本民族的事物，因为它本身太伟大了，历史太悠久了，它在这个社会环境、生存环境中有它的优势地位。"（中12）
7.2.2	"对中国文化一知半解"	对中国文化的一知半解	"其实很多德国人也是很愿意了解中国文化的，但要看看有没有这个时间和精力。比如说一些派驻在中国的外国人，他们有的时候也希望能够了解中国文化一知半解，反而认为他们自己是'中国通'，这就起到了一个反作用。举个具体的例子，比如有些老外就会认为这么严重，这就要看他周围的是什么人，这些人给他灌输了什么思想，他就会有什么思想，同时他们拿着这件事情去衡量所有事情，这个我觉得只有时间才能解决。"（中8）
		不理解中国人的谦逊和礼貌	"德国人最不能理解的就是中国人的谦逊和礼貌，各个层面的跨文化课程中学到的中国，在国外到的跨文化课程中学到的中，要了解真正的中国去读历史书籍，这比上100节课都有效，而且课程内容有很多是对中国刻板印象的。"（中2）
		媒体的负面报道	"他也会在来某些地方接触到中国，因为他们的媒体里面看到中国，因为在华的（外国）记者报道中国的东西相对来说负面的多一些，因为对他们有他们的规定，如果这些记者要连续报道几天有关中国的积极新闻，他们的饭碗就想要了。"（中12）
		媒体的片面性和误导	"他们单方面认为所有媒体说的都是对的。这个片面的只有片面的东西。这个片面不是全部，这才是我们对这些能说德语的误导方式，所以他们有一个很固定的思维方式，所以因为外媒为外媒误导，所以能改变的是固定思维方式，所以能改变的。"（中2）

续表

7. 文化维度的消极互动

序号	类属	码号	原始数据
7.2.3	"不顺总中国的政治敏感话题"	与中国人任意谈政治敏感问题	"在中国，我觉得比较敏感的可能是一些政治话题，比如说德国人跟你谈台湾、西藏，对吧？我跟我聊过，就是很熟了以后跟他就会聊，如果他是站在一种跟你沟通的角度来表明他自己的观点，并不表示他一定要怎么样，甚至是开着玩笑说的，这还可以接受，如果说他要是很过分地跟我说的，国人是无法接受的，这跟我们受的教育也很有关系。如果一个日本人坐在你面前跟你说钓鱼岛就是我们的，你会觉得很愤怒吧？"（中8）
7.3	中方自我定位		
7.3.1	中国人单方面主动	中国人是主要信任推动人	"中国人都是主要的推动人，德国人有滞后性，单方面去阐述他能够接受的一些观点点，然后共识达成一些共识。这些共识积累多了，会出现稳定的信任关系。"（中2）
		中国人争取信任	"中国人单方面的对德国人的投入很大，是在争取信任。但实际上是有差异的。中国人本身对自己的评价很高，认为他们很专业，很讲理，他们并不是很开放，不可以轻易地相信中国人的优点。在国外工作很多年的中国通对中国了解的多得多。"（中2）
		追求平和相处方式	"中国的传统文化或者教育会追求一种平和的方式，希望大家在平和中相处，所以会主动一些，以促进相了解，从而更好地开展工作。"（中1）
7.3.2	"崇洋媚外"	崇洋媚外	"从中国人角度来讲，就是要在一个相对公平的环境中建立信任关系。因为有些人多少有一些崇洋附势，比如说中国人本来有很好的转型机会，他们就非要给德国老板做助理，好像对德国人有某种的崇拜、屈服、服从、好感……多少有点崇洋媚外，我们的同样说的就是不对的。就比如说，现在有一个同等级的德国人，中国人这样说，不是说德国人这种心，德国人要摆正心，中国人要一个同等级的关系，即便是在平级的关系中也偏心，因此中国人老有这种心理，就是外国人更尊贵。我会以平等的眼光来看待信任关系。"（中1）

333

7. 文化维度的消极互动

序号	类属	码号	原始数据
7.4	中方反思自我并回馈信任:"落后的中国"	严重滞后的中国印象	落后	"因为当时在他们的印象里中国还是挺落后的,而且德国人出差来中国也不是那么频繁。"(中₃)
			"在德国人的印象里,中国基本上跟清朝差不多,因为他们所看到的照片都是清朝、民国,或者是(20世纪)40年代,最晚也是70年代,像水立方,其他的一些优美立方方,其他的一些优美的照片啊,他根本看不到。"(中₇)
		神秘	"我觉得这个应该放在一个历史变迁的过程中来看,而不能简单地看,而且不同的德国人所处的环境不一样,就整个德国来说,虽然他们现在对中国的了解越来越多,但是还是就像我们所看的那个印度一样,认为中国是一个很神秘的国度。"(中₈)
7.5	德方解析下级的信任行为为:中国的大环境困扰我	大环境因素的影响	"对于德国人而言,大环境因素的影响是最大阻碍因素。"(德₇)
7.6	德方反思自我并发出信任:"外国人都是领导"	外国人都是领导	"我认为,在他们眼中外国人都是领导。"(德₅)

后 记

本书聚焦跨文化信任互动。信任是人类社会亘古不变的主题。信任可以简化跨文化交流的复杂性，反过来跨文化交流又会加大信任构建的难度。这对看似既对立又统一的关键词"跨文化"和"信任"激发了我的研究兴趣。然而，研究过于抽象的信任对于外语学科背景的我来说并非易事。在导师的指导下，有幸能够以跨文化交流三大形象为信任互动的切入点，同时发挥外语人对中、德文质性研究文本进行深入言语分析的优势，生成了有关德中上下级信任互动的积极因素和消极因素，希望相关研究结果能够为中德跨文化工作场域中的人们提供帮助和建议。

在本书即将出版之际，我要对给予我指导、帮助、鼓励和支持的恩师、同仁和家人表示最衷心的感谢。

首先我要对我的导师贾文键教授表示深深的谢意。从最初的论文选题、研究设计、研究结果的评价和提升直至最后本书的出版都倾注着恩师无数的心血。身为北京外国语大学的领导，贾老师工作繁忙，但仍然从百忙之中抽出宝贵的时间，对我的论文进行了权威、全面、细致的修改：大到宏观层面的论述逻辑、结构内容，小到遣词造句、标点符号。在攻读博士学位期间，贾老师教会了我科学的研究方法，带领我走上了求真的学术道路。他渊博的学识和严谨的治学态度一直深深地影响着我，让我学会如何做学问、做好学问，如何在做学问中学做人，一句"海纳百川、有容乃大"让我至今铭记于心，一直以来，这都是我做人做事的重要准则。

感谢北京外国语大学钱敏汝教授、郭笑文教授，同济大学朱建华教授，中国人民解放军战略支援部队信息工程大学（原解放军外国语学院）朱小安教授，北京第二外国语学院朱晓雪教授，对外经济贸易大学潘亚玲教授和朱晓姝教授在论文开题和答辩时提出的宝贵意见；感谢德国耶拿大学于尔根·波尔顿教授和德国奥斯纳布吕克大学汉斯·沃尔夫·西韦特（Hans-Wolf Sievert）教授为论文撰写提出的新思路；感谢北京外国语大学图书馆叶玉珠老师在论文写作过程中不厌其烦地帮我订购了大量与研究主题相关的外文书籍，使我在国内就能够第一时间跟踪国外最前沿的研究成果；感谢北京外国语大学德语学院领导常秀鹏书记、吴江院长在书稿写作过程中给予的关怀；此外，在 2014 年和 2017 年两次赴德访学中，德国耶拿大学于尔根·波尔顿教授和德国慕尼黑应用技术大学卡塔琳娜·冯·黑尔默特（Katharina von Helmolt）教授对我的点拨让我醍醐灌顶。上述师长和专家学者们对我的指导和提携让我如沐春风，在此向他们表示诚挚的感谢。

我还要对接受访谈的 28 名中德受访者表示由衷的谢意，他们与我分享了各自多年来在中德跨文化领域工作的感悟和经验。虽然这里不便透露他们的姓名，但是他们的无私贡献为中德跨文化交流提供了宝贵的学术资源。德语系本科 2009 级 1 班王文钦，2009 级 2 班张宇，2010 级 2 班王婧瑜、王晓希等同学帮助我整理和转写部分访谈数据，在此一并表示感谢。

最后，我要感谢我的家人。我的父母赋予了我乐观坚韧的性格，让我拥有勇往直前的力量；公婆在我读博期间对我生活上给予关怀和理解；弟弟在千里之外一直牵挂我的健康和生活。当然，最应该对我的先生杨毅说声谢谢。感谢他在生活中对我无微不至的照顾，不断地包容我、鼓励我，与我共同分享学术和生活的快乐；他在繁忙的工作之余，利用休息时间对本书的完成提出了许多宝贵的意见和建议，使书稿的主题思想更加清晰。在本书的撰写期间，感谢父母、公婆对小儿的悉心照顾，因为有了家人们全力以赴的帮助和支持，我才能够毫无后顾之忧地完成书稿。

必须指出的是，本书中的部分研究结果曾以论文的形式发表于德国学术期刊或以会议论文的形式宣读于国际学术会议，本书第五章和第七章有关跨文化信任互动消极因素"面子"的讨论可以参见德国学术期刊 *Harvest* 2015 年第 2 期；本书第五章和第七章有关导致信任消极互动的潜在因素的部分内容曾在 2016 年 8 月 24 日宣读于韩国中央大学承办的亚洲日耳曼学者大会。另外，在本书的写作过程中，我与部分受访者进行了再次联系，在他们的同意下对原始数据中表达不够清楚的言语内容进行了调整和核对。

我深知书中不免有谬误和不足，敬请读者朋友们批评指正。"业精于勤荒于嬉，行成于思毁于随。"在今后的学术道路中，我必将更加勤奋刻苦，以最大的努力回报各位的信任。

张晓玲

2021 年 2 月 22 日于北京外国语大学

图书在版编目（CIP）数据

跨文化上下级信任：基于德国外派管理人员与中国
员工互动的视角 / 张晓玲著 . －－北京：社会科学文献
出版社，2022.4
　ISBN 978 - 7 - 5201 - 9880 - 6

　Ⅰ.①跨…　　Ⅱ.①张…　　Ⅲ.①企业 - 职工 - 跨文化管
理 - 研究　　Ⅳ.①F272.92

中国版本图书馆 CIP 数据核字（2022）第 042881 号

跨文化上下级信任
——基于德国外派管理人员与中国员工互动的视角

著　　者 / 张晓玲

出 版 人 / 王利民
组稿编辑 / 祝得彬
责任编辑 / 仇　扬
责任印制 / 王京美

出　　版 / 社会科学文献出版社·当代世界出版分社（010）59367004
　　　　　地址：北京市北三环中路甲 29 号院华龙大厦　邮编：100029
　　　　　网址：www. ssap. com. cn
发　　行 / 社会科学文献出版社（010）59367028
印　　装 / 天津千鹤文化传播有限公司

规　　格 / 开　本：787mm × 1092mm　1/16
　　　　　印　张：21.75　字　数：301 千字
版　　次 / 2022 年 4 月第 1 版　2022 年 4 月第 1 次印刷
书　　号 / ISBN 978 - 7 - 5201 - 9880 - 6
定　　价 / 98.00 元

读者服务电话：4008918866